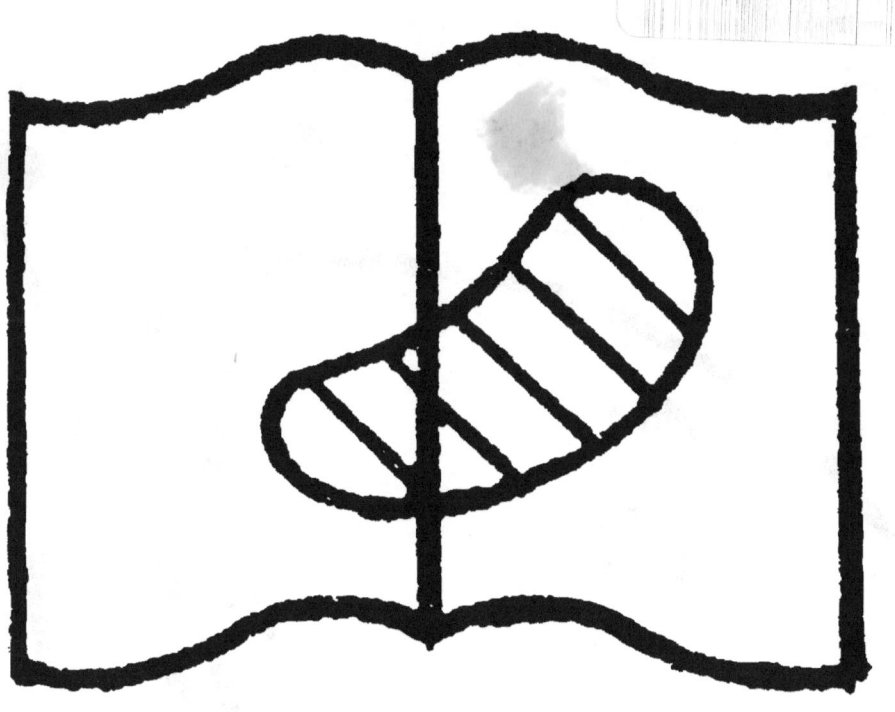

Illisibilité partielle

VALABLE POUR TOUT OU PARTIE DU
DOCUMENT REPRODUIT

Couvertures supérieure et inférieure
en couleur

L'AURORE BORÉALE

ROMAN DE MŒURS CONTEMPORAINES

PAR

HENRI ROCHEFORT

PARIS

EN VENTE : LIBRAIRIE MARTINON
JEANMAIRE, SUCCESSEUR
32 — RUE DES BONS-ENFANTS — 32

Tous droits réservés.

EN VENTE A LA MÊME LIBRAIRIE

HENRI ROCHEFORT. — **De Nouméa en Europe.** Retour de la Nouvelle-Calédonie, 1 vol. grand in-8°, 400 pages 200 gravures, broché, prix . . . . 5 »

G. GARIBALDI. — **Les Mille.** Récits de la campagne de Sicile, 1 vol. grand in-18 . . . . 3 »

P. LEFRANC, sénateur du Var. — **Le Livre d'or des Peuples.** Biographies des hommes célèbres : Textes, par L. BLANC, Henri MARTIN, Jules SIMON, CARNOT, DESONNAZ, ERCKMANN-CHATRIAN, PUECH, LEFRANC, etc. etc. Un magnifique vol. in-4° de 800 pages, 400 magnifiques gravures, broché. Prix . . . . 10 »

RICHARDET. — **La Présidence de M. Thiers.** 1 grand vol. in-8° de 300 pages, 80 gravures, broché, prix . . . . . . 5 »

PETITE BIBLIOTHÈQUE DE LA LIBRE PENSÉE

vol. in-32 à 30 c. — Par la poste, 40 c.

La Confession, par MORIN.

La Séparation de l'Église et de l'État, par le même.

Le Mariage des Prêtres, par le même.

La Superstition, par le même.

PARIS. — TYPOGRAPHIE CHARLES UNSINGER, 83, rue du Bac.

L'AURORE BORÉALE

Tous les exemplaires doivent porter la signature de l'auteur.

L'AURORE BORÉALE

ROMAN DE MŒURS CONTEMPORAINES

PAR

HENRI ROCHEFORT

PARIS
—
EN VENTE : LIBRAIRIE MARTINON
JEANMAIRE, SUCCESSEUR
32, RUE DES BONS-ENFANTS, 32

L'AURORE BORÉALE

CHAPITRE PREMIER

La Divine Comédie

La cérémonie, qui mettait en liesse et un peu en révolution le couvent des sœurs de Saint-Magloire, participait à la fois du baptême, de la noce et de l'enterrement. Il s'agissait d'une prise de voile. Du baptême, car la postulante allait échanger pour jamais son nom de Fidès Morandeau contre celui de sœur Sainte-Euphrosine. De la noce, car elle devenait en même temps une des cent mille épouses morganatiques qui font de Jésus-Christ le chef des Mormons autant que des Catholiques. De l'enterrement, car, déjà morte au monde, elle s'ensevelissait définitivement dans un de ces cloîtres qui font une si rude concurrence aux caveaux de famille.

Situé dans le haut bout de cette chaussée appelée du Mont-Parnasse, bien qu'on y rencontre plus de marchands de bric-à-brac que de parnassiens, l'établissement des Dames de Saint-Magloire avait été construit vingt ans auparavant, en vue de la fondation d'un immense magasin de nouveautés qui avait fait faillite avant d'ouvrir. L'installation générale de la communauté se ressentait de cette origine païenne. Ainsi la chapelle, dont tous les cierges flamboyaient en l'honneur de ces divines épousailles, ne devait être dans la pensée de l'architecte que le réfectoire des employés mâles et femelles attachés à la maison de confections. Le plafond insuffisamment voûté de cette salle à manger était relié au parquet par quelques rares colonnes entre lesquelles on devait placer des tables pour les dineurs. On y avait espacé des bancs pour les communiantes. Un chemin de croix en lithochromie, Dieu me pardonne ! et dont les quatorze stations couraient les unes derrière les autres, le long du mur blanc, achevaient de sceller la séparation de l'Église et du commerce de nouveautés. Dans l'angle le plus obscur de ce carré long, un confessionnal, au fronton duquel était écrit en lettres gothiques : *M. l'abbé Boissonnet,* s'évasait à droite et à gauche en deux trous béants où s'engouffraient désespérément les pénitentes.

L'autel, appuyé au mur du fond, était en bois, avec de fortes prétentions à simuler le granit. Un « artiste » l'avait, à la pointe de son pinceau, criblé de piqûres rouges qui tenaient le milieu entre la peinture et la vaccination. Les capitons, qu'une main économe avait interposés entre le dessus de l'autel et la nappe brodée qui en cachait les rugosités, crevaient sous le poids des chandeliers de cuivre, encore alourdis par toute une forêt de cierges trompe-l'œil, également en bois colorié. Creux à l'intérieur, ils s'ouvraient du haut comme des tabatières, pour donner asile à de vulgaires bougies de ménage dont la flamme exiguë contrastait avec l'ampleur du récipient.

Dieu, qui voit tout, ne pouvait ignorer qu'on le trompait sur la qualité des illuminations consacrées à éclairer sa gloire, mais, avec une bonté réellement céleste, il avait toujours feint jusqu'ici de prendre au sérieux ces cierges de contrebande. Les ouvertures des deux fenêtres latérales, qui permettaient aux rayons d'en haut de visiter le tabernacle, avaient été retaillées selon le style ogival, et les carreaux de verre commun remplacés par des vitraux de couleur. Le soleil des belles après-midi d'été éparpillait, en les traversant, des reflets étranges sur une sainte Vierge en stéarine, encastrée dans une corniche, immédiatement au-dessus de l'autel, et dont la jupe prenait alors les tons papillotants qu'Henri Regnault a trouvés pour celle de sa Salomé.

Nous disons la jupe, car c'était à peu près là tout ce qu'on pouvait distinguer de la statue. La tête, les bras et le corsage disparaissaient dans un fouillis de bouquets, de colliers en perles fausses et de bracelets en topazes d'un jaune de sucre d'orge. Une couronne de roses blanches posée de travers lui traversait la figure et donnait à cette chaste image un petit air tapageur tout à fait comique. Les saintes filles qui venaient se fondre en prières devant la Consolatrice des affligés, n'en contemplaient pas moins cette ornementation avec une admiration profonde, sans songer que si l'une d'elles avait osé, ainsi affublée, risquer seulement un pied dans la rue, tous les chiens du voisinage se seraient ameutés pour lui faire la conduite.

L'évêque de B..., de passage à Paris, avait promis de venir bénir en personne l'entrée en religion de la jeune sœur Sainte-Euphrosine, et celle-ci semblait à peu près oubliée au milieu du trouble monumental que la nouvelle de l'arrivée de monseigneur avait jeté dans cet ordre cloîtré. La pauvre Fidès, qui allait s'ensevelir dans une crypte jusqu'à la fin de ses jours, n'était plus que l'occasion et le prétexte de la visite du prélat. On s'en préoccupait, on en parlait, on en rêvait comme si c'était lui qui dût prendre le voile.

On était au commencement d'octobre 1873, et les murailles nues de la chapelle commençaient à suinter l'hiver. La vêture avait été indiquée pour midi, mais quoiqu'il fût à peine dix heures, les invités exceptionnellement et exclusivement choisis dans les familles des religieuses de la communauté, se glissaient déjà dans les bancs d'un pas furtif et presque effrayé. Après cinquante-cinq minutes de recueillement et de froid aux pieds, le bruit d'une voiture ébranla les vitraux dont les ferrures s'entrechoquèrent, et une commotion indéfinissable apprit instinctivement à l'assistance que l'évêque venait de faire son entrée dans le couvent.

Au bout de cinquante-cinq autres minutes, la porte de la chapelle s'ouvrit brusquement à deux battants, comme cédant à des paroles magiques et monseigneur parut, avec toute sa cour, c'est-à-dire l'effectif entier de l'établissement, supérieure en tête. Il était en grand costume d'officiant. Sous les yeux des mamans muettes d'enthousiasme, il s'engagea triomphalement dans l'intervalle des bancs que les chapes noires et les robes bleues des religieuses garnissaient peu à peu. Puis, franchissant le chœur, il monta, en se maniérant, les degrés de l'autel. Mais au moment d'ouvrir le missel pour commencer 'a messe, le prélat jeta vers la porte un regard de côté, comme si quelqu'un d'indispensable à la représentation venait de manquer son entrée.

Attentive aux moindres mouvements de son chef hiérarchique, la supérieure s'était instantanément levée pour aller réparer cette erreur de mise en scène, quand la postulante fit son apparition sur le seuil du sanctuaire, accompagnée de l'abbé Boissonnet, son directeur de conscience.

Apparition est le mot. Le long voile blanc qui descendait, en l'enveloppant tout entière, sur sa robe de moire blanche et jusque sur ses souliers de satin blanc, ne permettait même pas aux curieuses, qui ne pouvaient voir son visage, de se faire une idée de sa taille. Au contraire de Mignon, qui aspirait au ciel, elle s'avançait, la tête penchée et les mains basses, dans une attitude courbée qui soulignait ce désir :

« Que ne suis-je déjà dans la terre ! »

Elle alla, poussée par cette extase somnambulique, s'agenouiller devant la sainte table. La sainte table, c'était cette balustrade demi-circulaire par-dessus laquelle, comme dans la plupart des églises, le prêtre distribuait l'hostie aux pieux convives, qui restaient dans la nef. Avec un peu d'imagination, on pouvait aussi bien voir, dans cette chrétienne s'offrant à Dieu, une vestale allant au supplice, ou la Cenci se préparant pour l'échafaud. La présence à ses côtés de l'abbé Boissonnet ne servait qu'à compléter l'illusion.

La mère supérieure profita d'une éclaircie dans cet anéantissement pour lui faire clandestinement signe de lever son voile. La scène du voile avait été sans doute insuffisamment réglée la veille, à la répétition générale, car la novice n'eut pas d'abord l'air de comprendre. Mais l'abbesse insista, et bientôt, sous un geste lent et presque automatique, la mousseline remonta peu à peu, et, passant derrière la tête comme un nuage qui se dissipe, laissa à découvert les traits de la postulante.

Mlle Morandeau, à qui son parrain, le lieutenant de vaisseau Savaron, avait tenu à donner le prénom de Fidès, — probablement en souvenir de quelque Espagnole abandonnée sur la rive, — avait perdu toute jeune son père, qui avait à peine compté dans sa vie. Il était mort à Suez, du choléra, pendant le creusement du canal qu'il surveillait comme ingénieur. L'existence claustrale qu'elle avait menée depuis, côte à côte avec sa mère, l'avait entretenue dans une folle terreur du monde, dont elle parlait comme certains journaux parlent du grand serpent de mer, sans l'avoir jamais vu. Une fois par an peut-être, le lieutenant Savaron, son parrain et son tuteur, venait du plus prochain port de mer l'embrasser à Paris, et elle regardait non sans une certaine admiration cet homme audacieux repartir pour aller tenter de nouveau le tour de ce monde qui lui causait, à elle, de si belles frayeurs.

Un matin, Mme Morandeau était tombée malade

et s'était relevée dévote. Deux années durant, elle s'agita au milieu des exhortations de l'abbé Boissonnet et des crises épathiques provoquées par une affection du foie. Convaincue, tous les soirs, qu'elle ne verrait pas la journée du lendemain, elle faisait appeler à toute heure celui qui devait l'aider à passer de ce fleuve qu'on appelle la vie dans cet océan qu'on appelle la mort. Le prêtre, tout en réconfortant la mère, ne perdait guère une occasion de catéchiser la fille, si bien qu'après six mois de conversations édifiantes il n'entrait plus sans la trouver agenouillée dans quelque encoignure.

« Nous la tenons », se dit-il.

Et en effet, la tombe de Mme Morandeau était à peine fermée, que Fidès entrait, pour y faire son noviciat, au couvent des Dames de Saint-Magloire, où l'abbé Boissonnet remplissait les intéressantes fonctions d'aumônier. Elle avait à peine dix-huit ans.

Son année de surnumérariat écoulée, elle avait été jugée d'autant plus apte à prononcer ses vœux, en qualité de sœur converse, qu'à une piété alors sans mélange devait se mélanger, lors de sa majorité, une petite fortune évaluée à environ cinq mille livres de rente.

Celle que les massifs de mousseline avaient dérobée jusque-là à la curiosité des invitées, était une grande jeune fille blonde, qui leur sembla pâle comme une fleur de nénuphar, malgré la blancheur du costume qui éteignait la sienne, et malgré le diadème de boutons d'oranger qui pointillait sur son front. Car le règlement des maisons religieuses veut que les novices soient habillées en mariées, précisément le jour où elles se vouent au célibat. Le mysticisme a de ces ironies.

On sentait que ses yeux, d'un bleu limpide, commençaient à s'atrophier sous la pression des quatre murs qui leur tenaient lieu d'horizon. De même que tous les autres organes, l'œil a besoin d'exercice ; or l'exercice, pour lui, c'est l'étendue. S'il ne peut s'ouvrir sans rencontrer à trois pas un rideau de pierre où se heurte son rayon visuel, il s'éteint insensiblement, comme une jambe qu'on immobilise entre deux planches, finit par s'ankyloser. Un directeur de pénitencier, fort expert en matière d'investigations, nous racontait que, quand un prisonnier lui arrivait, il reconnaissait immédiatement, à ses yeux, s'il était ou non récidiviste. Beaucoup de raisonneurs ont essayé d'expliquer par une concentration d'esprit extraordinaire cet œil vitrifié et sans regard qui caractérisait Napoléon III. C'était tout bonnement celui d'un homme qui était resté détenu cinq ans.

Quand elle était petite, Fidès riait si facilement, que presque toujours, de sa figure, on ne distinguait nettement que ses dents d'un blanc de crème et d'une fraîcheur de sorbet. Ses paupières se plissaient alors sur ses prunelles ardoisées, d'où s'échappaient des effluves chatoyantes et pailletées qui filtraient à travers les cils comme un jet de soleil passe par une embrasure. Les visites de l'abbé Boissonnet à la famille Morandeau avaient déjà changé en grisaille ces charmants tons roses. Au couvent, elle ne riait plus, mais elle souriait encore. On lui reprocha alors de ne pas laisser échapper une occasion de montrer ses dents. Elle aurait voulu pouvoir mâcher du bétel pour se les noircir; elle s'étudia à ouvrir la bouche sans les faire voir; mais comme elle n'y parvint pas, elle adopta un moyen énergique pour ne plus être exposée à montrer ses dents, c'était de ne plus sourire. Sa physionomie prit ainsi le voile, longtemps avant qu'elle eût été admise à le prendre elle-même.

L'évêque ofûcia. Fidès communia. Si la foi transporte des montagnes, remarquablement plus lourdes que l'air, la future sœur converse que les jeûnes et le manque de sommeil avaient réduite à sa plus simple pesanteur, aurait pu s'élever dans l'espace avec la légèreté d'une mésange, car la pauvre enfant était abîmée dans une componction sur laquelle le sourire de Voltaire en personne n'aurait eu aucune prise. L'abbé Boissonnet, assis dans le chœur, enveloppait par instants l'assistance d'un regard circulaire qui disait :

« Voilà pourtant mon ouvrage. »

Le divin sacrifice terminé, et bien que le prélat eût prononcé le : *Ite, missa est*, personne ne songeait à s'en aller avant l'opération de la profession et de la vêture. Monseigneur attendu à l'archevêché de Paris, pressa la main à l'abbé Boissonnet, qui, s'asseyant en face de son élève, lui remit un papier où étaient écrites les réponses à faire, et lui fit subir, selon le rituel, l'interrogatoire suivant :

— Ma sœur, que demandez-vous ?

Fidès répondit de cette voix tremblotante, particulière à l'orateur qui parle pour la première fois en public :

— Monsieur, je demande, par la miséricorde de Dieu, la grâce de faire profession de pauvreté, de chasteté et d'obéissance, selon la règle de saint Magloire et les constitutions de cette compagnie, en qualité de sœur domestique, afin de m'employer, pour l'amour de Dieu, aux offices les plus abjects de la communauté.

— Dieu vous fasse la grâce de demeurer en cette sainte résolution.

La supérieure se baissa et prit sous son banc une corbeille qu'elle porta à la postulante. Cette manne d'osier contenait tout son avenir, figuré par la robe bleue d'uniforme, la cordelière, le chapelet et le voile noir qui devait, en collaboration avec une grande cornette de même couleur, constituer désormais sa coiffure.

Fidès présenta cette garde-robe à l'abbé, qui la bénit. Alors, il se produisit un grand mouvement dans l'assemblée. La nouvelle sœur conserve allait prononcer ses vœux. Elle récita d'un ton plus accentué les paroles du formulaire :

« Au nom du Père, du Fils et du Saint-Esprit, ainsi soit-il !

« Dieu éternel et tout-puissant, en la présence de la très sacrée Vierge Marie, de toute la cour céleste et des assistants, moi, sœur Sainte-Euphrosine, voue et promets à votre divine Majesté et à vous, mon père, et à vous, ma révérende mère supérieure, qui tenez la place de Dieu, chasteté, obéissance et pauvreté perpétuelle en l'ordre de saint Magloire, sous le nom et l'invocation de sainte Euphrosine, ma patronne, suivant la manière de vivre contenue en la bulle apostolique, en nos règles et nos constitutions. »

Toutes les sœurs entonnèrent le *Tantum ergo*, et plusieurs des mamans, emportées par le lyrisme de cette scène émouvante, émirent quelques sons aigrelets qui tremblaient dans leurs gosiers comme les glaces d'un fiacre dans les rainures des portières.

Cependant, ce n'était encore là que le côté « mondain » de la cérémonie. Il restait à la servante de Jésus-Christ à endosser sa livrée. Elle s'éclipsa tout à coup et monta s'enfermer dans sa cellule, où elle dépouilla sa toilette de mariée pour le costume d'uniforme. A peine était-elle sortie de la chapelle que deux sœurs, évidemment choisies parmi les plus vigoureuses, y entrèrent, portant un meuble étrange qu'elles tenaient par les poignées rivées à chaque bout.

Ce colis était une bière. La bière de la maison. Toute novice en faisant profession devait, en signe d'entérrement, se coucher quelques instants entre ces quatre planches de chêne, sculptées comme un noyau d'abricot, par une main fanatisée. Les deux croque-morts femelles la déposèrent sur les dalles, vis-à-vis de l'autel, non sans l'avoir heurtée en route aux angles saillants des bancs de la nef, contre lesquels elle rebondissait avec un bruit sourd.

L'introduction de ce symbole bizarre donna le signal des sanglots, à croire qu'on avait introduit dans le programme cet avis au public : A midi et demi on sanglotera. Pendant cinq grosses minutes, on ne vit que mouchoirs qui poudroyaient et mères-grands qui larmoyaient. Les femmes ont toujours en réserve, pour diverses circonstances, un stock de sensibilité. Celles-ci pleuraient de joie en pensant que cette jeune âme était définitivement acquise à Dieu. Celles-là pleuraient de regret à l'idée de cette enfant de dix-neuf ans, destinée à perdre dans cette glacière ce qui lui restait de chaleur et de santé. Le plus grand nombre enfin pleuraient de voir pleurer les autres.

Fidès reparut bientôt dans sa robe de mérinos bleu aux plis flasques. La cornette noire qui lui serrait les joues en faisait ressortir la pâleur de stuc. La supérieure avait tiré de ses poches de longs ciseaux, dont les branches grinçaient férocement l'une contre l'autre. Ils étaient destinés à l'émondage de cette tête blonde. On ne pouvait lui arracher les dents, mais on allait lui couper les cheveux. Mme Morandeau avait regardé avec amour épaissir d'année en année cette masse soyeuse qu'elle laissait, suivant l'habitude américaine, se répandre à l'air libre sur les épaules de sa fille; et quand l'enfant sautait à la corde, cette gracieuse crinière se soulevait et retombait en cadence, cinglant son dos avec un bruit de lanières.

Tout à l'heure ce trésor joncherait les dalles, et celle dont il aurait pu faire l'orgueil, serait précisément chargée, en sa qualité de sœur domestique, de le balayer hors de la chapelle.

Mais, comme on attend généralement que les gens soient morts pour leur couper les cheveux, la supérieure, avant de tondre sa brebis, lui montra le coffre funèbre. Fidès y entra et s'y étendit tout de son long, sans que le regard le plus perfide pût apercevoir autre chose que le bout des escarpins de veau ciré contre lesquels elle avait échangé ses souliers de satin blanc. Les femmes ont fini par organiser la pudeur. On en a connues qui changeaient de chemise sans délacer leurs corsets et sans dégrafer leurs robes.

Une novice vint déposer aux pieds de l'abbé Boissonnet un grand drap noir plié en quatre. Il le déroula lentement et, le traînant jusqu'à la bière, il en couvrit la défunte de façon toutefois à ce qu'elle eût, dans une mesure restreinte mais suffisante, la faculté de respirer. Puis il attaqua le *De Profundis*, que tout le groupe des religieuses reprit à l'unisson.

CHAPITRE DEUXIÈME

Le Trouble-Fête

Comme les anges se préparaient sans doute à faire leur partie dans ce concert, les éclats d'une voix mâle et le bruit de talons de botte, résonnant sur la pierre, arrêtèrent net les explosions du chant sacré. Un coup de pied furibond ouvrit, en risquant de la démonter, la porte de la chapelle, et un personnage, qui n'avait rien de religieux, fit irruption au milieu des nonnes épouvantées. Le temps qu'il mit à s'orienter dans la lumière des cierges leur permit de toiser l'audacieux envahisseur qui empiétait avec ce sans-gêne sur ces dalles encore vierges de tout pas masculin.

L'intrus portait sur des épaules ramassées une tête puissante, où on ne distinguait d'abord que des sourcils noirs et des favoris broussailleux, qui occupaient tout le territoire compris entre le coin des lèvres et la naissance des oreilles. Sa peau paraissait boucanée par le grand air, et un col rabattu, très ouvert, entourait un cou formidable dont les teintes luisantes rappelaient la patine des vieux bronzes florentins.

Sa redingote bleu foncé, très courte, et tombant à pic sur son pantalon gris, l'emprisonnait à la taille, par un seul bouton, tout le haut du vêtement s'évidant en rigole, au point que la chemise marquait une raie blanche entre le collet et la cravate.

Si les bonnes sœurs avaient mené une vie moins sédentaire, elles auraient immédiatement deviné un marin sous le tannage de cette carapace. En voyant où il était, il ôta vivement son chapeau qui abritait la chevelure, touffue encore, mais argentée, d'un homme d'à peu près quarante-cinq ans. L'abbé stupéfait s'était levé tout d'une pièce dans sa chasuble, dont les manches battaient l'air comme des ailes d'albatros. La supérieure s'était portée au-devant de l'étranger en criant à travers un étranglement d'indignation :

« Sœur sainte Thomase ! Sœur sainte Thomase ! »

Cette Thomase était probablement la tourière coupable d'avoir opposé une si faible résistance à l'entreprise de ce téméraire. Les plus jeunes brebis du troupeau, s'étaient, par un mouvement de Dianes surprises au bain, serrées les unes contre les autres, tout en ramenant sur leurs visages leurs cornettes d'uniforme transformées en cagoules. Mais ces manifestations hostiles ne parurent pas impressionner sérieusement l'inconnu, qui, faisant trois ou quatre pas dans la travée ouverte entre les bancs, dit à haute voix :

« Fidès, es-tu là ? Fidès, réponds-moi donc ! »

Un remous agita le drap noir, et la tête effarouchée de la sœur Sainte-Euphrosine émergea de la bière.

« Mon parrain! fit-elle. Ah! mon Dieu! »

Ebloui par la clarté des bougies allumées en plein jour, l'étranger, seulement alors, aperçut avec étonnement le catafalque, dont le contenu allait l'étonner bien davantage. Il marcha droit, quoique avec ce déhanchement des gens de mer, vers ce fantôme qui se dressait ainsi hors du sépulcre et qu'il n'avait qu'imparfaitement dévisagé. Flairant quelque profanation, l'aumônier essaya de s'interposer; mais, après l'avoir repoussé violemment, comme il avait sans doute repoussé la tourière, le marin tira brusquement à lui la couverture mortuaire, qui laissa à découvert Fidès tremblante et recoquillée dans son coffre. On entendit passer entre les dents du marin un sifflement de colère qui aboutit à ces simples mots :

« C'est trop fort! Allons! viens! petite malheureuse! »

Puis, empoignant de sa rude main le bras de Fidès à hauteur de l'aisselle, il la souleva et l'obligea, pour sortir de sa boîte, à une cabriole tout à fait hors de situation.

« Infamie! s'écria la supérieure. C'est notre sœur à nous. Elle ne vous appartient pas. Qui vous a donné le droit de...?

— Vous, la mère, pas d'histoires, ou j'appelle les gendarmes, » articula nettement ce parrain, évidemment peu disposé à renouveler les vœux du baptême.

Le mot « mère » est sujet à un certain nombre d'acceptions. Dans la bouche des religieuses rassemblées sous son sceptre, « ma mère » témoignait envers la supérieure du respect le plus profond. « La mère » était, de la part de l'étranger, la plus grossière injure.

« Monsieur ! dit-elle en maniant fébrilement ses ciseaux qu'elle finit par remettre dans sa poche, probablement pour ne pas céder à la tentation de s'en servir, monsieur, savez-vous où vous êtes et qui je suis ?

— Et vous ! qui êtes-vous ? demanda l'abbé Boissonnet qui, à la première alerte, était allé replacer le saint sacrement dans le tabernacle qu'il avait fermé à double tour.

— Je suis le tuteur de Mlle Fidès Morandeau qui, étant mineure, n'a le droit, sans ma permission expresse, d'entrer nulle part et surtout en religion. J'ai là mes papiers de tutelle, ajouta-t-il, en tirant de ses doublures un portefeuille bourré de titres. Je m'appelle Savaron, lieutenant de vaisseau. Voici ma carte. »

Les regards de la supérieure et ceux du prêtre se rencontrèrent dans une connivence qui voulait dire :

« Mauvaise affaire ! »

Mais le lieutenant Savaron avait reporté toute son attention sur sa pupille.

— Ah ! petite misérable ! lui répétait-il, c'est ainsi qu'on profite, pour se sauver dans un couvent, de ce que son parrain est au Brésil. C'est bien par un hasard inouï que j'ai tout su. Sans l'*Univers*, qui a raconté que la fille de l'ingénieur Morandeau allait prendre le voile chez les sœurs de Saint-Magloire, et qui m'est tombé sous les yeux dans un café, je serais encore à Brest en train de faire tranquillement désarmer la *Vengeance*. Enfin, tout va bien, puisque j'arrive à temps.

— C'est une erreur! vous arrivez trop tard, risqua l'abbesse, les vœux sont prononcés.

— Ah! voilà qui m'est égal, par exemple, fit le marin presque joyeux. Mais, regarde-moi donc, mon ange, ajouta-t-il en écartant irrévérencieusement le velum noir qui abritait la confusion de Fidès. Dieu! es-tu changée? Ce n'est pas possible! On t'a donc frotté les joues avec de la cendre? Et tes bons yeux qui s'allongeaient comme des bananes, on croirait qu'on te les a fait rentrer dans la tête. Ce n'est plus toi; il ne reste absolument rien de ta belle petite figure sucrée. Et cette toilette! Tu as l'air d'être déguisée en chauve-souris... Est-il permis d'abîmer une enfant à ce point-là? Mais tu vas te refaire avec ton parrain, je te le promets...

— Comment, monsieur, interrompit l'abbé, jouant la surprise, vous prétendez emmener sœur Sainte-Euphrosine?

— Sœur Sainte-Euphrosine! connais pas! Je retrouve ma pupille pâle comme un linge, couchée dans un cercueil, et vous vous imaginez que je vais la laisser une heure de plus dans votre moulin à prières! Comptez là-dessus.

Et se tournant brusquement vers Fidès dont l'immobilité frisait la résistance.

— Allons, marche, toi, dit Savaron. J'ai là une voiture.

— Vous ne commettrez pas ce sacrilège, gémit l'abbesse en courant se camper devant la porte. Elle est maintenant la fille de Dieu, l'épouse de Jésus-Christ.

— Avant vingt et un ans, elle ne peut épouser personne sans mon consentement, pas plus Jésus-Christ qu'un autre.

— Monsieur, respectez les saintes filles qui nous écoutent, fit observer l'abbé Boissonnet, qui n'eût pas été fâché de changer le terrain de la discussion.

Mais, Savaron, précis comme le sextant qui lui servait à relever le point, ne permit pas qu'on déplaçât la question :

— Vos saintes filles, dit-il, priez-les d'abord de me laisser passer.

— Vous n'êtes donc pas chrétien? suppliait la supérieure. Songez que vous arrachez une âme au ciel, que Dieu vous voit et qu'il vous punira.

Cette menace n'effraya pas l'obstiné Savaron, mais elle le dérida :

« Ce n'est pas à moi qu'il faut raconter ces machines-là, ma bonne dame. A mon dernier naufrage, j'ai passé seize heures en mer accroché à une poutre, en compagnie de deux matelots bretons. Je jurais comme un charretier, pendant qu'ils priaient comme des pauvres. Ils se sont noyés tous les deux, et moi j'ai été recueilli par un brick norvégien. Jugez si de pareilles aventures vous cuirassent un homme.

— L'orgueil va devant l'écrasement et la fierté d'esprit devant la ruine, se contenta de répliquer la sœur.

L'abbé était songeur. Il supputait les désagréments que cette espèce de détournement de mineure pouvait attirer à la communauté qui s'en était rendue coupable, et il évoquait toutes les ressources de son esprit pour arriver à terminer ce scandale à la plus grande gloire de Dieu.

« Soit, monsieur, intervint-il sans aigreur apparente, admettons vos sentiments d'incrédulité. Vos sentiments de justice vous interdisent du moins de contrarier une vocation.

— Pardon, monsieur l'abbé; c'est moi que l'on contrarie, il me semble, en me séquestrant ma pupille. Au surplus, je ne suis pas ici pour épiloguer. Passe devant, Fidès.

— Sœur Sainte-Euphrosine, cria l'abbesse, les bras en croix devant la porte, vous me devez obéissance. Je vous défends de faire un pas.

— Ah! nous résistons à la loi maintenant, dit Savaron en s'avançant sur la supérieure avec l'intention évidente de l'envoyer rejoindre la tourière.

L'abbesse, qui entrevoyait déjà le martyre, reprit d'une voix vibrante :

Elle s'est donnée à Dieu volontairement. Vous n'avez pas le droit de la lui reprendre. C'est un attentat à la liberté.

— A la liberté! Un attentat à l'emprisonnement, tout au plus.

Les religieuses se sentaient partagées entre l'indignation et la curiosité. La vie de couvent est tissée d'un brouillard si monotone que, tout en considérant l'arrivée, l'attitude et les discours de cet homme comme une souillure pour la maison, elles n'étaient pas précisément fâchées de ce coup de tonnerre dans leur ciel invariablement serein. D'abord horriblement effrayées, elles n'étaient plus que profondément attentives.

— Monsieur l'abbé, ajouta le marin devant l'obstination de la mère à prendre des airs de barricade, veuillez prier madame de nous laisser passer, ou je me fais faire place, je vous en préviens

L'œil noir de Savaron tournait au flamboyant. Il ressaisit par le poignet droit sa pupille qu'il tira à lui jusqu'à l'entrée de la chapelle. Mais le bouton de la porte était au pouvoir de la supérieure, disparaissant tout entier dans sa main cartilagineuse. Savaron y substitua résolûment la sienne. Alors la religieuse redevint femme pour mentir un peu.

— Oh! le monstre! murmura-t-elle, comme s'il l'avait battue.

Mais le marin était déjà dans le vestibule. L'abbesse prit une résolution suprême. Elle s'élança sur ses traces, et rejoignant Fidès en deux foulées, elle la dépassa après lui avoir glissé sournoisement dans l'oreille cette injonction :

« Evanouissez-vous! »

Quoique Mlle Morandeau n'eût jamais étudié l'art essentiellement féminin de se trouver mal, elle joua son petit mélodrame avec une intelligence hors ligne. Ses doigts se raidirent, ses jambes s'allongèrent, ses prunelles disparurent et elle serait tombée de sa hauteur sur le carreau, si les bras de la mère ne s'étaient trouvés providentiellement tout arrondis pour la recevoir.

— Eh bien! eh bien! quoi donc? fit Savaron devenu livide.

— Vous l'avez tuée, répondit froidement la mère.

— Sœur Sainte-Euphrosine se meurt! dit d'une voix tonnante l'abbé, saisissant cette occasion d'ameuter l'assistance contre le lieutenant.

Toutes les nonnes sortirent des bancs et se précipitèrent dans le vestibule, tout en chargeant d'anathèmes ce comte Ory qui venait apporter dans leur moutier le désordre et même la mort.

Tandis qu'elles l'accusaient tout haut, le pauvre marin, avec cette candeur qui est le signe distinctif de sa profession, s'adressait tout bas les plus sanglants reproches. Il sautait comme un bison autour de sa pupille, s'arrêtant de temps en temps pour frapper de ses deux poings son front bistré, et proportionnant ses jurons à son désespoir.

« Voyons, mesdemoiselles, répétait-il en piétinant de côté et d'autre, un peu d'eau sucrée, un peu d'éther; il n'y a donc rien dans cette boutique ? Peut-on avoir un médecin? »

Mais l'abbesse renvoyait de son bras gauche à son bras droit ce corps inerte et secouait la tête comme pour faire comprendre que tout secours était inutile.

Fidès, *perindè ac cadaver*, ballottait dans tous les sens et se laissait aller aux impulsions qu'elle recevait, sans prendre l'initiative d'aucun mouvement. Par malheur, l'inexpérience a perdu plus de femmes que les hommes n'en ont aimées. La défunte ne put résister à l'envie de constater par ses yeux l'effet produit. Elle les entr'ouvrit langoureusement; mais comme ils rencontrèrent ceux de son tuteur, anxieusement fixés sur elle, la novice les referma vivement par un jeu de paupières si brusque qu'une lumière subite inonda Savaron.

« Ah! l'hypocrite! s'écria-t-il, elle a fait semblant de se pâmer. C'était un coup monté. Suis-je idiot d'avoir donné là-dedans! »

Elle essaya vainement de se remettre en position. La mèche était éventée.

« Puisque tu es si mal, mon enfant, lui dit son parrain, je vais te porter moi-même dans la voiture. Il ne faut pas que tu meures ici; ça embarrasserait ces dames. »

Et l'enlevant presque par surprise des bras de la supérieure, il la porta dans les siens jusqu'à la porte de la rue, non sans se faire cette réflexion :

« Est-elle légère la pauvre petite ! Elle a maigri d'au moins vingt livres. »

La mère, sans insister autrement sur l'état morbide de sa fille en Jésus-Christ, consulta du regard l'abbé Boissonnet et le résultat de cette consultation fut un geste dont le sens était :

« Nous sommes pris ! »

CHAPITRE TROISIÈME

Le traité secret

Bien qu'ultramontain à reculer les frontières du fanatisme, l'abbé Boissonnet, qui appartenait à la « grande société », était un esprit éminemment pratique. Sur les seules allures du lieutenant Savaron, il s'était convaincu, dès l'abord, qu'il n'y avait vulgairement « rien à refrire » avec ce paroissien-là.

Il s'agissait donc, non pas seulement de faire contre mauvaise fortune bon cœur, mais de se composer une bonne fortune avec la mauvaise. Le confesseur de la jeune Fidès possédait, du reste, une qualité fort précieuse pour un homme obligé par état de ne pas toujours dire ce qu'il pense et de dire parfois ce qu'il ne pense pas : son visage et son cœur étaient aux antipodes l'un de l'autre. Quand il faisait nuit sur le premier, il faisait jour sur le second. Comme ce juge qui prenait son air le plus aimable pour annoncer à un accusé qu'il était condamné à mort, et ajoutait, la bouche en cœur :

« L'exécution aura lieu sur la grande place de la ville, »

Boissonnet n'exhibait jamais des pommettes plus roses et un front plus riant que dans ses émotions les plus palpitantes. A dix pas, malgré ses cinquante-deux ans, on croyait avoir devant soi un tout jeune homme. C'est seulement à bout portant, qu'on reconnaissait en lui un ancien séminariste fané à l'étalage. Ses cheveux, qui peut-être avaient été noirs, à moins qu'ils n'eussent été blonds, n'arboraient plus que la nuance terre glaise de la teinture en décomposition, et encore, comme ces nuages foncés qui s'abattent sur la neige des hautes montagnes, l'eau Chantal laissait-elle à découvert de nombreux points blancs au ras du cuir chevelu.

Ses lèvres grasses et luisantes se boursouflaient comme deux sangsues pleines, dans une face satisfaite où la pâleur des yeux, d'un vert blafard, rachetait la sensualité du sourire. Nous n'oserions pas affirmer qu'il ne mît pas quelquefois du rouge, mais s'il le faisait, c'était à coup sûr moins par coquetterie que par politique.

Cette surface limpide était l'enseigne trompeuse d'une intolérance sans limites. Le seul catholique auquel il accordât une réelle valeur était Jacques Clément, dont il possédait, suspendu à la tête de son lit, un portrait indubitablement apocryphe, puisque l'assassin d'Henri III, inconnu la veille, avait été massacré aussitôt après le crime, par ses complices, plus que probablement. Henri IV, qui avait prononcé ce mot d'ailleurs révoltant : « Paris vaut bien une messe », représentait pour lui, avec sa poule au pot et son chapeau à plumes, un saltimbanque de bas étage, Richelieu, qui avait soutenu la Hollande protestante contre l'Autriche et l'Espagne, était encore un de ces hommes « qui perdent la religion ». Le duc d'Albe lui avait toujours paru un peu timoré. Quant à la tiédeur du président d'Oppède, elle était inexcusable. Il refusait de lire la *Gazette de France*, rédigée, disait-il, par des communards. Il parlait de la République comme d'une vengeance céleste. Il en disait :

« Voilà ce que c'est que d'avoir aboli l'Inquisition. »

Mais, impitoyable comme l'ambition qui grisonne, il était en même temps maniéré comme la jeunesse qui s'en va. Il trouvait des expressions presque tendres pour demander le rétablissement des bûchers, et présentait les auto-da-fé à la société française avec la galanterie d'un belâtre offrant une rose à une danseuse.

Les procédés cousus de fil blanc qu'avait imaginés la supérieure pour retenir Fidès l'humiliaient, à la fois par leur inutilité et par leur manque de distinction. Il prit incontinent le parti de masquer une défaite inévitable en passant à Savaron avec armes et bagages.

— Mon enfant, dit-il à la novice, nous comprenons votre douleur, mais une plus longue résistance pourrait être interprétée comme soufflée par l'esprit de révolte contre les devoirs que la loi vous impose à l'égard de votre tuteur. C'est moi qui vous en prie. Voyons, ne suis-je plus votre père ?

La supérieure ouvrait la bouche pour protester, mais l'abbé Boissonnet la lui ferma en ajoutant :

—Allons, ma fille, remerciez sœur Sainte-Olympie,

votre bonne mère, et dites-lui de vous conduire à votre cellule. Vous y reprendrez les vêtements que vous portiez lors de votre arrivée dans la communauté. Vous ne pouvez garder ce saint costume pour rentrer dans le monde.

Fidès, en larmes, se serra tendrement contre la poitrine de l'abbesse toute désappointée de ce dénoûment. Elle était résolue à lutter, fût-ce à coups de crucifix, contre les prétentions de l'officier, et elle ne comprenait pas comment l'abbé cédait ainsi une victoire qu'elle regardait comme assurée.

De son côté Savaron aurait de beaucoup préféré emmener sa pupille sans attendre cette substitution de la toilette laïque au vêtement religieux. Il avait entendu raconter, et peut-être lu, notamment dans les ouvrages du dix-huitième siècle, que certains couvents étaient machinés comme des théâtres de féeries, et que sous prétexte de l'envoyer s'habiller dans sa cellule, on pourrait faire disparaître Fidès par une trappe. Il réclama donc le droit de l'assister pendant ce changement à vue, mais la mère jeta de si hauts cris et l'abbé envoya d'une voix si dédaigneuse cette apostrophe au tuteur soupçonneux :

« Ah ! vous croyez aussi aux jeunes filles jetées dans les oubliettes, vous ! » que celui-ci se sentit ridicule. Il n'insista pas, et, en attendant qu'on lui remit Fidès comme une détenue dont on lève l'écrou, il se laissa introduire dans le parloir réservé aux parents. C'était une vaste pièce qui avait été carrée avant qu'une autorité jalouse ne la coupât en deux par une cloison à claire-voie, d'où la visitée ne pouvait guère recevoir de sa famille que le quart d'une accolade, les trois autres quarts restant généralement sur les barreaux de bois.

Pendant que le lieutenant de vaisseau faisait « l'ours » le long des grillages de cette ménagerie, Fidès adressait ses adieux aux murs de sa chère cellule, et, tout en dépouillant lentement la sœur Sainte Euphrosine, elle embrassait convulsivement ce voile qu'elle ne pouvait se résoudre à quitter. Une servante, la seule qui eût le droit de se montrer dans la rue, puisqu'elle n'était pas religieuse et qu'on appelait *la laïque*, lui apporta la petite robe de cachemire à carreaux noirs et blancs sous laquelle elle était entrée dans le cloître, un an auparavant, et qui était devenue trop courte, car rien n'aide les jeunes filles à grandir comme le froid et la mauvaise nourriture.

Elle essayait d'étouffer ses pleurs en endossant cette tunique de Nessus, mais c'étaient ses pleurs qui l'étouffaient. Elle rougissait de honte comme si elle eût été dans l'arrière-boutique d'un costumier, tenue de se déguiser pour aller au bal de l'Opéra.

Elle avait longtemps aspiré à se voir débarrassée de ses cheveux, dont l'abondance lui paraissait des plus inconvenantes, et qu'elle avait enfouis dans sa coiffe avec le soin mystérieux d'une fillette qui cache un mauvais livre dans le fond d'une armoire. Il fallut de nouveau laisser reluire au soleil cette masse miroitante, que la servante ne put s'empêcher de soupeser avec admiration, avant de l'aplatir de son mieux, afin d'en atténuer l'exubérance.

« Pardonnez-moi, laïque, disait Fidès, je ne croyais pas que vous auriez jamais à me rendre ce service-là.

— Tout ce qui arrive là est bien malheureux, ma

sœur, répondit la laïque, qui à force de concessions se faisait pardonner sa laïcité.

Quand Fidès redescendit, vêtue en pensionnaire, elle rencontra la mère Sainte-Olympie et l'abbé Boissonnet en faction dans l'escalier.

Il faut tout prévoir, mon enfant, lui dit l'abbé. Il est possible que les motifs de votre départ soient dénaturés par la malignité publique. Nous sommes bien forcés de compter avec les journaux, puisqu'il y a encore des journaux en plein dix-neuvième siècle. Vous serez là, n'est-ce pas, pour attester de quel côté étaient l'arbitraire et la violence.

— Oh! oui mon père.

— Vous déclarerez au besoin que vous êtes entrée ici volontairement et que vous n'en sortez que forcée et contrainte.

— Voulez-vous que je le reconnaisse par écrit à l'instant même, mon père?

— Non, ma fille. On nous accuserait de vous y avoir obligée par nos menaces, fit la supérieure avec amertume.

— Vous allez revoir le monde, reprit l'abbé. Retrouver une famille autre que la nôtre. Vous marier sans doute...

— Mon père! ne me dites pas cela! se récria Fidès, avec un geste plein d'horreur.

— Mais, si votre tuteur l'exige?

— Je résisterai...

— Comment? insista le prêtre, vous auriez le courage de rester fidèle à vos vœux de chasteté, de pauvreté et d'obéissance?

— Dieu m'en donnera la force.

2.

— De vous considérer, une fois loin de nous, comme faisant encore partie de cette sainte maison?

— Ah! si vous vouliez me le permettre...

— D'oublier, enfin, que vous étiez mademoiselle Fidès Morandeau, pour vous rappeler seulement que vous êtes la sœur Sainte-Euphrosine?

— Mon père, vous me comblez de joie.

Cette idée de tenir ainsi, en plein milieu profane, sa pénitente assujettie à la règle du couvent où elle continuerait à vivre moralement, ne représentait pas seulement pour l'abbé un triomphe sur cette société civile qu'il abhorrait. Il n'y a pas de petit ennemi, il n'y a pas non plus de petit serviteur. Garder sous une main de fer dans un coin de Paris une ilote, jeune, séduisante et aveuglément soumise au joug de l'obéissance passive, pouvait être d'une certaine utilité pour la cause. Fidès passait à l'état de missionnaire chargée de porter la bonne nouvelle parmi les infidèles des Batignolles, où demeurait le cousin Savaron.

Sœur Sainte-Euphrosine promit sur la croix de se conformer, aussi strictement qu'elle l'eût fait dans la communauté même, à tous les *monita secreta* dont se composent les prescriptions de la vie de couvent. Elle frissonnait de pudeur alarmée sous sa petite mantille de taffetas noir dont la coupe n'avait cependant rien d'excentrique, et sous son petit chapeau marin en feutre gris avec liseré bleu, qu'elle n'osait pas poser en arrière, de peur de démasquer ses traits, et qu'elle ne pouvait rabattre sur ses yeux sans laisser à découvert ses inconvenantes tresses blondes.

Il lui semblait que sa vie était collée à ces murs

suintants. Elle s'y rattachait du regard dans cette prostration stupéfaite d'une âme tendre qu'on arrache à ses amours. Elle avait mis, comme on dit vulgairement, tous ses œufs dans le même panier. En dehors de matines, la messe, vêpres et le salut, son esprit ne voyait que le chaos. Elle ne concevait pas qu'une fille eût à s'occuper d'autre chose que de son examen de conscience. Le rapt dont elle était victime dérangeait toute l'économie de son avenir. N'ayant jamais fait d'autre compte que celui de ses péchés, elle réduisait toute sa tenue de livres au calcul du nombre d'*Ave* et de *Confiteor* nécessaires au rachat de ses velléités de paresse ou de gourmandise. D'ailleurs, elle se sentait un impérieux besoin d'obéissance. Or, à qui obéirait-elle quand mère Sainte-Olympie et l'abbé Boissonnet ne seraient plus là pour régler l'emploi de chacune des minutes de sa journée?

— Votre tuteur serait capable de nous jouer quelque tour. A revoir, mon enfant, dit l'aumônier, car nous nous reverrons souvent, n'est-ce pas?

— Oh! oui, mais il ne me permettra jamais de venir vers vous. Comment aurai-je de vos nouvelles?

— Ne vous inquiétez pas, Dieu trouvera bien le moyen de nous réunir, répondit l'abbé avec la conviction d'un homme pour qui le moyen est déjà trouvé.

Pendant ce dialogue, la supérieure s'était éclipsée aussi furtivement que ses quarante-sept ans le lui permettaient. Elle réapparut tenant à la main un petit paquet oblong, savamment enveloppé dans du papier de soie, et qu'elle remit à Fidès avec une sorte de solennité.

Fidès déroula l'enveloppe, qui renfermait un minuscule fagot de brins d'herbe desséchés qu'elle prit d'abord pour des échantillons de vétiver.

— C'est un peu de paille du cachot de Notre Saint-Père, fit l'abbesse. Monseigneur m'a remis ce matin ce souvenir à jamais précieux et qui ne devait pas me quitter. Je m'en dessaisis en votre faveur, chère sœur Sainte-Euphrosine. Regardez-le quelquefois : il vous apprendra à souffrir.

— Un pareil bienfait ! moi si indigne ! dit Fidès subjuguée par l'émotion. Oh ! je ne crains plus rien maintenant !

Mais il est probable que l'abbé Boissonnet craignait quelque chose, car il pressa la jeune enthousiaste de descendre au parloir, dont le carreau commençait à tressaillir sous les bottes de Savaron.

« Ah ! enfin, grommela-t-il. J'étais sur le gril. As-tu finis tes cent dix-neuf tours? Allons, viens, nous enverrons chercher ta malle un autre jour. Je ne me tiens plus de faim. Et toi, mon ange ? Sois tranquille, va ! Je te donnerai à manger autre chose que du bifteck de Terre-Neuve. »

L'abbé non plus que la mère n'apprécièrent le sel de cette plaisanterie toute maritime. Bifteck de Terre-Neuve est le nom que les matelots donnent dédaigneusement à la morue. La morue qui, au couvent des sœurs de Saint-Magloire, était servie comme plat de luxe, et seulement trois fois par an pour réconforter les religieuses, après des neuvaines où elles s'étaient particulièrement usé les genoux et délabré l'estomac !

Savaron ne doutait pas que Fidès ne fût, au fond,

enchantée de s'évader de cet affreux cloître, et qu'une fois hors de la portée des deux tyrans qui la circonvenaient, elle ne redevînt éminemment folâtre.

Au moment de passer l'étroite frontière qui la séparait de l'enfer mondain, la jeune fille s'arrêta, une minute encore, dans la pose anéantie des personnages de ce tableau du Luxembourg, intitulé l'*Appel des Condamnés*, et où tous ont les mêmes yeux violets; puis, prenant sa résolution, elle franchit la porte qui venait de s'ouvrir et sauta dans la fatale charrette, c'est-à-dire dans le fiacre.

La mère Saint-Olympie la regarda mélancoliquement s'y engloutir. Alors, comprenant que tout était fini et que cette âme immaculée était momentanément perdue pour le ciel, elle ramena sa pensée sur le monastère dont les destinées lui étaient confiées, et cria d'une voix ferme :

« Laïque, remportez le cercueil ! »

CHAPITRE QUATRIÈME

Sac au dos

Grégoire Savaron était de ceux que l'argot maritime désigne sous la qualification d'officiers *gourganiers,* lisez officiers qui ont autrefois mangé des gourganes, ayant d'abord navigué comme quartiers-maîtres, ou même simples matelots. Son père, notaire à Cherbourg, le destinait au métier poussiéreux du notariat, mais à force de voir ses camarades s'embarquer tous les jours pour des voyages qui n'étaient à ses yeux que de vastes parties de canot, l'enfant, entre les migraines de l'étude paternelle et les maux de cœur que lui promettait l'Océan, n'avait pas tardé à opter. Seulement, quand il se hasarda à mettre à nu ses espérances, son père, fils de notaire, notaire lui-même, l'appela renégat, et sa mère lui demanda en pleurant quel plaisir il pouvait éprouver à aller se faire dévorer par des anthropophages.

Mais Grégoire continuait si bien à suivre son idée qu'il se trouva, par une belle nuit d'août, embarqué à bord d'un trois-mâts de quatre cents tonneaux, sous les ordres d'un capitaine au long cours. Ce navigateur lui avait garanti la découverte de plusieurs continents et d'un certain nombre de mines d'or. A peine au large, il le mit à la ration de lard rance et le força à lui cirer ses souliers.

Après deux ans de cette domesticité, Grégoire rompit son engagement et entra dans la marine de l'Etat, où de pilotin il devint successivement timonier, puis maître mécanicien. Ceux des officiers de mer que la discipline n'a pas pétrifiés, seraient très supérieurs aux officiers de terre, sans l'esprit de caste qui les domine. La première condition pour être accueilli dans le corps est de sortir de l'école navale. Aussi, quoique les gourganiers aient droit à plus de considération que d'autres, puisqu'ils sont arrivés à l'épaulette à force de persévérance et d'énergie, sont-ils généralement tenus à l'écart par leurs collègues. Nelson, qui s'y connaissait, et qui avait lui-même navigué à ses débuts comme quartier-maître, n'en a pas moins écrit cette phrase :

« C'est sur le gaillard d'arrière qu'on porte le chapeau à plumes, mais c'est sur le gaillard d'avant qu'on sait son métier. »

C'est en Cochinchine qu'il avait eu la bonne fortune de passer lieutenant de vaisseau, grâce à une de ces dyssenteries qui emportent des flottilles entières et font dire que là-bas les officiers avancent sous eux. Peut-être, en voyant ses collègues dans l'état de dégradation physique qu'amène cette maladie nauséabonde, avait-il eu quelque peine à se figurer que l'homme fût fait à l'image de Dieu ; le fait est que, contrairement aux légendes courantes sur la piété des marins, il était, en fait de religion, d'une grande indifférence mêlée de quelque dédain. On n'a pas laissé de la laine de ses favoris à tous les buissons du globe, sans avoir une certaine teinture des théogonies et des nombreux cultes qui se le disputent. Il avait reconnu qu'ils se ressemblaient tous, en ce que les uns et les autres étaient l'enseignement du faux, presque toujours de l'absurde, parfois du crime. Les couvents d'Espagne l'avaient dégoûté de ceux d'Italie, lesquels l'avaient dégoûté de ceux de France.

Mais, s'il avait vu beaucoup de religions, il avait vu également beaucoup de gouvernements, ce qui le maintenait dans une rare insouciance politique. Les changements survenus dans sa patrie l'avaient d'ailleurs constamment surpris à des distances énormes du théâtre des événements que, n'ayant pu suivre, il ne pouvait comprendre. Il luttait contre un cyclone, au fond de la mer des Indes, quand celui qui, en 1848, emporta le trône de Juillet, vint s'abattre sur les Tuileries.

Il apprit, par le cinquante-quatrième degré de latitude sud, à trois cents lieues sous le cap de Bonne-Espérance, le coup d'Etat de Décembre 1851.

La chute de l'Empire lui fut communiquée, retour des îles Sandwich, dans une relâche à Sainte-Hélène. Il répétait :

« Ils sont là un tas de Mikados qui se battent pour se prendre la place, et qui se font renverser dès qu'ils l'ont prise. Si j'étais roi, je voudrais au moins être absolu comme en Afrique, où les souverains échangent leurs sujets contre des pièces de cotonnade. Mais régner en Europe où les monarques ne peuvent pas se moucher sans être éreintés dans les journaux, Dieu! que ça m'embêterait! »

L'habitude de rôder dans les entreponts l'avait voûté dès l'âge de vingt-cinq ans, au point que son cou s'allongeait presque horizontalement hors de sa cravate. Il était atteint d'un certain tic nerveux dans les épaules, qu'il ramenait en avant comme un fardeau qu'on veut remettre d'aplomb. Il devait à ce mouvement involontaire le surnom de Savaron « Sac-au-dos ». Et en effet son chapeau d'ordonnance, qu'il posait ordinairement très en arrière, avait moins l'air de coiffer sa tête que sa colonne vertébrale.

Sobre et chaste, il n'avait guère eu le temps d'aimer qu'entre deux embarquements. Une aventure, dont il était un peu honteux, gênait cependant son passé. Il avait cultivé quelque temps, à Tahiti, une jolie indigène nommée Véa, qui le suivait par les chemins avec une couronne de roses sur la tête et vêtue d'un peignoir-chemise en indienne, que les missionnaires catholiques, tout-puissants dans les possessions de l'Océanie, lui avaient imposé, mais dont elle se débarrassait dix fois par jour, pour se plonger, avec des cris joyeux et sans aucun embarras, dans tous les ruisseaux qu'elle rencontrait.

Un jour Véa avait dit à Savaron :

« Je veux te faire cadeau d'une petite bague que tu garderas en souvenir de moi. Ne me refuse pas, ça me ferait trop de chagrin. »

Après quelques objections basées sur la délicatesse française qui interdit à un homme de recevoir de celle qu'il aime autre chose que des soufflets et des notes à payer, Savaron avait tendu sa main. Alors la jeune insulaire lui avait, au moyen d'une pierre extrêmement tranchante, pratiqué une incision autour du doigt annulaire. Après quoi, elle avait exprimé sur la plaie le suc d'une petite plante à fleurs jaunes fort commune dans toutes les îles océaniennes. Il en était résulté un charmant tatouage bleuâtre, absolument indélébile. Telle était la bague dont l'avait gratifié Véa. Il dissimulait ce bijou sous un anneau d'or. Mais l'œil enfantin de sa filleule avait bien su l'y découvrir, et il s'en était suivi nombre d'interpellations. Il n'y répondait que par sa rougeur et des torsions d'épine dorsale plus accentuées qu'à l'ordinaire.

Quoiqu'il eût tenu Fidès sur les fonts baptismaux comme il l'aurait tenue sur les genoux, il s'était voué à elle sans restriction. Dès qu'il distinguait quelque objet un peu original parmi les curiosités qui lui passaient incessamment sous les yeux, il l'achetait en se disant :

« Ce sera pour la petite. »

Il la regardait d'ailleurs comme une délicieuse poupée et lui parlait comme à un colibri, ne la soupçonnant pas capable d'une résolution quelconque. Aussi sa surprise avait-elle été profonde devant les essais de résistance de sa pupille. Il ne pouvait voir en elle qu'une belle princesse des *Mille et une Nuits* enlevée par quelque génie malfaisant et enfermée dans une tour à peu près impénétrable. Il accourait pour l'en tirer, et il fallait lutter pour l'obliger à en sortir. C'était à n'y pas croire. Il attribuait cette obstination non à une résolution arrêtée, mais à un état de démence, et n'était pas très-éloigné de supposer qu'on lui avait fait prendre un stupéfiant.

Il se creusa la tête à inventer des distractions pour la malade. Il l'avait installée dans la chambre la plus méridionale de son appartement, situé à Batignolles, à l'entrée de la rue des Dames. Il occupait là un rez-de-chaussée de cinq pièces, défendues par un jardin de la dimension et de la gaieté d'une concession de cimetière. Il n'en était pas moins tout fier des quatre groseillers qui formaient le plus clair de son arboriculture. La verdure est si rare à Paris qu'on est trop heureux d'en trouver juste assez pour s'y bâtir un nid, même quand le va-et-vient de la ville en fait surtout un nid à poussière.

Le papier vert à quinze sous le rouleau, qui tapissait la chambre réservée à sœur Sainte-Euphrosine, et dont elle s'était promis de faire une autre cellule, parut à celle-ci trop luxueux pour ne pas cacher quelque piége de Satan. Elle n'en douta plus quand elle vit son tuteur s'ingénier à décorer les murs à l'aide de toutes les sagaies, de toutes les panoplies kanaques collectionnées dans ses voyages, suspendre aux pitons du plafond tous les œufs d'autruche dont la coque avait résisté au roulis, disposer en garniture pour la cheminée toutes les idoles de l'Inde qui grimaçaient depuis des années au fond de ses malles. Il plaça au milieu du guéridon ovale, en acajou roussâtre, qui coupait la pièce dans sa longueur, un brûle-parfums japonais d'un bronze coloré que le soleil de l'extrême Orient avait léché au point de le rendre luisant comme de l'acier. Il crut se conquérir quelque indulgence en risquant cette remarque :

« Tu sais, ce n'est pas moderne. C'est un bronze ancien. »

Mais Fidès se défiait. Toutes ces attentions étaient à ses yeux autant de tentatives pour l'écarter de la voie divine. Le pauvre Savaron, qui suait sang et eau pour lui plaire, représentait à ses yeux l'esprit du mal. Il devenait l'ennemi contre lequel elle aurait désormais à lutter. Ses armes à elle étaient la prière, le jeûne, la méditation. Ses armes à lui consistaient en émaux cloisonnés chinois, en vieux laques, en figurines taillées dans le cristal de roche. À chaque nouvelle potiche qui faisait son entrée dans les bras du lieutenant, elle se murmurait à elle-même :

« Encore une attaque qui se prépare. Mais avec l'aide de Dieu je saurai la repousser. »

Se laisser induire en tentation au point de regarder avec quelque complaisance un seul des objets offerts à ses convoitises, lui eût paru la violation de tous ses serments et la rupture des vœux qu'elle avait volontairement prononcés. Pendant les huit premiers jours, elle s'abstint de dépasser le seuil de l'appartement, même pour aller rendre visite aux groseillers du jardin. Elle avait espéré pouvoir mener jusqu'à sa dernière heure cette vie claustrale. En se levant, elle lisait la messe, faute de chapelle dans la maison pour aller l'entendre. À deux heures, les vêpres. À six heures, le salut.

Au début, elle fut, pendant trois nuits consécutives, debout dès quatre heures du matin, afin de chanter matines. Mais un voisin, qui demeurait au premier, se plaignit de cette musique nocturne, dont les éclats troublaient son sommeil. Fidès se résigna à supprimer matines, après avoir toutefois offert ce sacrifice à Notre Seigneur Jésus-Christ.

Cependant, elle ne tarda pas à s'apercevoir qu'il lui faudrait rabattre de son rigorisme absolu. Ses robes, hors desquelles elle avait grandi sous l'uniforme de novice, n'étaient plus mettables et menaçaient de laisser ses jambes à découvert jusqu'aux mollets inclusivement. D'autre part, Savaron n'avait aucune des qualités nécessaires au choix d'une toilette de femme. La vieille Marianne, sa domestique, toute sourde et toute chancelante, s'avouait incapable de courir les magasins à la recherche d'une étoffe convenable. Sœur Sainte-Euphrosine sentait son cœur défaillir à l'idée de mettre le pied dehors. Elle aurait au moins voulu consulter son directeur de conscience sur ce sujet capital. Mais tout moyen de communication avec les Dames de Saint-Magloire lu avait été enlevé. Et les robes se raccourcissaient toujours! Elle capitula et accepta de se rendre aux magasins du *Bon Marché*, en compagnie du tentateur, c'est-à-dire de son parrain.

Saint Mathieu a écrit dans son Evangile, chapitre IV, paragraphe 8 :

« Le diable mena Jésus sur une montagne fort haute et lui montra tous les royaumes du monde et leur gloire.

« Et il lui dit : Je te donnerai tous ces choses, si, en te prosternant, tu m'adores. »

Ce passage du Nouveau Testament trotta par la tête de Fidès pendant toute la durée de sa promenade dans les salles du magasin. Le diable, c'était son oncle renforcé d'un démon de second ordre qui, sous les traits fallacieux d'un chef de rayon, étalait à ses yeux non tous les royaumes, mais toutes les nouveautés du monde. Ce démon la révoltait d'ailleurs par sa familiarité :

« Mademoiselle porte peut-être des bas rayés, lui disait-il. C'est la grande mode aujourd'hui. Si cela est, je conseille à mademoiselle de choisir une robe dans les teintes un peu foncées. Rien n'est disgracieux comme de montrer une jambe plus haute en couleur que la jupe qui la recouvre, surtout maintenant que les souliers sont décolletés au point de laisser le cou-de-pied tout à fait libre. »

Elle s'arrêta à un coupon de reps estampé bleu marin qui lui fit l'effet de se rapprocher plus que les autres de l'uniforme du couvent. Mais cette sortie compromettante la troublait au dernier point. Elle aurait tout donné, y compris sa robe neuve, pour pouvoir en instruire la mère Sainte-Olympie et lui en demander l'absolution. Rentrée chez elle, quoiqu'elle prévît des difficultés insurmontables pour faire parvenir quoi que ce fût à la supérieure, elle ne put se retenir de se confesser à elle sur le papier, comptant sur la Providence pour remettre à son adresse la lettre suivante :

« Vénérée mère,

« Je suis bien malheureuse et je perdrais tout courage si je ne me reportais par la pensée au temps où les premières chrétiennes affirmaient leur foi sous la griffe des lions et des tigres. Mon tuteur m'a obligée à l'accompagner dans un magasin où j'ai dû acheter vingt-deux mètres de reps que j'ai pris dans nos couleurs.

« Je vous avais pourtant bien promis à vous, vénérée mère, et à M. l'aumônier de rester cloîtrée comme une véritable fille de Dieu. Il y a huit jours à peine que je suis séparée de vous et j'ai déjà manqué à mes saints engagements. Je vous en supplie, demandez à M. l'aumônier de m'imposer une pénitence. Je m'empresserai de l'accomplir, car je n'ai rien à faire ici. Vous m'aviez autorisée, par une grâce dont j'étais indigne, à lire au couvent *la Vie de saint Louis de Gonzague*. Malheureusement je n'en étais qu'à la page 32, quand sont survenus les événements à jamais funestes qui ont décidé de ma vie. J'ai pensé que mon tuteur possédait un exemplaire de cet ouvrage qui a eu tant de succès. J'ai donc profité d'une de ses absences pour aller regarder dans sa bibliothèque.

« La *Vie de saint Louis de Gonzague* ne s'y trouve pas. Peut-être l'aura-t-il prêtée à un de ses amis. Mais j'y ai découvert un bien bon livre, dont j'ai lu deux chapitres qui m'ont émue jusqu'aux larmes. C'est l'histoire d'une jeune fille qui, comme moi, ne demande qu'à vivre éloignée du monde et que ses parents persécutent parce qu'elle reste constamment dans sa chambre à prier avec une de ses amies.

« Il y a une scène où on veut la marier malgré elle. C'est affreux. Ça s'appelle *Mademoiselle Giraud, ma femme*.

« Que vous dirai-je, vénérée mère ? Tout me manque ici. J'ai voulu chanter matines, mais les locataires du dessus se sont plaints au concierge. Et mon tuteur s'est moqué de moi par-dessus le marché. Il m'a demandé l'autre soir si je voulais aller entendre le *Domino noir* à l'Opéra-Comique. Ce qu'il m'en a raconté m'a fait frémir. Il y a des religieuses sur la scène. Il ajoutait en me narguant :

« Tu verras, tu verras. Elles ne sont pas toutes aussi bêtasses que toi. »

« Je lui ai répondu que je me laisserais plutôt mourir de faim, comme le bienheureux saint Labre, que d'assister à ces abominations, et depuis lors il me laisse tranquille.

« Je ne pense qu'à vous revoir ici-bas, vénérée mère, vous et mes chères compagnes, en attendant que nous nous retrouvions là-haut. Commettrai-je un péché mortel, selon votre conscience, si je demandais à mon tuteur l'autorisation de sortir de nouveau, avec la bonne cette fois, pour me rendre à la sainte messe dont je suis privée depuis tantôt huit jours? Que deviendrait mon âme si Dieu choisissait un pareil moment pour me rappeler à lui ?

« Recevez, vénérée mère, les salutations respectueuses de votre fille en Jésus-Christ, qui se dit toujours et partout

« Sœur SAINTE-EUPHROSINE. »

Son esprit s'évadait en rêveries sans nombre sur les possibilités de renouer des relations avec le couvent. Elle alla jusqu'à projeter un souterrain qu'elle creuserait de son rez-de-chaussée au boulevard Montparnasse. Elle possédait pour unique outil une paire de ciseaux à broder; mais si Dieu le voulait, la construction de ce tunnel devenait aussi simple que la résurrection de Lazare. Seulement il fallait passer d'abord sous le lit de la Seine, ensuite sous les Catacombes. Cette perspective la refroidit.

Comme elle méditait amèrement sur l'établissement des tunnels, Savaron poussa la porte.

— Fidès, lui dit-il, tu as cinq mille livres de rentes; ça me fend le cœur de te voir toute seule comme un loup, faisant ton lit toi-même et aidant plutôt la vieille Marianne que tu n'en es aidée. Je désires que tu aies une domesitque pour ton service à toi.

— Une domestique? Dans quel but, mon parrain?

— Mais pour t'habiller, pour t'accompagner quand tu sortiras.

— Puisque je ne m'habille pas et que je ne sors pas, fit-elle très effrayée de l'adjonction d'une étrangère qui ne pourrait ni comprendre ni partager ses goûts essentiellement cellulaires.

— Ah ça ! répliqua Savaron, est-ce que tu t'imagines que je vais te laisser te casemater ici jusqu'à l'âge de soixante-quinze ans? Ce n'était pas la peine de te retirer de là-bas alors. Je ne veux pas que tu t'étioles davantage. Tu l'es déjà suffisamment, étiolée. D'abord tu couches au rez-de-chaussée. Je tiens à savoir quelqu'un dans une chambre à côté de la tienne. Marianne est sourde comme une terrine. On viendrait t'égorger dans la nuit qu'elle ne s'en apercevrait que le lendemain matin.

Fidès leva au ciel des yeux où se lisait cette pensée :

3.

« M'égorger, c'est ce qui pourrait m'arriver de plus heureux. »

— Ensuite, continua Savaron, mon tailleur m'a recommandé une très brave fille, d'une quarantaine d'années. Je lui ai dit de me l'envoyer aujourd'hui sur les trois heures. Elle est protestante, mais tu n'as pas l'intention, je suppose, de causer religion avec ta femme de chambre...

— Une protestante ! interrompit Fidès en reculant comme quelqu'un à qui on annoncerait la visite d'un serpent boa.

— Eh bien, où est le mal ? Tu la convertiras. Voilà qui serait glorieux pour toi !

Des potiches, des œufs d'autruche, une robe en reps, c'était déjà plus qu'elle n'aurait cru pouvoir en supporter. Une bonne protestante, il n'y avait plus rien au delà. Elle allait vraisemblablement se livrer à quelque éclat de scène imité de *Polyeucte*, quand un coup de sonnette arrêta l'explosion.

Savaron regarda sa montre.

— C'est probablement la nouvelle bonne, dit-il. Reçois-la toujours. Si elle ne te plaît pas, je t'en trouverai une autre.

Fidès tenta de s'enfuir, mais elle se rencontra à la porte du salon avec la visiteuse et se trouva instantanément changée en statue : c'était la laïque.

Ses vastes épaules se bombant sous les plis d'un camail noir, la chevelure enfoncée dans un béguin où pointillaient les bords tuyautés d'un serre-tête en percale blanche, elle rappelait en effet ces diaconesses anglaises qui semblent n'avoir pas changé de toilette depuis Marie-Stuart. Elle salua « la compagnie », comme on dit, sans paraître s'adresser plus spécialement à Savaron qu'à sa pupille.

Celle-ci, tout atterrée qu'elle était, devina quelque intervention divine dans cette apparition inattendue et jugea prudent de laisser la Providence se manifester à l'aise.

— Vous êtes protestante? demanda Savaron.

— Oui monsieur, répondit la laïque avec la plus grande simplicité. Car c'est surtout le mensonge qui a besoin d'être nu pour réussir.

— Et à quelle secte appartenez-vous? insista le lieutenant, non par défiance, mais par pure curiosité. J'ai vu je ne sais combien de protestants dans mes voyages ; ils avaient tous une église spéciale. C'est inouï. Tu ne te fais pas une idée de ça, Fidès. Ils se réunissent trois pour interpréter à leur façon un verset de la Bible, et pour peu qu'ils parviennent à lui trouver un sens nouveau, ils partent du pied gauche pour aller fonder une église.

Et comme la laïque, interloquée, cherchait à quelle église elle pourrait bien appartenir, il ajouta :

« Vous êtes peut-être méthodiste ?

— En effet, » dit-elle.

Il reprit :

« Moi, vous me convenez très-bien. D'autant plus que vous passez pour très-honnête. Mais c'est mademoiselle qui décidera, puisque vous seriez à son service. Entendez-vous avec elle. Tout ce qu'elle fera sera bien fait. »

Puis, profitant de ce que Fidès, décontenancée, était rentrée un instant dans sa chambre, il dit confidentiellement à la fausse méthodiste :

« Vous avez pu voir que j'étais très-sévère pour ma pupille. Mais, au fond, je l'aime beaucoup. Malheureusement elle est... comment dirais-je ? elle est un peu... chose. Il ne faudra pas la contrarier. Seulement, si elle vous demande de la mener à confesse, vous me préviendrez. Qu'elle aille à la messe, ça m'est encore égal, mais je m'oppose formellement à ce qu'elle raconte à un monsieur que je ne connais pas tout ce qui se passe dans la maison. »

Et il sortit mystérieusement, étonné de la profondeur de sa rouerie et se répétant avec satisfaction :

« Je lui ai tout de même fait avaler la protestante. »

CHAPITRE CINQUIÈME

Bonheur de se revoir

— Laïque ! ma bonne laïque ! s'écria Fidès, en se reprécipitant dans le salon et en embrassant à pleines joues la vieille béguine, bien que les règlements de la communauté défendissent de baiser autre chose que le crucifix.

— Ma sœur n'était donc pas prévenue de mon arrivée? dit la servante. Je croyais que ma sœur m'attendait.

— Du tout ! je n'ai vu personne. Comment avez-vous su que mon tuteur avait demandé une femme de chambre pour moi ?

— Je n'ai rien su. M. l'aumônier m'a fait la grâce de m'appeler ce matin dans son oratoire et de me dire : Vous allez vous rendre aux Batignolles, rue des Dames, chez M. Savaron, lieutenant de vaisseau. On y est en quête d'une bonne. Vous y trouverez sœur Sainte-Euphrosine, que vous n'aurez pas l'air de connaître. Vous êtes annoncée comme protestante et attendue pour trois heures.

— C'est Dieu qui a inspiré M. l'abbé, répéta Fidès

trois fois de suite. Si mon tuteur s'était seulement douté de la vérité, tous nos projets échouaient.

Fidès fût tombée des nues où elle se tenait habituellement, si on eût tenté de lui démontrer que cette inspiration était une imposture. Elle s'informa des plus minces incidents survenus chez les dames de Saint-Magloire depuis son départ. Elle apprit avec un attendrissement pénétré que les cierges à tabatière avaient été blanchis à neuf et que la mère d'une novice avait donné pour l'autel une nappe garnie de point d'Alençon.

Quant à sa chère cellule, elle était tous les jours de plus en plus froide, étant restée inhabitée. Madame la Supérieure avait tenu à ce qu'elle demeurât dans l'état où l'avait laissée la sœur Sainte-Euphrosine. Les royalistes ont eu la même pensée à propos de la chambre où a expiré le duc de Berry.

— Et vous avez bien souffert, ma sœur? interrogea la laïque.

La sœur lui montra du geste la collection d'objets d'art qui décoraient ses murs et garnissaient sa cheminée, puis elle compléta ce récit muet par ces mots :

— Ce n'est pas tout. Il m'empêche de jeûner le vendredi !

Sa visite aux magasins du *Bon Marché* avait mis son âme aux abois. Mais, pour s'en confesser à l'abbé Boissonnet, elle ne voyait qu'un moyen, c'était une seconde sortie. Elle machina en collaboration avec la laïque les petites comédies indispensables pour détourner la défiance du tuteur. Rendons à Fidès cette

justice qu'elle n'adopta que les mensonges strictement nécessaires.

Quand Savaron revint pour dîner, il fut tout surpris de voir sa pupille comme enveloppée d'une
atmosphère nouvelle. Elle courut à lui rayonnante
comme un soleil et légère comme un oiseau.

— Eh bien? ça marche-t-il avec la protestante?
fit-il d'un air goguenard.

— Oui, mon parrain, je crois que nous finirons
par nous entendre. Elle est très-propre, très-polie,
très...

— Tu vois bien qu'il y a de braves gens dans
toutes les religions. Ainsi tu la gardes?

Fidès eut peur d'être allée trop loin dans l'énumération des qualités d'une parpaillote qu'elle devait,
au point de vue catholique, considérer comme vouée
à l'enfer. Aussi prit-elle une attitude de victime pour
répondre :

— Je la garde pour vous obéir, mon parrain.

« Est-elle douce! pensa Savaron. Pauvre petite,
c'est un agneau! »

Quoiqu'il eût volontiers couché la nuit sur le parquet en travers de sa porte ; qu'il eût donné tout au
monde pour qu'elle se laissât conduire au bal, au
théâtre, au concert, et offrir des robes à vingt-cinq
francs le mètre, il se croyait sincèrement très-dur
pour elle, et se reprochait souvent ses allures tyran-
niques. La vérité est qu'il lui passait toutes ses fan-
taisies, sauf les insanités apostoliques susceptibles de
compromettre sa santé.

« Tu te porteras bien, lui répétait-il, ou tu diras
pourquoi. »

Le lendemain, il surprit dans l'après-midi Fidès mettant son chapeau pour sortir.

— Je vais me promener un peu aux Tuileries avec la femme de chambre, fit-elle.

— Elle est sauvée! se dit Savaron radieux.

Les deux femmes prirent une voiture qui les débarqua à la porte du couvent. Elles y reçurent une réception indiquant suffisamment qu'elles étaient attendues. L'abbé Boissonnet connaissait trop sa pénitente pour ne pas prévoir que, l'obstacle à peine aplani, elle ne ferait qu'un bond jusqu'au boulevard Montparnasse. Comme Fidès Morandeau, elle aurait dû rester au parloir. Comme sœur Sainte-Euphrosine, elle avait droit à l'accès de toute la maison. On la conduisit processionnellement à la chapelle. On lui fit admirer la nappe neuve. Elle revit la cellule où elle avait passé « le plus heureux temps de sa vie »; puis elle demanda à se confesser.

L'aumônier ne la retint pas longtemps au tribunal de la pénitence. Il leva tous ses scrupules relatifs à la rupture de son vœu de claustration et l'autorisa même à aller dîner en ville. La réclusion absolue n'entrait pas du tout dans les plans de ce diplomate.

Fidès remit elle-même à l'abbesse la lettre qu'elle lui avait écrite sans espoir de la lui faire parvenir. On tint ensuite conseil, et il fut décidé que, deux fois par semaine, sous un prétexte ou sous un autre, sœur Sainte-Euphrosine viendrait en personne prendre les ordres de la supérieure pour l'accomplissement de ses dévotions. La mère Sainte-Olympie, qui avait la rage des petits cadeaux, lui remit une bouteille d'eau bénite dont elle l'invita à asperger l'appartement de la rue des Dames, purification que le séjour du lieutenant Savaron rendait obligatoire.

Mlle Zéna de Montalègre, en religion sœur Sainte-Olympie, entrait alors dans sa quarante-huitième année. La noblesse des Montalègre était de qualité superfine. Aux croisades, on ne voyait qu'eux. Mais la nature n'a pas encore consenti à reconnaître l'aristocratie. Tandis que la fille d'un égoutier et d'une balayeuse est quelquefois la grâce et la distinction mêmes, souvent l'héritière d'une princesse du sang rendrait des points à un pachyderme pour la grosseur des extrémités. C'était par malheur le cas de Mlle Zéna. Bâtie comme pour soutenir le choc d'une locomotive, elle étalait en marchant des pieds larges comme des espadrilles et semblait porter à bout de bras ses mains épaisses comme des épaules de mouton.

Restées écarlates et bouffies, malgré ses abstinences, ses joues, serrées par la mentonnière d'uniforme, débordaient de sa coiffe en flaques incohérentes. L'ensemble de son visage faisait involontairement penser à un nouveau-né mal emmailloté.

Dans son vêtement sans taille, sans poitrine, sans hanches, elle rappelait certainement moins une femme qu'une ceinture de natation à demi-dégonflée. Ainsi construite, et deux fois millionnaire, elle avait été autrefois fiancée à un prétendu comte de Guerny, qui avait promené longtemps ses moustaches blondes et son port de gentilhomme dans les casinos des villes de jeux. Décavé jusque dans ses doublures, ce beau garçon avait avisé mademoiselle Zéna, qu'il trouvait trop laide pour ne pas la supposer sensible. Jamais personne n'avait osé, jusqu'à ce jour, faire compliment à cette fille colosse sur ses doigts roses, sur ses lèvres de corail qui se gerçaient et s'écaillaient au moindre froid, sur ses bandeaux châtains, rongés depuis son enfance par une série de raies qui descendaient de l'occiput sur le front en s'élargissant en route, à l'instar de ces fleuves dessinés sur les cartes. Si bien que, comme le Volga et le Mississipi, ses cheveux avaient leur embouchure.

Un soir que son complimenteur lui avait chanté au piano : *Pour tant d'amour ne soyez pas ingrate*, elle s'était jetée sur lui, sa dot à la main, non comme la misère, mais comme la fortune sur le pauvre monde. Madame de Montalègre, la mère, bien que répugnant à cette union, y avait acquiescé pour en finir. Le comte de Guerny n'attendait plus que ses papiers, ce qui est généralement assez mauvais signe, lorsque par une de ces fatalités spécialement réservées aux joueurs de cartes, il fut surpris au Cercle des Etrangers de Dieppe, au moment où il retirait du retroussis de ses bottes une « portée » que le bottier n'y avait certainement pas mise.

Mademoiselle Zéna demeura convaincue de l'entière innocence d'un jeune homme qui, avant de se rendre à cette malencontreuse partie de baccarat, l'avait quittée les yeux humides d'amour. Mais l'amour et la police correctionnelle sont deux institutions différentes. Malgré des plaidoiries retentissantes, où on montrait ce malheureux ponteur près d'entrer dans une des plus illustres familles de France, le fiancé de mademoiselle de Montalègre, dont le mariage avait été annoncé dans tous les journaux de modes, fut condamné à six mois d'emprisonnement pour port illégal de jeux de cartes.

Le scandale fut énorme. L'infortunée Zéna prit pour s'y soustraire une résolution désespérée, celle de se mettre au couvent. Elle partagerait moralement la captivité de celui qu'elle croyait, de très-bonne foi, victime de quelque machination démagogique.

Elle avait, dans le principe, cherché ce refuge afin d'isoler sa douleur et de pouvoir contempler à son aise pendant des douze heures d'horloge, le portrait de son Raoul, que celui-ci lui avait offert, et qui était une miniature peinte par un élève de Mme de Mirbel. Mme de Mirbel a eu du talent : son crime est d'avoir laissé trop d'élèves qui n'en ont pas.

Peu à peu la solitude, le jeûne et l'exaltation religieuse aidant, ces traits chéris se confondirent dans son cerveau avec ceux du Christ, bien que ceux-ci et ceux-là n'eussent entre eux aucune ressemblance. L'image de l'homme dont elle avait dû porter le nom se vaporisa au point de devenir finalement un simple brouillard transparent au delà duquel elle apercevait distinctement le ciel. La beauté de son Raoul et celle du fils de Marie s'amalgamèrent si bien que les deux n'en firent plus qu'une.

Les organisateurs de la religion catholique ont tout prévu. Si, au lieu d'en faire un splendide israélite, à barbe rutilante, ils nous avaient présenté un Jésus bossu et boiteux, les femmes elles-mêmes auraient depuis longtemps levé le drapeau de la libre-pensée.

Une fois plongée dans l'adoration perpétuelle, elle se calfata et se gélatinisa si complétement qu'elle en vint à s'accuser énergiquement d'avoir osé rêver un instant le mariage. La vie lui apparaissait comme une indécence invétérée. Elle cachait jusqu'à ses mains, presque toujours recouvertes, comme des moignons, par ses longues manches. Elle se permettait à peine de regarder les enfants que l'on amenait au parloir et qui, pour elle, n'étaient que le honteux résultat d'un outrage aux mœurs.

Cette componction lui avait insensiblement figé le sang dans les veines. Ses sourcils s'étaient entourés d'une sorte d'auréole rouge et pelliculaire que l'on aurait pu comparer au salpêtre qui s'agglomère sur les murailles humides. Chez certaines natures, la continence absolue produit parfois les mêmes effets que la débauche. Nommée, grâce à sa dévotion sans alliage et probablement aussi grâce à sa haute naissance, abbesse des Dames de Saint-Magloire, elle rappelait par l'odeur de « renfermé » répandue tout autour d'elle ces conserves alimentaires que dans la marine on nomme de « l'endaubage ».

Elle regardait sœur Sainte-Euphrosine comme si elle fût revenue du Japon, après y avoir été martyrisée. Quand celle-ci raconta que son tuteur avait voulu la contraindre à faire gras un samedi, sous prétexte qu'elle n'était pas de force à supporter deux jours de maigre dans la même semaine, la mère Sainte-Olympie l'encouragea par ces paroles :

« Ne vous plaignez pas, ma fille, puisque chacune de ces tortures vous rapproche de la mort. Dans la vie, un jour de plus, c'est un jour de moins. »

L'abbé Boissonnet interrogea Fidès sur les habitudes de la maison, ainsi que sur les heures de sortie de son parrain. La visite d'un prêtre ressemble presque toujours à une perquisition et sa conversation à un interrogatoire. On parla du jardinet.

— Est-ce que de la rue on peut voir dedans? demanda l'abbé.

— Vous devriez y planter quelques sapins, fit la mère. Le sapin est l'arbre qui nous donne le meilleur ombrage, de même que le meilleur repos, puisqu'il sert à fabriquer les planches de notre cercueil.

CHAPITRE SIXIÈME

Le Déjeuner

Une saison de bains de mer n'aurait pas rendu à Fidès plus de fraîcheur que cette fugue de cinquante-cinq minutes. De retour à la maison, elle eut pour son parrain les prévenances d'une femme qui viendrait de tromper son mari. La gaieté reparut sur tous les visages, excepté cependant sur celui de la vieille Marianne, que l'installation de la laïque avait reléguée au second plan et qui, de bonne à tout faire, était passée bonne à ne rien faire.

Un vendredi, comme les douze coups de midi venaient de tomber dans l'éternité et que la jeune fille se levait de table après avoir cassé le cou à un hareng cuit dans l'huile, tandis qu'en face d'elle son tuteur avait dévoré un bifteck à réjouir l'enfer, Marianne vint faire cette annonce :

« Monsieur Boutreux demande si monsieur peut le recevoir.

— Boutreux ! qu'il entre ! » s'écria Savaron, en s'essuyant une dernière fois la bouche avec sa serviette.

Fidès vit alors paraître, le ventre en avant, les pieds en dehors, le pantalon trop court, les chaussettes plissées, un gilet jaune sous une redingote canelle, la chemise se boursouflant à la ceinture au point de sourdre entre les pattes des bretelles, un petit homme confinant à la soixantaine. Il se jeta dans les bras de Savaron avec un élan tel que son chapeau tomba. Il le ramassa et le posa sur la table, qui n'était pas encore desservie.

Sœur Sainte-Euphrosine s'aperçut alors, comme tout autre s'en serait aperçu à sa place, que le visiteur portait une perruque, et si mal ajustée qu'elle bâillait sur le crâne, laissant entre le couvre-chef et le chef qu'il couvrait un intervalle à y fourrer la main.

Les yeux petits et profonds brillaient comme deux pointes de poignard sous un de ces crânes exagérés qui sont signe de génie ou d'idiotisme. Le visage, totalement quoique maladroitement rasé, se composait d'une multiplication de rides entre-croisées comme une table de logarithmes, encadrant un nez en l'air, forme « sifflet de voleur ». Le menton en galoche avait l'air de courir après sans parvenir à le rattraper. Les dents étaient grandes, mais assez belles.

L'accolade donnée et rendue, le petit homme, qui ne s'était pas assis, regagna précipitamment la porte en disant à plusieurs reprises :

« Je vous quitte! Nous avons séance aujourd'hui. J'ai appris votre arrivée à Paris. Pour longtemps, cette fois?

— Est-ce que je sais? Je désarmais la *Vengeance*.

Mais j'avais affaire ici. J'ai tout laissé sur le dos du lieutenant en second. Toutefois je peux être obligé de repartir. Nous autres, nous sommes toujours comme le goëland sur la vague.

— Ah! je suis bête! J'étais venu pour vous avertir que vous déjeunez demain chez moi, rue d'Enfer, toujours. Nous causerons. Aujourd'hui je n'ai pas une seconde. Tiens! mais vous n'êtes pas seul? »

Il venait d'entrevoir Fidès qui s'était retirée dans un angle, à l'abri de cette bourrasque vivante.

— Ma pupille, la petite Fidès, dont je vous ai tant parlé à San Francisco.

— Ah! mais! dites donc! pas si petite. Elle est, ma foi, jolie comme un cœur. Faut la marier... à quelqu'un de bien.

— Elle a perdu sa pauvre mère l'année passée. Elle n'a plus que moi. On a fait ses petites frasques pendant mon absence. Regardez-moi cette demoiselle-là.

— Je ne demande pas mieux, fit l'étranger avec un gros rire qui choqua Fidès.

— Eh bien, elle a voulu se faire religieuse, se cloîtrer dans un couvent.

— Il faut éviter ces endroits-là, répliqua le petit homme, en redoublant d'hilarité, ce qui provoqua une quinte.

— Aussi, continua Savaron, suis-je devenu tout à fait sévère. Trop même, souvent, je dois l'avouer. N'est-ce pas, mignonne, que le cousin Savaron est quelquefois bien méchant?

Fidès baissa les yeux en signe d'adhésion.

— Voyons! voyons! il ne faut pas non plus être si

dur. J'espère bien que vous n'allez pas laisser mademoiselle toute seule demain à la maison. Elle déjeune avec nous, dit le petit homme. C'est convenu. Pour une heure, vous savez. Il n'y aura que nous. A demain. Bonsoir, lieutenant !

Et il disparut en tourbillonnant.

Après une tentative pour le reconduire, Savaron revint à sa pupille.

— Eh bien ! lui dit-il, tu pourras raconter maintenant que tu l'as vu.

— Qui ? ce monsieur ?

— Eh ! bien, oui, Boutreux... La personne qui sort d'ici, c'est Boutreux.

— Boutreux, qui est-ce ?

— Ah ! ça ! est-ce que tu veux me faire gober que tu ne connais pas Boutreux ? C'est à peu près comme si tu me demandais : Qui est-ce Voltaire ? Qui est-ce Victor Hugo ? Qui est-ce Charlemagne ?

— Mais je t'assure, parrain, je n'ai jamais entendu prononcer ce nom-là.

Savaron prit une voix grave :

— Boutreux, ma chère, c'est notre maître à tous ; c'est le grand astronome qui est en même temps le grand philosophe rival des Darwin, des Auguste Comte, des Littré ; l'auteur de ce livre étonnant intitulé : *Table rase,* dont il corrige actuellement les épreuves et qui fait d'avance une si belle peur aux journaux cléricaux. Je l'ai rencontré en Californie où il était allé bravement, il y a deux ans, malgré son âge, avec une mission de l'Institut, afin de rectifier une erreur dans les anciens calculs sur la parallaxe du soleil. Il m'a lu près de la moitié de son ouvrage.

Attends seulement qu'il paraisse. Tu verras ce qu'il restera de toutes les mômeries dont les bonnes sœurs te bourraient la cervelle. Comment le trouves-tu?

— Il est bien vilain, répondit simplement Fidès.

— En effet, repartit son tuteur avec une nuance d'amertume, il n'a pas l'air peinturluré comme l'aumônier de ces dames.

L'épithète de « peinturluré » appliquée à celui qui, dans son respect, venait immédiatement après Dieu, fit à la sainte fille l'effet d'un coup de couteau. Elle ne put se défendre d'une protestation contre cette indigne calomnie.

— Monsieur l'aumônier ne s'est jamais peinturluré, dit-elle. En tout cas, il ne porte pas perruque comme ton monsieur Boutreux.

— Ah! parbleu, fit en riant Savaron, si tu t'imagines que c'est pour plaire aux dames! Il met ça comme une casquette, pour combattre les rhumes de cerveau.

— Tout ce que je sais, c'est qu'on le prendrait pour un fou. En entrant, il a placé son chapeau en plein dans les assiettes.

Les épaules de Savaron eurent un mouvement de ressac à croire que son dos allait passer par-dessus sa tête.

— Il est fou, je le reconnais volontiers, dit-il, si c'est l'être, que de négliger les petites choses pour les grandes. Il ne voyage guère sans perdre la moitié de ses malles, mais il est en train de démontrer que les aérolithes étant le produit du choc de deux courants électriques, et que les planètes n'étant elles-mêmes que d'immenses aérolithes, c'est l'électricité qui a créé le monde. Il a des morceaux de craie dans toutes ses poches, et on l'a vu, une fois, au milieu de la rue, écrivant tranquillement un problème sur la capote d'un cabriolet arrêté devant une porte cochère; mais nous nous réveillerons un jour avec la certitude que tous les astres sont habités. Des fous de cette espèce-là, on en trouve malheureusement trop peu.

Cependant Fidès, pour qui la cosmogonie de l'Ancien Testament représentait le comble de la logique, se sentait instinctivement prévenue contre ce vieillard ridicule et mal mis qu'on osait comparer à l'abbé Boissonnet, lequel tenait sa science de Dieu même et semblait toujours sortir d'une boîte.

Son dédain pour ce vieil écervelé redoubla lorsqu'elle fit le lendemain, au bras de son tuteur, son entrée dans la salle à manger, où Boutreux les attendait, en chaussons de lisière. Il logeait derrière le Luxembourg, au quatrième étage de la dernière maison de la rue d'Enfer. Fidès fut obligée de relever le bas de sa jupe pour atteindre la table du déjeuner, à travers quatre pièces en enfilade, encombrées de mappemondes, de piles électriques, de bouteilles de Leyde, de sphères célestes et de compas dont les pointes se dressaient sous les pieds des arrivants. Elle se crut transportée chez un de ces sorciers astrologues du moyen âge, et l'odeur d'acide sulfurique répandue par tout l'appartement lui donna comme un avant-goût des flammes éternelles.

Boutreux, qu'elle craignait de trouver vêtu en Mathieu-Lensberg, portait sa toilette de la veille, avec cette seule modification que son nœud de cravate, ordinairement sur le côté, avait cette fois glissé jusqu'à la nuque. Il promenait constamment, pour le retrouver, des doigts inquiets autour de son cou, mais il ne pouvait supposer qu'il fût allé aussi loin, et lui qui avait observé tant d'éclipses, il ne comprenait absolument rien à celle de ce nœud de cravate.

Les murs de la salle à manger disparaissaient, comme ceux des autres chambres, sous des kilomètres de cartes géographiques. Quand on faisait le tour de ce parallélogramme, on faisait en même temps le tour du monde.

Fidès compta quatre couverts pour trois convives. Elle attribua cette erreur à quelque distraction nouvelle de l'amphitryon, mais celui-ci dit tout à coup :

« C'est drôle, Grébert n'est pas encore ici. C'est un étudiant en médecine qui fait le service de piston de physique au Collége de France. Je dois aller à quatre heures exécuter avec lui des expériences sur la lumière. Alors je l'ai invité à déjeuner avec nous. »

Fidès cherchait à s'expliquer le sens de ce mot « piston de physique » quand l'invité entra.

C'était un grand garçon que grandissait encore la maigreur par laquelle commencent à peu près tous ceux qui travaillent. Ses joues portaient la pâleur particulière aux hommes qui mangent d'ordinaire à leurs déjeuners plus de petits pains au lait que de côtelettes saignantes. Ses cheveux séparés sur le milieu de la tête, retombaient à pic le long des tempes en deux nappes noires et lustrées. Ses yeux, très bruns, brillaient entre des paupières légèrement rougies par la tension due à quelque travail nocturne. Ses lèvres, irrégulièrement encadrées dans les folles avoines de la première barbe, étaient entr'ouvertes, ce qui donnait à la physionomie un aspect naïf et bienveillant. L'aspect général était celui de la candeur et en même temps de la fatigue.

— M. Camille Grébert, dit Boutreux en le présentant. M. Savaron, lieutenant de vaisseau; mademoiselle Savaron, ajouta-t-il, ne sachant déjà plus si Fidès était la fille, la nièce ou la pupille du lieutenant et si elle portait son nom ou un autre. Cette confusion était, pour elle, un grief de plus contre le vieil incrédule. Rien ne vous blesse comme ces oublis de votre état civil, qui témoignent du peu d'effet que vous avez produit. Un des procédés les plus infaillibles, pour se faire un ennemi, c'est de demander à la personne qui vous salue :

« Vous seriez bien aimable de me rappeler votre nom. »

Le célèbre Boutreux aggrava sa situation par le sans-gêne avec lequel il dit en se mettant à table :

« Nous plaçons les jeunes gens à côté l'un de l'autre, n'est-ce pas? »

Jamais sœur Sainte-Euphrosine n'avait été interpellée de cette façon. S'asseoir à côté d'un jeune homme constituait une dérogation si manifeste aux instructions de la sainte compagnie à laquelle elle obéissait, qu'elle ne put se résigner à un pareil manquement. Elle attendit que tout le monde fût installé, puis elle pria son tuteur de lui donner sa place, à cause du jour qui lui faisait mal, dit-elle. Elle se trouva ainsi entre Boutreux et Savaron.

La conversation ne fut pour ses oreilles qu'un long blasphème. Elle regardait dans un effarement complet ce jeune homme écouter, bouche béante; les

4.

monstruosités que débitait l'illustre membre de l'Académie des sciences, dont les propos n'avaient, en effet, rien d'académique.

« Je ne devrais pas faire cette comparaison pendant le déjeuner, dit-il à un moment, mais il faut bien nous l'avouer, nous sommes les poux de la terre, nés de sa chaleur et de son bouillonnement. Quand le corps qu'ils rongent se refroidit, les poux meurent. Quand le globe se refroidira, nous disparaîtrons. »

Fidès ne put tenir plus longtemps devant des théories de ce calibre.

— Mais enfin, monsieur, dit-elle avec une sorte d'emportement, à qui ferez-vous accroire que les animaux que nous voyons courir partout ne sont pas l'œuvre de Dieu?

— Je vous ai dit qu'elle sortait du couvent, fit observer Savaron, qui ne voulait prendre en quoi que ce soit la responsabilité des raisonnements de sa pupille.

— Votre question n'est pas neuve, chère mademoiselle, dit Boutreux, mais je vais essayer d'y répondre : si on représentait au Créateur les animaux qu'il passe pour avoir pétris de ses mains, il ne les reconnaîtrait pas, attendu qu'ils se transforment de siècle en siècle. Il y a au Louvre un paradis terrestre de Breughel de Velours, où l'on voit Adam et Eve au milieu d'éléphants, de chameaux, de girafes, de lions et d'autres bêtes comme on en nourrit au Jardin des Plantes. Ce tableau peut être très bien peint. Ça m'est égal, je ne m'y connais pas; mais il est absurde, attendu que tous ces êtres-là se sont modifiés de fond en comble, selon les milieux où ils ont vécu, et que l'éléphant d'aujourd'hui ne ressemble en rien à l'éléphant d'alors.

— Qu'en sait-on ? fit la jeune fille, qui n'avait pas d'autre argument sous la main.

— Je vous en fais juge, reprit Boutreux. Le lac Léman est un ancien glacier : un glacier ne nourrit pas de poissons. Donc, tous ceux qui le peuplent actuellement n'ont pu venir que des rivières de France avec lesquelles il est en communication par le Rhône. Or, on pêche dans le lac Léman nombre de poissons totalement inconnus dans nos fleuves. C'est le milieu où ils vivent qui a changé leurs formes, leurs couleurs et leurs mœurs, si bien que si on demandait à Dieu d'où ils viennent, il serait obligé de répondre :

— Je l'ignore. J'ai créé des poissons, mais pas ceux-là.

— Et s'il veut créer de nouveaux êtres, personne ne peut l'en empêcher, fit remarquer Fidès presque fière de faire sa partie dans une discussion théologique.

— Pardon, répondit Boutreux avec ce rire cuivré qui énervait tant la jeune croyante. La Bible affirme que le monde a été terminé après six jours de travail. Une vraie chrétienne n'a pas le droit de prétendre que la création marche toujours. Vous venez de commettre une hérésie de premier ordre, mademoiselle. Si le Pape savait ça, il ne lui en faudrait pas plus pour vous excommunier.

Ce mot « excommunier », jeté sans plus de malice dans le dialogue par le positiviste Boutreux, terrifia la pauvre Fidès. Elle réfléchit qu'elle avait peut-être, en effet, porté le détestable esprit de libre examen dans les vérités de l'Ancien Testament. Elle se crut déjà schismatique et huguenote et, après de violents efforts pour se contenir, elle céda à son émotion et se mit à fondre en larmes.

Le jeune piston, — un piston est, en terme de lycée, un préparateur de physique ou de chimie, — regardait dans un ébahissement mal dissimulé cette belle jeune fille qui pleurait parce que le moins catholique des hommes la menaçait d'excommunication.

Savaron était aux abois. Il lui tamponnait les yeux et le front avec son mouchoir.

— Chaque fois qu'on parle religion avec elle, voilà invariablement comme ça finit, disait-il. Voyons... remets-toi. Eh bien! oui, Dieu a créé les poissons du lac Léman comme les autres. Là! es-tu contente?

— Voyons, chère mademoiselle, risqua Boutreux, en manière de consolation, il ne faut pas vous désoler pour si peu. Tel que vous me voyez, non-seulement je suis excommunié à tous les degrés, mais, après la publication de mon premier ouvrage, le curé de Saint-Maximin, le village où je suis né, a fait sonner le tocsin tous les vendredis, pendant un an, en signe d'expiation. Dans les commencements, tout le monde s'imaginait que le feu venait de se déclarer quelque part, et les gens accouraient sur la place avec des pompes à incendie. C'était à se tordre de rire.

L'invitation à déjeuner avait pour but principal la lecture des derniers chapitres de *Table rase*, qui devait paraître à quelques mois de là. L'incident Fidès coupa court à la représentation.

« Ce sera pour une autre fois, dit Boutreux, je ne

veux pas faire mourir de chagrin la petite demoiselle. »

Il s'était fait bâtir, sur le toit de sa maison, entre deux cheminées, un observatoire personnel où tous les soirs, quelque temps qu'il fît, il allait relever la situation météorologique. Souvent, la nuit, par des froids intenses, il sautait de son lit, prenait à peine le temps de passer un pantalon, et « montait à sa tour » pour braquer son télescope, des heures entières, sur un astre qu'il se reprochait de ne pas avoir examiné assez attentivement la veille. Les voisins, un peu nouveaux dans le quartier, prenaient vraisemblablement ce noctambule qui courait les toits en manches de chemise, pour quelque amant surpris par le retour subit d'un mari dénué de complaisance. Mais comme aucun époux n'avait encore fait d'esclandre, ils laissaient aller les choses, tout en se félicitant sans doute d'avoir choisi des femmes à toute épreuve.

Il proposa à sa société cette ascension, et on s'engagea dans un étroit escalier en échelle, dont chaque marche vacillait sous les pieds avec la trépidation d'un pont suspendu. Tant que Fidès fut dans la cage, elle montra quelque résolution ; mais arrivée à l'air libre, à une hauteur de six étages, le vertige la glaça. Ses jambes commencèrent à « cotonner » et elle eut à peine le temps de retrouver l'issue, qui lui permit de redescendre autrement que dans le vide. Seulement, elle se précipita avec une telle vivacité dans le trou noir de l'escalier, qu'elle trébucha au premier échelon et tomba, par bonheur, dans les bras du jeune Grébert, qui, monté après tout le monde, était encore à moitié chemin.

Il reçut galamment le choc et l'aida à achever moins brusquement sa descente. Puis, comme elle était toute pâle et tout épeurée, il la mena, en la soutenant un peu, jusque dans la salle à manger, où il la fit asseoir avec toutes sortes de précautions. Elle n'avait, dans sa demi-chute, éprouvé aucun mal. Toutefois, elle jugea convenable de murmurer, pour excuser sa poltronnerie :

« Je crois bien que je me suis foulé le pied. »

Cette parole à peine lancée, elle aurait voulu la rattraper à prix d'or. L'étudiant en médecine se mit en effet en devoir de constater la foulure. Il s'agenouilla devant elle et lui palpa d'une main agile la cheville du pied droit, qu'elle avait désignée comme siége de la souffrance. Elle eut beau s'écrier à intervalles inégaux :

« La douleur est tout à fait passée, » on n'arrête pas facilement un futur docteur dans la pose de sa première compresse. Le brave Camille sonna, se fit apporter un peu d'arnica qu'il versa, mélangé d'eau, sur son mouchoir. Il eut un instant l'envie de demander à mademoiselle Fidès de vouloir bien ôter son bas, mais il craignit de ne pouvoir obtenir cette concession, et appliqua sa mixture, par-dessus le lin protecteur, sur la partie malade qu'il déclara très enflée.

La jeune fille n'osait ni se défendre ni le remercier. L'étudiant y mettait un zèle si évident et une bonne foi si incontestable, qu'il eût été ridicule de lui témoigner la moindre défiance comme de lui supposer la plus petite arrière-pensée. L'arrivée de Savaron et de Boutreux mit fin à cette scène gênante. Il était quatre heures. Le lieutenant serra la main de l'illustre savant, exprima toute sa reconnaissance au jeune Grébert pour les bons soins prodigués à sa pupille, et mit sous son bras celui de Fidès qui sortit en affectant une claudication du plus mauvais aloi.

Depuis sa sortie du couvent, elle n'était pas restée un jour sans mentir.

CHAPITRE SEPTIÈME

Table rase

Si l'empressé Camille avait surpris le lendemain matin sa jolie cliente trottant d'un pied de gazelle jusqu'à une place de voitures, suivie de la laïque qui avait peine à la rejoindre, il aurait eu la plus haute opinion de ses compresses. Fidès brûlait de raconter au directeur, non-seulement de sa conscience, mais de sa conduite, sa petite débauche de la veille. Elle comprenait instinctivement qu'il y avait dans les épisodes de ce déjeuner une moisson précieuse pour la curiosité de l'abbé Boissonnet.

Elle raconta que son tuteur l'avait menée chez un alchimiste qui s'occupait de sciences occultes. Cet allié des puissances infernales avait, pendant la courte durée de ce sombre repas, trouvé le temps de tout nier. Elle n'avait compris qu'une partie des choses abominables qui s'étaient dites, mais elle ne croyait pas que, dans les rondes du sabbat, on en eût jamais proféré de semblables.

— C'est vrai, dit l'abbé, la lutte entre l'Eglise et l'esprit moderne s'accentue tous les jours.

— Vous étiez-vous munie de vos médailles, au moins ? demanda sœur Sainte-Olympie.

— Oui, ma mère. Je les serrais dans ma main dès que ce démon à face humaine prenait la parole.

— Et son nom ? fit l'aumônier fidèle à son système d'investigations.

— Ba... Bou... Je l'ai oublié, dit sœur Sainte-Euphrosine. Seulement cet impie est facile à retrouver : quand il passe dans une ville, les cloches des églises sonnent le tocsin.

L'abbé commençait à ouvrir démesurément ses yeux vert pâle.

— C'est à cause d'un ouvrage qu'il a écrit contre la religion. Il va en faire imprimer un autre, et savez-vous pourquoi il avait invité mon parrain à déjeuner ? Pour lui en lire des passages.

— Eh bien ! Vous avez assisté à la lecture ?

— Non, au dernier moment on y a renoncé. On répétait des impiétés telles que je n'ai pu me retenir de pleurer. Alors mon tuteur a dit qu'il ne fallait pas m'affliger davantage, que c'était assez pour aujourd'hui.

Boissonnet insista.

— Mais cet ouvrage porte un titre.

— Oui, ça s'appelle *Table rase*.

— *Table rase !* s'écria l'abbé en se levant de sa chaise si impétueusement qu'elle roula du milieu de l'oratoire jusqu'à la fenêtre. Mais l'auteur de *Table rase*, c'est Boutreux !

— Boutreux, c'est bien cela, répondit Fidès.

— Seigneur, ayez pitié de nous! gémit la supérieure.

L'aumônier, redevenu impassible, alla à un bureau d'acajou dont les formes féminines cadraient avec le visage émasculé de son propriétaire. Il détacha d'un anneau brisé une petite clef qu'il introduisit, avec une délicatesse solennelle, dans la serrure du tiroir de droite, fermé à double tour et, sans aucun doute, réservé aux papiers d'importance.

Il en tira une photographie qu'il revint mettre sous les yeux de sœur Sainte-Euphrosine.

Bien que la photographie eût ramené dans la bonne voie le nœud de cravate si prompt à s'en écarter et que les interstices de la perruque eussent été comblés avec art, la tête du philosophe astronome présentait des irrégularités de construction trop excentriques pour ne pas être reconnue au premier coup d'œil.

— C'est lui, dit Fidès.

— Et vous l'avez vu, et vous lui avez parlé, et vous vous êtes assise à sa table, ma fille, ma pauvre fille! Mieux vaudrait pour vous n'être jamais née, répétait la feue Zéna de Montalègre que l'idée de la mort hantait constamment, et qui, l'attendant toujours comme on attend un héritage, la souhaitait charitablement à tout le monde.

L'abbé, lui, s'était établi en méditation dans l'ombre des rideaux de la chambre et marmottait des paroles que probablement Dieu seul avait le droit d'entendre.

Fidès ne se rendait qu'imparfaitement compte du

cataclysme provoqué par le simple énoncé de ce nom : Boutreux, et elle attendait les révélations.

Mère Sainte-Olympie tenta d'arracher Boissonnet à sa rêverie.

— Est-ce que M. l'aumônier n'est pas d'avis de retenir ici notre sœur, que nous ne pouvons laisser exposée à se retrouver dans la société d'un pareil homme ?

L'aumônier, habitué aux propositions radicales de la supérieure, se contenta de répondre par un léger haussement d'épaules. Mais elle ne se découragea pas, et pleine de confiance dans le succès de sa cause, elle ajouta :

— En admettant que le tuteur plaide, quel tribunal français oserait nous condamner pour avoir soustrait une de nos sœurs aux piéges du mécréant Boutreux ?

— C'est donc un bien grand criminel ? demanda Fidès, qui ne se représentait pas les scélérats célèbres marchant dans des chaussons de lisière.

— Un mot vous suffira pour le juger, répliqua l'abbé, les lèvres épanouies : Au moyen âge, il eut été certainement écorché vif. Savez-vous si *Table rase* paraîtra bientôt ?

— Autant que je me le rappelle, le volume sera prêt dans quelques mois, a-t-il dit.

— Bien ! fit le prêtre se parlant à lui-même.

— Mon tuteur m'a même à ce propos répété plusieurs fois que le dogme chrétien ne s'en relèverait pas.

— J'en ai lu quelques pages détachées, dit l'abbé ; c'est en effet ce qu'on peut imaginer contre notre sainte religion de plus outrageant et de plus hideux. Mais si les pervers savent l'attaquer, nous saurons la défendre, et peut-être, ma chère sœur, Dieu a-t-il résolu de vous choisir comme l'instrument du triomphe de notre Eglise. Vous sentez-vous prête à tout affronter pour la servir?

— Tout! s'écria Fidès, apercevant déjà distinctement des anges qui promenaient une couronne au-dessus de sa tête.

— Eh bien, puisque vous m'avez demandé de vous punir pour avoir désobéi aux prescriptions de la sainte Compagnie à laquelle vous appartenez, voici la pénitence que je vous impose, moi, votre père spirituel. Ecoutez bien : le jour où votre tuteur retournera chez cet infâme afin d'entendre la lecture de son manuscrit, vous insisterez pour l'accompagner...

— Comment! interrompit la mère, initier cette enfant à de pareils mystères d'iniquité!...

— Chut! fit l'abbé sans tenir aucun compte de cette réclamation... Vous pourrez même, je vous y autorise, simuler une certaine admiration pour son talent, bien qu'il n'en ait aucun.

— Aucun! répéta sœur Sainte-Olympie qui connaissait les livres de Boutreux par la rumeur publique et n'en avait jamais lu une ligne.

— Vous écouterez attentivement, continua ce capitaine instructeur. J'apprécie tout ce qu'il y a de pénible pour une sainte fille à assister au développement de pareilles théories, mais Dieu le veut, mon enfant, car plus j'examine cette affaire, plus j'y constate sa présence du commencement à la fin. Vous retiendrez de la lecture tout ce que vous pourrez en retenir;

puis vous viendrez nous le rapporter aussi exactement que possible.

— Mais, interrompit encore la supérieure, sœur Sainte-Euphrosine, élevée sous notre aile, n'a pas l'esprit suffisamment préparé pour comprendre ces pages abominables. Son intelligence est heureusement fermée aux raisonnements de l'athéisme.

— Cette observation est juste, aussi n'exigeons-nous pas qu'elle interprète et qu'elle apprécie. Elle nous donnera ce qu'elle aura gardé dans sa mémoire. Il lui sera même facile de fixer ses souvenirs au moyen de petites notes qu'elle prendra négligemment et sans affectation. L'Esprit-Saint vous aidera ensuite à reconstruire les phrases. Vous devinez de quelle importance il est que nous connaissions l'ouvrage par avance, de façon à pouvoir le réfuter avant même qu'il ait paru.

Fidès prenait ainsi position dans le catholicisme militant. Son humilité constitutionnelle n'en fut pas atteinte. Elle avait, en fait de religion, ce que Tacite appelle *libido servitii*, le libertinage de la servitude. Elle se considérait comme une machine et mettait tout son orgueil à fonctionner pour le service de Dieu. L'abbé l'obligea à compléter le récit de cette après-midi funeste, mais mémorable. Elle ne cacha ni la présence de ce M. Camille dont elle ne se rappelait que le prénom, ni les compresses dont il avait humecté son pied endolori. Mais quand elle donna sa profession d'étudiant en médecine, ce fut une explosion.

— Un étudiant en médecine ! se récria Boissonnet,

vous ne pouviez plus mal tomber. Ces gens-là font profession de matérialisme.

— Ils repoussent les miracles et refusent d'admettre l'Immaculée-Conception, ajouta la supérieure.

— Ce sont surtout leurs mœurs contre lesquelles on ne saurait trop se prémunir. La vie qu'ils mènent n'est généralement qu'une série des plus honteuses débauches.

— Il avait cependant l'air bien doux ! fit observer Fidès.

— Le serpent aussi avait l'air bien doux quand il induisit en péché notre mère Eve, repartit la supérieure. Un étudiant en médecine, il n'y a rien de pire au monde. Tenez-vous pour avertie.

Fidès frissonna en songeant au péril qu'elle avait côtoyé. Elle ne savait pas au juste ce que son confesseur entendait par les « plus honteuses débauches », mais ce devait être quelque chose d'énorme. Elle partit en promettant de se conformer en tout aux recommandations de ses directrice et directeur spirituels. Au moment des adieux, l'abbé l'emmena à l'écart :

— Ne vous formalisez pas de mon observation, ma chère sœur, lui dit-il, mais je crains que la rigidité de votre costume n'éveille quelque défiance dans le cerveau diabolique de ce Boutreux. Une toilette un peu moins sévère servirait peut-être mieux les intérêts sacrés dont vous avez généreusement accepté la défense. Rappelez-vous Judith. Elle s'était parée de ses plus riches vêtements avant de se rendre au camp d'Holopherne.

Sœur Sainte-Euphrosine se demanda un instant si elle allait recevoir d'en haut l'ordre de couper la tête à Boutreux. Elle se serait fait d'ailleurs un devoir d'y obéir.

. . . .

Dès le lendemain, elle commença l'attaque :

— Parrain, quand donc retournerons-nous chez ton ami l'astronome ? Tu ne t'imagines pas comme j'ai envie de l'entendre nous lire son nouveau livre. C'est si amusant de connaître quelque chose avant tout le monde !

— Ah ! vous êtes bien toutes les mêmes... Tu t'es mise à pleurer de frayeur quand tu lui as vu prendre sur son bureau le manuscrit de *Table rase*, et maintenant tu grilles de savoir ce qu'il y a dedans.

— Je vais te dire, parrain, j'étais toute intimidée. Mais M. Boutreux me fait l'effet d'un si brave homme que je n'aurai plus peur de lui. Il a une conversation tellement intéressante qu'on voudrait toujours l'entendre parler.

— C'est le propre des hommes supérieurs de devenir indispensables à ceux qui les ont une fois rencontrés, dit Savaron enchanté de ce revenez-y, auquel il n'aurait pas osé s'attendre.

— Et puis, je ne sais pas pourquoi, mais sa figure me plaît.

— On ne peut pas dire qu'il soit beau, certainement, mais le génie n'est jamais laid.

— Laid ! je crois bien qu'il n'est pas laid. Il a un front superbe.

— Tu me réjouis le cœur, ma mignonne, répondit Savaron. Je vois que tu ne seras pas une niaise comme tant d'autres, qui jugent les gens selon le plus ou moins de cosmétique qu'ils ont à leurs moustaches. Je me repens aujourd'hui d'avoir été souvent si sévère pour toi. Embrasse-moi, ma Fidès. Tu as le coup-d'œil juste et l'âme droite comme ton pauvre père.

Trois jours après cette scène d'effusion, une couturière appelée en consultation « dans l'intérêt de la loi », comme disent les jurisconsultes, opina pour la confection immédiate de quatre toilettes complètes : une du matin, deux de l'après-midi, une du soir pour dîners en ville et soirées demi-parées. C'est dans cette dernière, composée d'une robe de faille gris de lin, avec armure souple de même teinte, revers orné de frange frisée, corsage ouvert devant en gilet, et complété par un plastron couvert en petites ruches, que Fidès se présenta en compagnie de son parrain, un soir, vers huit heures, chez Boutreux lui-même, qui les avait convoqués « pour une lecture », disait la lettre.

La fureur était alors aux chapeaux Angot. Elle s'en était choisi un bleu pâle, qui la serrait aux tempes, et d'où ses joues satinées et soutenues sortaient, comme un paquet de roses d'une corbeille renversée. Ses cheveux floconnaient sur son front et faisaient de temps en temps rideau devant ses grands yeux, qui semblaient alors vous regarder à travers un grillage d'or. Savaron avait rapporté de son dernier voyage, plusieurs peaux de renards bleus de Mongolie. Il lui en avait fait fabriquer un paletot et un manchon d'une teinte inconnue et d'un moelleux inimitable.

« Tu es à croquer », lui dit-il quand elle eut endossé ce pardessus.

Cette fois, la séance donnée par Boutreux était une véritable solennité. Plusieurs membres de l'Institut, quelques académiciens constituaient le noyau du comité littéraire qui l'avait supplié d'organiser cette soirée. Fidès remarqua aussi un certain nombre de femmes à lunettes, coiffées pour la plupart à la Ninon. C'étaient des muses. Chez le beau sexe, l'art d'écrire s'allie volontiers à la myopie.

L'audition avait lieu dans le salon de l'appartement de la rue d'Enfer, déblayé de son bric-à-brac astronomique. Bien que Savaron et sa pupille eussent, en entrant, pris une peine extrême pour s'effacer derrière les chaises rangées en fer à cheval, Camille les aperçut et se hâta d'aller les recevoir et de les conduire aux places qu'il leur avait ménagées à côté de lui. Fils d'un professeur de troisième au Lycée Saint-Louis, tombé au champ d'honneur, sous les solécismes de ses élèves, le jeune Grébert n'aurait jamais trouvé dans l'infinitésimale pension dont vivait sa mère, les ressources nécessaires à la continuation de ses études de médecine. La place d'aide-préparateur qu'il avait obtenue au Collége de France, à la suite du plus brillant des examens pour le baccalauréat ès-sciences, aidait à faire bouillir un peu plus longtemps la marmite, tout en payant ses inscriptions. Tiré à hue et à dia par des travaux de nature différente, il revenait d'ordinaire, pour dîner, dans un état d'épuisement qui souvent lui ôtait l'appétit. Le soir cependant, il se plongeait dans ses livres, sur lesquels il ne tardait pas à tomber de sommeil. Il avait fini par adopter pour rester éveillé un procédé violent, mais efficace. Il se tenait pendant les heures de ce labeur nocturne les pieds dans un bain d'eau froide.

Fidès qui, le jour du déjeuner, ne l'avait pas regardé une seule fois, ne put s'empêcher de lui lancer un coup d'œil de côté, de façon à se rendre compte de ce que pouvait bien être un homme livré aux plus honteuses débauches.

Elle fut surprise que tant de calme recouvrît tant de perversité. Camille s'informa avec empressement de son pied malade. Elle lui répondit qu'elle n'en avait pas souffert plus de trois jours. Puis tout le monde se tut, car Boutreux venait de s'asseoir devant une table disposée à l'extrémité du salon et déroulait déjà son manuscrit, sous les abat-jour de deux lampes, qui envoyaient des empâtements de lumière sur les protubérances de son front biscornu.

Sœur Sainte-Euphrosine, toute à sa mission, ouvrait les oreilles au point que les mots y entraient pêle-mêle et culbutaient les uns sur les autres. Elle était, en outre, absolument déroutée par l'aspect grave et la voix profonde du liseur. Le petit vieillard sardonique à perruque bâillante et à chaussons de tresse avait disparu. Des pensées, larges comme des fleuves et touffues comme des forêts, passaient majestueusement devant l'auditoire recueilli, qui les soulignait par des murmures de sincère et respectueuse admiration.

— Quel style ! quel style ! répétait l'enthousiaste Camille. On croirait qu'il est allé visiter les planètes supérieures et qu'il y a appris à écrire.

Toutes les notes, tous les lambeaux de phrases que la jeune missionnaire inscrivit sur le carnet acheté spécialement en l'honneur de *Table rase*, se résumaient à ce dilemne :

« Ou les planètes sont habitées ou elles ne le sont

pas. Or, elles le sont ; car si la terre était le centre de l'univers, elle n'ignorerait pas des astres que les livres chrétiens prétendent créés pour elle et dont elle ne jouit en rien, puisque les plus puissants télescopes en laissent à peine soupçonner quelques-uns.

« Supposer que Dieu a espacé, dans l'atmosphère, pour l'agrément de nos pauvres yeux, des mondes plusieurs millions de fois supérieurs au nôtre en dimension, et qu'il nous est interdit d'apercevoir, c'est l'absurde indiscutable.

« Et si quelqu'un arrive à démontrer victorieusement pour tous, que les planètes sont habitées, en effet, le christianisme disparaît immédiatement, puisque le Christ ne s'est incarné parmi nous qu'afin de nous racheter du péché originel ; et puisque le péché originel n'a été commis que sur notre planète, à nous ; qu'en conséquence, en portant à un milliard, chiffre rond, le nombre de celles qui entourent la nôtre, il faut admettre cette chose inadmissible que les deux premiers habitants de chacune d'elles ont désobéi à Dieu comme l'ont fait Adam et Eve ; que Jésus est descendu successivement sur toutes, qu'il a souffert la passion et a été crucifié sur un milliard de Golgothas.

« Si au contraire les premiers habitants du globe terrestre ont seuls péché, ceux des autres astres ne peuvent adorer le Christ qu'ils ne connaissent pas, et ne sont tenus à aucune reconnaissance envers lui, qui n'a pas souffert pour eux. L'image de l'Homme-Dieu, cloué sur la croix, qui est le symbole de la religion dite révélée, n'aurait donc aucune signification à leurs yeux. Il en résulte que leur Dieu ne pouvant être le même que le nôtre, il y en a, non pas un seul, comme l'affirme le dogme, mais plusieurs, ce qui nous reporte en plein paganisme. »

D'autres déductions plus compliquées étaient restées inintelligibles pour l'austère pensionnaire des Dames de Saint-Magloire. Elle s'était même vue forcée de s'adresser de temps en temps à Grébert, son voisin, pour l'éclaircissement de certaines obscurités techniques. Celui-ci avait mis à lui ouvrir l'esprit le même empressement que quelques jours auparavant à lui panser le pied. A deux ou trois reprises seulement, il avait répondu évasivement et non sans quelque embarras, à des questions particulièrement délicates. Il n'y a pas de jeu d'éventail qui, comme proclamation d'innocence, vaille ces interpellations directes de la part d'une jeune fille, pour qui l'interpellé est contraint d'inventer des explications qui n'expliquent rien.

Le plan de Fidès était d'ailleurs d'utiliser au profit de sa mission, les connaissances spéciales de Grébert dans des matières à elle inconnues. A une citation de la Bible sur laquelle Boutreux avait épilogué, elle demanda à Camille, assez haut pour faire retourner une femme à lunettes placée devant eux :

« Est-ce que Dieu peut vous envoyer des enfants sans que vous soyez mariés ? »

Le sévère Camille oublia les préoccupations de son prochain examen, pour s'occuper toute la soirée, de cette jeune fille, plus foncièrement naïve à dix-neuf ans qu'une Parisienne de quatorze. La recherche de sa toilette neuve, dans laquelle il la trouvait cent fois plus jolie, contrastait avec la simplicité, quelquefois gauche, mais toujours charmante, de ses attitudes. La jeunesse est une franc-maçonnerie. Elle s'était juré la plus grande réserve à l'égard de cet étudiant que l'abbé lui avait signalé pour son inconduite. Mais personne ne pouvait empêcher qu'elle eût dix-neuf ans et lui vingt-deux. Elle promenait sur les pages de son carnet si fiévreusement le crayon, qu'il cassa. Camille le lui retailla à l'aide d'un bistouri qu'il tira de son portefeuille. Il lui rectifia l'orthographe de quatre ou cinq mots de physique expérimentale. Au bout d'une demi-heure, ils étaient camarades, presque comme deux écoliers assis sur le même banc.

La séance levée, Savaron repartit avec Fidès, et, arrivé dans la rue, voulut héler une voiture, mais sa pupille insista pour faire la route à pied.

On était en novembre. Une lune limpide éclairait les pavés secs. Ils n'avaient pas fait trois pas sur le trottoir de la rue d'Enfer, qu'ils furent rejoints par l'étudiant qui les salua et se crut autorisé à quelques commentaires sur l'objet principal de la soirée. Tous trois atteignirent ainsi les quais, Fidès se fatiguant à se mettre au pas de son tuteur dont la marche oscillante était, comme celle de tous les marins, un perpétuel roulis.

« Je te gêne, lui dit-il, tiens ! prends le bras de monsieur. »

— Mais, parrain, monsieur ne demeure pas aux Batignolles.

— Il fait si beau, ce sera une promenade délicieuse, fit Camille, en passant vivement à côté de Fidès, que Savaron fut enchanté d'abandonner au jeune homme, pour se livrer sans contrainte à son dandinement professionnel.

Camille était tout fier de sentir contre sa poitrine le revers de cette main mignonne, qui était demeurée discrètement engagée à la hauteur de son coude. Fidès marchait entre Savaron et Grébert. Celui-ci, pour parler plus directement à son tuteur, la serrait parfois un peu étroitement contre lui, mais il reprenait aussitôt la distance. Il s'étonnait qu'elle n'exprimât aucune opinion pour ou contre *Table rase*. Elle s'intéressait cependant à l'ouvrage puisqu'elle avait pris des notes.

Elle trouvait, quant à elle, assez surprenant que demeurant, comme il l'avait avoué, boulevard Saint-Michel, il allât à dix heures et demie du soir jusqu'à la rue des Dames, où il n'avait pas affaire, au lieu de rentrer chez lui, puisqu'on passait devant sa porte. Le mot : débauches, employé par l'aumônier, ne lui parut pas trop fort pour caractériser un tel genre de vie.

Camille, qui travaillait en moyenne quinze heures par jour, allait deux fois par an au théâtre et ne mettait jamais les pieds dans un café, ne se doutait guère des défiances qu'il provoquait. Ses longues veillées scientifiques le prédisposaient mal aux passions charnelles. Le quartier latin où, dans l'unique but d'abréger ses courses, il avait, avec sa mère, pris un petit logement, était pour lui plutôt le Ghetto où il attendait des jours moins accablants, que la grande taverne où, à l'imitation de tant d'autres jeunes gens, il aurait pu, en jetant des chopes à la tête de ses maîtresses, préluder à la bataille de la vie.

En amour comme en histoire naturelle, on peut distinguer les carnivores et les herbivores. Pour ceux-ci, la femme est une plante rare dont ils osent à peine respirer le parfum. Pour ceux-là, c'est un morceau comme les autres, plus cher que les autres, dans lequel il faut mordre à belles dents dès qu'un hasard l'a placé à votre portée. Grébert appartenait au genre herbivore. Il en était encore à faire compliment à une Margot sur la petitesse de ses oreilles, que les carabins, ses collègues, l'avaient déjà traînée dans toutes les brasseries.

La timidité qui lui cloua la bouche pendant la majeure partie du trajet, n'en fut pas moins prise par Fidès pour une noire hypocrisie. Elle regretta qu'un homme si jeune et qui n'était peut-être pas né pour le crime, se fût adonné ainsi au culte de Baal, et quand, arrivée à la maison, elle reçut ses salutations et ses adieux, elle se fit, en sonnant à la porte cochère, cette réflexion décourageante :

« Monsieur l'aumônier me le disait bien, le monde n'est que mensonge et dissimulation ».

CHAPITRE HUITIEME

Demande officielle

Certains hommes ne pensent guère à regarder les femmes, mais, quand ils imaginent d'en regarder une, ils ne la quittent plus des yeux. Camille avait toujours devant lui cette douce figure voilée, aux paupières languissantes, à la lèvre mystérieuse. Il avait supposé d'abord qu'elle s'était jetée dans un couvent à la suite de quelque amour traversé. Sa sérénité démentait cet orage. D'ailleurs la question qu'elle lui avait adressée, presque publiquement, chez Boutreux, laissait supposer une parfaite régularité dans les mouvements du cœur. Comme il n'avait vécu dans aucune communauté religieuse, il ne s'expliquait pas cette froideur murale succédant tout à coup à des élans d'extrême jeunesse. Aussi se répétait-il cette observation flatteuse pour son esprit d'analyse :

« Elle n'est pas comme les autres ».

Il est vrai que, si on lui eût demandé de quelles autres il voulait parler, il eût été assez embarrassé pour répondre. Le fait est qu'ayant à aller commander, rue Taranne, dans le faubourg Saint-Germain, des éprouvettes pour le Collége de France, il se retrouva un matin, après une heure de marche, devant la grille du jardinet des Batignolles. Il ignorait la topographie de l'appartement, qu'il savait seulement être situé au rez-de-chaussée. Il vit une ombre passer et repasser derrière un rideau pendant dix minutes. Peut-être était-ce celle de Savaron. Peut-être celle de la laïque ou de Marianne, la sourde. Il ne la suivit pas moins des yeux et du cœur dans ses allées et venues. Puis il se sentit ridicule et repartit pour la rue Taranne, ce qui ne l'empêcha pas de recommencer le surlendemain ce voyage de circonvallation.

Cette fois, il avait choisi une heure moins matinale pour monter sa faction. Les gens qui se lèvent tôt ne peuvent pas admettre que d'autres se lèvent plus tard. Il lui fallut un grand effort de raisonnement pour arriver à se convaincre qu'il avait moins de chance d'apercevoir Fidès à huit heures qu'à midi. Bien que la grille surmontât un mur assez haut, la jeune fille reconnut, en ouvrant la porte de la salle à manger qui donnait sur la plate-forme d'un perron de trois marches, sa tête pâle, allongée par l'attente. Elle portait une robe de chambre violette. Sur son front frisonnaient de petites mèches que la bise de novembre tantôt soulevait en auréole autour de sa tête, tantôt collait sur ses tempes. Elle fut d'abord très-surprise, et, après réflexion, très-effrayée. Toutes les préventions qu'on lui avait inculquées à l'égard des étudiants en médecine lui revinrent en foule. Les attentions qu'il lui avait témoignées chez le terrible

Boutreux, son insistance pour la reconduire, constituèrent intantanément une série de symptômes suspects. Elle eut une vision de vampires et de lémures.

« Peut-être, se dit-elle, dresse-t-il ses batteries pour venir m'enlever de la maison, me transporter dans quelque grotte obscure et m'y disséquer à son aise. »

Elle rentra en fermant trop précipitamment la porte de la salle à manger pour que le jeune homme ne se rendît pas compte du déplorable effet qu'il avait produit. Il regagna « l'autre côté de l'eau » le pas alourdi par l'humiliation et le découragement.

A peu de jours de là, il la vit, longeant vivement la grande avenue du Luxembourg, en compagnie d'une grande femme en noir, laquelle n'était autre que la laïque. Elles se rendaient toutes deux au couvent et marchaient de cette allure dévorante, particulière aux femmes qui ont peur d'être rencontrées.

Camille venait en sens inverse, et une rougeur indéniable, qui envahit les joues de Fidès, indiqua qu'il était signalé.

« Elle sait que je l'aime. C'est toujours ça, » pensa-t-il.

Elle était simplement des plus contrariées d'avoir été surprise à une pareille distance de chez elle, par un étranger, qui pouvait faire un jour, devant son tuteur, allusion à cette sortie excentrique.

Il salua à demi, partagé entre la crainte d'être impoli et le désir de ne pas être indiscret. Elle lui rendit son salut, mais si peu, si peu, qu'à la rigueur il n'eût pas été impossible de nier au besoin la rencontre.

Camille était en train de se demander à quel dénoûment tendaient ses rêveries à propos d'une jeune fille riche, comparativement à lui, et qui, non contente de fermer, à sa vue, les portes à double tour, lui adressait, en le croisant dans les endroits publics, une inclination de tête à froisser un fournisseur. Il se conseillait à lui-même de chasser cette image, de « se faire une raison » et, à cette intention, s'était enfoncé jusqu'aux épaules dans un article de la *Revue médicale*, traitant des fractures du péroné. Il était assis, lisant devant son bureau de travail qui recevait la lumière d'une lampe à pétrole en verre poli, où les bouts repliés d'une longue mèche plate et blanche transparaissaient baignés dans l'huile, comme un ténia à travers un bocal de pharmacie, lorsque tout à coup Boutreux se fit annoncer.

Le grand savant à qui il servait quelquefois de secrétaire venait le prier de lui recopier pour le lendemain un mémoire sur l'état calorifique du globe.

— Vous me pardonnerez de vous prendre ainsi à l'improviste, mon cher enfant. Je voulais vous envoyer le manuscrit avant le dîner, mais Savaron est venu me voir et m'a conté des tas de choses qui m'ont fait complétement oublier mon mémoire. Et puis, c'est très-drôle, impossible de me rappeler le numéro de votre maison. J'ai perdu une bonne heure à le chercher. J'ai fait quinze portes cochères du boulevard. C'est 17 et je voulais absolument que ce fût 33.

Le nom de Savaron avait subitement réveillé Camille.

— Il se porte bien, M. Savaron? demanda-t-il, et... sa pupille aussi?

— Il se porte bien, mais il est très-ennuyé. Il paraît qu'on arme le *Tage* et qu'il sera obligé d'embarquer d'ici à trois ou quatre mois, tandis qu'il comptait rester deux ans à terre.

— Je comprends... Quand on a déjà fait le tour du monde une quinzaine de fois...

— Oh! ce n'est pas ce qui le préoccupe; c'est sa filleule, que vous avez vue, je crois, la petite... Mercédès.

— Fidès, rétablit Camille très « allumé ».

— Eh bien, mon cher Grébert, ce brave lieutenant est excessivement inquiet. Il pensait avoir deux ans devant lui pour la marier, et il a une frayeur atroce qu'une fois son tuteur parti, la jolie nonnette ne se laisse de nouveau endoctriner par les prêtres et ne retourne à son cloître.

Grébert essaya une réplique. Il lui fut impossible de la formuler. Les mots « cloître » et « mariage » dansaient dans sa tête un pas de deux qui bouleversait toutes ses facultés mentales. Boutreux continua:

— L'enfant est toute confite dans sa dévotion. Avec Savaron, elle ne bronche pas, parce qu'il la tient avec une main de fer, mais, lui à bord, va te promener. Or, comme il peut rester plusieurs années à la mer, il la retrouvera majeure à son retour, et n'aura pas plus de droits sur elle que vous ou moi.

Le savant s'était assis devant le bureau de Camille, et cherchait une plume afin de fixer définitivement les ratures et les renvois qui zébraient son mémoire. Mais le jeune homme était à toute autre chose qu'à la chaleur calorifique du globe.

— Quatre mois ! c'est plus de temps qu'il ne faut pour la marier, dit-il... Surtout si elle aime quelqu'un.

— Commment ? fit Boutreux qui, étant déjà à trois cents pieds sous la croûte terrestre, avait complétement perdu de vue la pupille de son ami Savaron.

— Je dis, s'obstina Camille, que quatre mois suffisent amplement pour marier mademoiselle Fidès, si elle le veut.

— Ah ! la petite ! mais elle ne le veut pas. Le jour où son tuteur lui a parlé mariage, elle s'est mise à crier comme une brûlée.

L'étudiant repoussé ne fut pas fâché d'apprendre que ce qu'elle évinçait en lui, c'était moins le mari que le mariage.

— D'ailleurs, poursuivit Boutreux en gesticulant, car, comme tous les hommes sincères, il se passionnait facilement, c'est une vraie oursonne. Elle refuse de voir âme qui vive. Il faut la rouer de coups pour l'obliger à mettre le pied dehors. On ne va pas chercher les filles dans des caves pour les épouser. Et, d'un autre côté, Savaron ne peut pas faire publier dans les Petites-Affiches qu'un tuteur serait disposé, pour empêcher sa nièce d'entrer en religion, à la donner au premier qui la lui demandera. Il ne le peut pas... non, il ne le peut pas...

— Mais mademoiselle Fidès... est... riche ? interrogea Camille dont la voix émue exécutait des trémolos involontaires.

— Elle a quelque chose. Trente-trois mille livres

de rente, m'a assuré Savaron, ou cinq mille... Oui, c'est cinq mille. Trente-trois, c'est le numéro de votre maison.

Cinq mille livres de rente représentaient une dot de cent mille francs. Ce chiffre pénétra comme une flèche empennée dans le cœur du jeune homme, qui retomba dans la nuit de ses douze cents francs d'appointements, lesquels étaient en outre essentiellement transitoires.

« Ce n'est pas que je la blâme de se défendre contre le mariage, au moins, reprit Boutreux. Moi aussi, j'ai toujours résisté à ce genre de séduction. D'abord, je vis trop dans les étoiles, j'aurais rendu ma femme très-malheureuse. Je l'aurais constamment oubliée dans la voie lactée, fit-il en riant bruyamment.

— Vous, monsieur Boutreux, vous avez épousé la gloire ; mais moi, qui suis seul avec ma pauvre mère toujours malade, si je ne parvenais pas à faire le bonheur d'une femme que j'aimerais, je suis bien sûr qu'elle ferait le mien.

— Alors, mariez-vous. Il ne faut jamais bouder contre son ventre.

— Et avec qui ? J'ai en tout et pour tout douze cents francs par an comme piston de physique.

— Eh bien, Gay-Lussac aussi a commencé par être piston. Douze cents francs, mais à votre âge c'est le Sacramento. Si vous saviez ce que j'ai passé autrefois de journées à l'Observatoire avec une tasse de lait froid dans l'estomac ! Il est vrai qu'aujourd'hui je ne suis guère plus riche. Il y a des jours où je n'ai pas trois francs dans ma poche. Mais ça, c'est ma faute. Je me fiche de l'argent comme de deux œufs, ajouta-t-il en pirouettant.

Lorsqu'il reprit son aplomb, il trouva Camille planté devant lui dans la pose décidée d'un homme qui, ayant pris une résolution, ne veut pas la laisser refroidir.

— Parlez-moi franchement, monsieur Boutreux, vous qui n'avez jamais menti. Puis-je espérer devenir un jour un homme de quelque valeur ?

— Vous, mon enfant, répondit le vieux savant presque attendri, mais j'en mettrais ma main au feu. L'avenir est à vous. Vous n'êtes pas seulement un garçon prodigieusement laborieux, vous avez une faculté rare, celle de savoir travailler. Je l'ai dit à vingt personnes qui vous le répèteront : Vous voyez le petit Grébert : eh bien, il sera un jour l'honneur de la médecine française.

Une telle prédiction partie d'une telle bouche remua si profondément le jeune Camille que les larmes lui en montèrent aux yeux. Il les essuya de la paume de sa main et reprit :

« Ce n'est pas par une vanité niaise que je vous ai fait cette question, monsieur Boutreux. Il me reste à vous demander une faveur : Ce que, dans votre bonté et votre indulgence, vous voulez bien penser de moi, faites-en part à votre ami monsieur Savaron...

— A Savaron !... pourquoi à Sava... ? Ah ! j'y suis !... dit Boutreux en se donnant sur le front un coup qui dérangea sa perruque... vous êtes amoureux de sa pupille... Voyez-vous le scélérat ! »

Et il arpentait la chambre en répétant avec un ricanement :

— Le scélérat ! le scélérat !

— Jamais personne ne l'aurait su, pas même vous, monsieur Boutreux, croyez-le bien, dit Camille presque fier de tant de timidité vaincue, si vous ne m'aviez pas mis au courant de la situation toute spéciale où se trouve M. Savaron, par suite de son prochain départ.

— Enfin, quoi ? vous désirez que je demande pour vous la main de la demoiselle ?

— Non, non ! fit Camille rouge comme un coq, mais puisque M. Savaron ne serait pas éloigné de donner son approbation à quelque projet d'union qui couperait court à l'exaltation religieuse de sa pupille, si vous consentiez à le consulter sur ce sujet...

— Mais la jeune... la jeune...

— Fidès.

— La jeune Fidès, comment reçoit-elle vos déclarations ?

— Elle ne les reçoit pas. Jamais seulement je ne lui ai laissé soupçonner qu'elle me plaisait.

— Et vous, soupçonnez-vous que vous lui plaisez ?

— Je dois tout vous avouer : si peu qu'elle m'aperçoive, elle se sauve et court se cacher comme si le diable était à ses trousses.

— C'est déjà quelque chose. Quand elle se sera cachée pendant quelque temps, elle finira bien par se montrer, et ce jour-là elle sera prise.

— Ainsi, vous ne me refusez pas de tenter une démarche auprès de... ?

— Je serai chez Savaron demain à onze heures, et

quelle que soit sa réponse, je reviendrai vous l'apporter immédiatement.

— Ah! monsieur Boutreux! monsieur Boutreux! s'écria Camille en saississant à bras-le-corps le vieux savant qu'il embrassa sur ses joues osseuses.

Le lendemain, en effet, comme Fidès entr'ouvrait les rideaux de sa chambre pour consulter le ciel, non au point de vue de son salut, mais du temps qu'il ferait dans la journée, car elle méditait une excursion à la terre promise, c'est-à-dire au boulevard Montparnasse, elle vit descendre de l'impériale de l'omnibus qui passait devant la maison, un petit homme au profil duquel il lui était impossible de se tromper.

Boutreux répara, aggrava plutôt le désordre de sa toilette, et entra résolûment dans l'allée qui menait à la porte principale de l'appartement. Les plis de sa redingote cannelle qui tombaient, droits comme des tuyaux d'orgue, jusqu'à ses genoux, avaient-ils quelque chose de plus solennel qu'à l'ordinaire? Le fait est que cette visite l'intrigua. Son rapport sur la lecture de *Table rase* lui avait valu tant de félicitations et d'indulgences plénières; l'abbé Boissonnet l'avait comparée à un si grand nombre d'héroïnes de la Bible, suscitées pour combattre le « malin », qu'elle se croyait en droit de tenir un registre des moindres faits et gestes de l'excommunié Boutreux.

Elle entendit le coup de sonnette, les explosions d'amitié de son parrain, le rire cuivré du visiteur. Il ne lui restait qu'à entendre la conversation qui allait suivre. Elle s'avança donc dans ses pantoufles silencieuses jusqu'à la porte ouvrant sur le salon, et ne recula pas devant la sensation de froid qu'elle éprouverait en collant contre la serrure sa délicieuse petite oreille.

Les premiers mots échangés l'affirmèrent dans la résolution de ne pas perdre une syllabe du dialogue.

— Je vais appeler Fidès, avait dit Savaron.

— Non, avait répondu Boutreux... C'est d'elle que je viens vous parler ; mais il est de toute nécessité que nous soyons seuls.

Il commença le siège par un éloge détaillé du futur docteur Grébert. Il étala devant le lieutenant, assez surpris de ce panégyrique inattendu, et la tendresse du jeune étudiant pour sa mère et les lauriers qu'il moissonnait à chacun de ses examens. Le bain de pieds à l'eau glacée ne fut pas un des moins brillants fleurons de cette couronne improvisée.

Fidès s'en voulait presque d'avoir jusque-là classé parmi les grands débauchés du siècle un brave jeune homme qui se partageait ainsi entre sa mère et ses études, et elle se sentait déjà près de voir en lui moins un criminel qu'un égaré, quand la conclusion de ce récit louangeur la fit instantanément passer de la pitié à l'effroi.

« Enfin, mon cher Savaron, avait dit Boutreux en terminant, puisque vous ne paraissez pas comprendre où je veux arriver, je m'explique : Camille Grébert aime votre pupille et il m'a chargé, ce que j'ai accepté avec joie, de vous la demander pour lui. »

Sœur Sainte-Euphrosine n'attendit pas la réponse de son parrain. Elle courut à un petit chiffonnier en bois de rose adossé au mur faisant face à la porte, et tira du tiroir supérieur un crucifix qui y dormait enveloppé dans du papier de soie. Elle couvrit de baisers brûlants ce glorieux symbole et le serra contre son jeune sein, en répétant presque à haute voix :

« Mon céleste époux! mon céleste époux! les piéges des méchants ne prévaudront pas contre toi. Rien ne pourra nous séparer. »

Elle alla après cet épanchement reprendre son poste, d'où elle recueillit cette phrase distinctement prononcée par son parrain :

« Ce serait mon vœu le plus cher. Je vais faire, pour persuader Fidès, des efforts surhumains. Je me jetterai à ses genoux, s'il le faut. Je la supplierai au nom de son père qu'elle adorait. Mais j'ai bien peur d'être reçu avec la pelle et le balai. Déjà une fois je m'étais aventuré à lui parler mariage, sans lui nommer personne. Elle s'est enfermée toute la journée dans sa chambre. J'ai été obligé de lui faire des excuses. Je craignais pour sa santé. »

Fidès prévit quelque terrible assaut. Elle demanda à la vierge Marie, dans une courte prière, de la protéger et de la défendre. Mais, comme en 1831 pour la Pologne, la vierge Marie était trop haut et Batignolles trop loin. L'abbé Boissonnet seul était en communication assez directe avec Dieu pour trancher le nœud de cette intrigue. Malheureusement, son tuteur pouvait d'un instant à l'autre se présenter, sa requête à la main, et jamais elle n'aurait le temps moral d'aller jusqu'aux terrains vagues des boulevards extérieurs, chercher des instructions et des armes. Elle eut alors recours à cette invention du démon qu'on appelle la télégraphie électrique, et qui eût été si utile aux apôtres pour prêcher la parole divine sans sortir de chez eux. Elle rédigea séance tenante cette dépêche :

Abbé Boissonnet,

couvent des Dames de Saint-Magloire

boulevard Montparnasse.

« Vous attendrai à deux heures chez marchande d'objets de sainteté rue de Clichy. — Très-urgent.

« Sœur Sainte-Euphrosine. »

Il y avait vingt-neuf mots, mais elle n'était pas dans un état d'esprit à regarder à la dépense. Elle sonna la laïque, qui partit comme la foudre pour le bureau télégraphique le plus voisin.

CHAPITRE NEUVIÈME

Le mari sans le savoir

Cette marchande d'images pieuses et de plâtres de haute dévotion tenait boutique vers l'extrémité nord de la rue de Clichy, à quelques minutes de la rue des Dames. Elle avait su se conquérir, par la modicité de ses prix et la variété de ses articles, la clientèle des sœurs du couvent de Saint-Magloire et de plusieurs autres couvents. Fidès ne passait jamais devant la vitrine sans examiner les « nouveautés » que l'art chrétien mettait en circulation. Elle était, d'ailleurs, une des meilleures pratiques de la maison, où elle achetait ses livres de messe et ses Imitations de Jésus-Christ, presque toujours sans marchander, contrairement aux habitudes du clergé, qui demande, d'ordinaire, beaucoup plus facilement qu'il ne donne.

Savaron, très-perplexe sur l'issue de sa démarche auprès de sa pupille, s'était décidé à attendre le dîner pour la risquer. Elle put donc sortir avec sa femme de chambre, un peu avant deux heures, sans avoir eu à repousser aucune attaque. En traversant le salon, elle se rencontra avec son tuteur, dont l'air gêné l'avertit que la bataille approchait.

« Nous allons au bain, parrain, nous revenons tout de suite, dit-elle. » Et elle marcha droit sur la rue de Clichy.

La devanture du magasin de bibelots religieux était festonnée de chapelets où pendaient des croix et des médailles estampées, qui semblaient sorties d'un moule à gaufres. Des poignées de cierges, des brassards de premiers communiants mariaient leurs blancheurs aux coloriages de ces lithographies en relief qui se bombent sous les doigts des enfants enthousiasmés. Des bouquets de fleurs symboliques pompaient la poussière le long des vitres.

Quand Fidès entra, tremblant d'avoir fait attendre M. l'aumônier, la marchande, une grosse mère ne rappelant en rien les vierges qu'elle vendait, était occupée à interpeller assez peu chrétiennement une des demoiselles de boutique :

« Je vous ai déjà prévenue, lui criait-elle comme avec un porte-voix, qu'il ne faut jamais laisser les anges gardiens à moins de deux francs la douzaine. L'année dernière, au moment de la grande baisse qui s'est déclarée sur les anges gardiens, on a pu les donner à seize francs la grosse, mais c'était tout à fait exceptionnel. »

Dans le fond, un petit commis déballait des marchandises, qu'une jeune fille inscrivait au fur et à mesure qu'elles étaient énoncées.

— Un paquet de *Sacrés Cœurs de Jésus*, disait le garçon.

— Enflammés ? demandait la fille.

— Non, percés d'une flèche. Les enflammés sont sur la planche, au-dessus de votre tête. Y êtes-vous?... Deux paquets de *Rosiers de Marie*.

— Deux paquets? fit la marchande. C'est trop. Il faudra en renvoyer un. Je ne sais pourquoi la vente des *Rosiers de Marie* s'est complétement arrêtée. Aujourd'hui on ne veut plus que des *Immaculées Conceptions*. C'est la fureur.

Au plus fort de cet inventaire, la porte s'ouvrit et l'abbé Boissonnet entra. Il avait deviné quelque crise. Aussi sa figure était-elle plus placide et ses lèvres plus élargies que jamais.

— Mon père, il faut que je vous parle, s'écria, dès l'abord, Fidès, qui devait calculer la durée de ses confidences sur celle du bain supposé.

— Est-ce très-confidentiel?

— Très-confidentiel.

— Nous pouvons alors prendre la voiture qui m'a amené et qui est encore là. Elle nous conduirait au couvent.

— C'est impossible, monsieur l'aumônier, j'ai à peine une heure à moi. Et puis, si nous allions rencontrer mon tuteur en route.

— Je comprends, dit l'abbé. Madame Bizouard, qui est la gracieuseté même, voudra bien nous prêter son salon un instant, à ma pénitente et à moi. N'est-il pas vrai, madame Bizouard? C'est pour traiter d'une affaire grave.

Madame Bizouard suspendit le dénombrement de ses anges pour répondre :

« Tout le magasin est à votre disposition, monsieur l'abbé. Adeline, conduisez donc au salon

M. l'abbé et mademoiselle. Prenez garde de vous cogner dans le corridor, monsieur l'abbé. C'est d'un noir ici... »

La laïque s'assit, tandis que Boissonnet et Fidès s'engageaient dans ce noir, à la suite de la fille de boutique, qui les introduisit dans la pièce nommée salon. Elle était, comme la plupart des chambres attenant à des arrière-magasins, noyée dans une obscurité humide, quoiqu'il fît plein jour au dehors. Ils trouvèrent deux chaises, presque à tâtons, et se placèrent aux deux bouts d'une table recouverte d'une toile cirée dont les dessins n'arrivèrent pas jusqu'à eux.

— Monsieur l'abbé, entama immédiatement sœur Sainte-Euphrosine, on veut me marier.

Elle fit une pose, comme les acteurs, après un mot à effet, pour laisser aux bravos le temps d'éclater ; mais ce fut avec un calme olympien que Boissonnet répondit :

— Vous deviez vous y attendre, ma chère enfant. Quant à moi, je m'y attendais. Et savez-vous au moins à qui l'on vous destine ?

Elle raconta alors la visite de Boutreux, la conversation entendue à travers la porte « qui est très mince », fit-elle observer ; l'éloge fallacieux que Boutreux, l'excommunié, avait fait de Grébert, l'infidèle. Elle vit dans cette coïncidence une espèce de conspiration tramée contre son salut par toutes les puissances d'en bas. Elle supplia l'abbé de lui dicter une réponse catégorique aux propositions que son tuteur allait sans doute lui exposer, dans la soirée même.

Elle était si agitée, qu'elle ne songeait plus à être timide.

Par intervalles, à travers la loquacité de la nonne et le silence du prêtre, passait la voix retentissante de la marchande gourmandant ses ouvrières :

« C'est incroyable ! impossible de mettre la main sur les *Agneaux pascals*. On les aura encore fourrés dans le carton des *Pie IX*. »

On répondit à une cliente :

« Je suis désolée, madame, il ne nous reste plus une seule *Sainte Thérèse*. Nous avons vendu la dernière, il y a cinq minutes. »

L'aumônier laissa avec une patience évangélique aller jusqu'au bout le récit de Fidès, comme s'il en attendait la conclusion.

— Eh bien ! lui dit-il, voyant que la conclusion ne venait pas, dans cette conjoncture si grave, quelle résolution avez-vous prise, ma chère sœur ?

— Celle de traîner les choses jusqu'au départ de mon tuteur, et de rentrer ensuite au couvent.

— Ce projet vous fait honneur et serait conforme à mes vues et à celles de Dieu, je n'en doute pas, si vous n'étiez pas appelée à rendre dans le monde où vous êtes retournée beaucoup plus de services à la religion que dans la sainte maison où vous reprendriez l'habit. Nous nous devons tout entiers à Jésus-Christ, nous qui ne sommes rien qu'un peu de terre.

— Un peu de boue, appuya Fidès.

— Lui sacrifier nos affections les plus chères, tel est donc notre unique but ici-bas. Si vous croyez pouvoir contribuer plus utilement à sa gloire dans le mariage, il faut vous marier.

— Me marier ! s'écria sœur Euphrosine avec un tressaillement de surprise. Et mon vœu de célibat ?

— On vous en relèverait, dit l'abbé. Les vœux, on en relève.

— Comment ! mon père ; ce jeune homme, ce... débauché... qui exerce une profession en opposition directe avec les saintes Ecritures, vous consentiriez à ce que moi... oh !

Et elle se cacha le visage dans les mains, bien que la pénombre de la chambre suffît amplement à dissimuler sa rougeur. L'abbé répondit d'un ton mordant, sous lequel commençaient à se découper plus nettement les contours de quelque vaste projet médité depuis longtemps déjà :

— Ce jeune homme n'est qu'un anneau de la grande chaîne. Mais, puisque votre tuteur n'a pas repoussé la demande, il est probable que M. Camille va venir de temps en temps vous rendre visite.

— Peut-être.

— Avec Boutreux. Puisque c'est lui qui s'est chargé des premières démarches.

— Probablement.

— Et de quel œil vous regarde-t-il, Boutreux ? Se montre-t-il bienveillant à votre égard ?

— Oui... non..., je ne sais pas. Chaque fois que je parle, il se met à rire comme un fou.

— Oui, en effet, c'est un fou... dangereux, dit Boissonnet, et il ajouta mélancoliquement :

« Peut-être l'eût-il été moins s'il avait eu auprès

de lui une personne qui s'efforçât de le ramener à une plus juste appréciation des choses réelles. »

Puis, comme chassant une idée qu'il ne chassait pas du tout, il revint à Fidès :

« Puisque vous m'avez appelé pour recevoir mon conseil, le voici : Quand votre tuteur va aborder la question du mariage, il sera sage de l'accepter en principe. Ce qu'on accepte en principe, on peut toujours le repousser en fait plus tard. Consentir à recevoir le sacrement du mariage n'empêche pas de faire ses réserves en ce qui concerne le mari. Vous refuserez donc de vous prononcer sur les prétentions de ce jeune homme, qui n'a aucune position et que vous avez vu deux fois en tout. Vous demanderez d'abord à le connaître. Rien ne paraîtra plus rationnel, surtout à des rationalistes.

— Mais quand je le connaîtrai, monsieur l'aumônier, et que mon parrain me demandera de me prononcer définitivement ?

— Ce jour-là, ma chère sœur, dit l'abbé en se levant, nous solliciterons de Dieu une de ces inspirations qu'il envoie toujours à ceux qui l'invoquent du fond du cœur. »

Un plus long débat eût laissé supposer à Savaron que sa pupille avait coulé au fond de la baignoire. La religieuse *in partibus* reprit le chemin des Batignolles, celle-ci ne demandant qu'à se sacrifier comme Iphigénie ; celui-là ne demandant qu'à la sacrifier, comme Agamemnon.

Aussi le cousin Savaron, qui s'attendait à être énergiquement rembarré dès les premières ouvertures, fut-il agréablement désorienté en constatant l'air plus embarrassé qu'hostile dont Fidès les accueillit.

— Je sais, parrain, qu'une jeune fille doit toujours finir par là, dit-elle ; mais avant de me parler de quelqu'un, permets-moi de me consulter encore un certain temps. Quand je serai tout à fait décidée, je t'avertirai.

— Elle y vient, se disait tout bas le lieutenant, elle y vient d'une façon notoire. Elle n'ose pas encore s'avouer vaincue après ses résistances antérieures, mais elle ne demanderait pas un armistice si elle n'avait pas l'intention de capituler.

Jamais Savaron ne mérita plus complétement le sobriquet de *Sac-au-Dos*. Il s'arrondit en tortue et se prit à tourner dans sa chambre, en battant la semelle comme s'il était de quart dans l'entrepont d'un navire. La laïque, qui feignait d'épousseter la garniture de la cheminée, l'entendit même murmurer joyeusement :

« Enfoncée la prêtraille ! »

Sa première agitation calmée, il s'assit devant une table où brillait un encrier de cuivre que le lieutenant se plaisait à faire reluire de ses propres mains. L'asticage est une des lois fondamentales de la marine. Il prit une plume et en perfora impétueusement une feuille de papier à lettre. Il en résulta ce billet adressé à Boutreux :

« Cher maître,

» Vous nous avez porté bonheur à tous. Douce et obéissante comme une brebis ! Je craignais une rebuffade et j'étais décidé à agir avec la plus grande énergie. Ah! bien oui! à peine a-t-elle osé me demander quelques jours de réflexion. C'est pour masquer sa retraite. Je ne lui ai encore nommé personne ; mais si la science ne vous accapare pas trop demain, venez donc, cher maître, passer la soirée, rue des Dames, avec votre protégé qui est aussi le mien. Il faut qu'elle le voie un peu, fût-ce pour la forme, et afin qu'elle n'ait pas l'air d'épouser chat en poche.

» Pauvre chère enfant! comme je l'ai méconnue et comme je me repens de ce que je lui ai fait souffrir! Ce sera le remords de toute ma vie.

» A demain, vers huit heures. On fera semblant de prendre du thé.

« Votre

« SAVARON. »

Camille, qui avait sauté de joie en se sachant accepté par le tuteur, faillit s'évanouir d'émotion en se voyant à peu près agréé par la pupille. Il ne découvrait qu'un point noir dans cet horizon rose, les cent mille francs de dot qui, pour tant d'autres, eussent si agréablement complété Fidès. Il se jura de s'en expliquer avec elle. Il persisterait à vivre comme par le passé, c'est-à-dire travaillant beaucoup et mangeant mal, jusqu'au jour où il serait parvenu à réaliser les pronostics de Boutreux. Il forcerait sa femme à dévorer annuellement pour ses toilettes jusqu'au dernier sou du revenu qu'elle serait censée lui apporter. Quant à lui, il se promènerait plutôt par la ville en bottes éculées que d'y faire brèche d'un centime.

Beaucoup d'hommes pauvres, mais honnêtes, croient, lorsqu'ils se marient, cette séparation de biens praticable. Ils s'aperçoivent bientôt qu'ils ne peuvent pas continuer à habiter une mansarde sur la cour, quand leurs épouses ont loué un entre-sol sur la rue, et que si elles ont commandé à leurs cuisinières des coulis d'écrevisses, ils auraient très-mauvaise mine assis à côté d'elles et mangeant du cervelas à l'ail.

Cette première entrevue eût été l'échange de deux mutismes sans les efforts de Savaron pour établir un courant magnétique entre les deux jeunes gens. Comme Ruth dans le *Booz endormi*, de Victor Hugo Fidès

..... se demandait ce que Dieu voulait d'elle.

Elle baissait la tête sur sa tasse de thé, tout en relevant les sourcils et regardait de bas en haut la tête pensive de Camille Grébert. Elle le trouvait bien, et plus elle le trouvait bien, moins elle découvrait le motif qui avait inspiré à l'abbé les instructions qu'elle tenait de lui.

« Car enfin, se disait-elle, si une fois mariée à M. Grébert, j'allais me mettre à l'aimer. Ce serait épouvantable. »

Pendant un mois, le lieutenant s'usa le cerveau à inventer des parties de plaisir auxquelles Camille venait toujours prendre part au moment où, soi-disant, on l'attendait le moins. A force de génuflexions, Savaron obtint de sa pupille l'autorisation de la mener à l'opéra entendre le *Prophète*. Elle n'était de sa vie entrée dans un théâtre. Le lustre l'éblouit, la pièce l'ennuya, la musique l'accabla ; mais Grébert, entré comme par hasard dans la loge, s'installa auprès d'elle, et un peu désintimidé par cette odeur féminine qui monte de quatre cents épaules décolletées, il adressa pendant toute la soirée à Fidès des compliments gros comme des maisons.

Elle y répondit par des demi-sourires qui, étant donnée sa froideur habituelle, pouvaient passer pour des sourires tout entiers.

L'armement du *Tage* allait bon train. Il était temps d'obtenir de Fidès un « oui » précurseur d'un autre, solennel, et définitif. Savaron lui porta un matin, sous forme d'interrogatoire, une série de coups droits auxquels elle ne put se soustraire.

« Fidès, lui dit-il, tu m'as permis de penser à un un mariage pour toi, n'est-il pas vrai ?

— Oui, parrain.

— Le moment est peut-être venu de s'en occuper sérieusement. Voyons, depuis que nous en avons causé ensemble, tu as bien distingué quelqu'un..... Ne rougis pas, ne mets pas ton coude devant la figure. Allons ! tu as distingué quelqu'un.

— Oui, parrain.

— Quelqu'un, n'est-ce pas, que tu as vu ici plusieur fois ?

— Oui, parrain.

— Et un peu aussi rue d'Enfer.

— Oui, parrain.

— Embrasse-moi, mon ange, dit Savaron les yeux mouillés, et ne crains rien, va ! S'il ne te rend pas la plus heureuse des femmes, il aura affaire à moi. Mais nous voici au 20 décembre. Quand doit-il se présenter officiellement ?

— Oh ! parrain, pas avant Noël. »

Toute bonne chrétienne est tenue de fêter l'anniversaire de la naissance du Christ en se repaissant de son corps. Manquer à cet acte de cannibalisme spirituel eût constitué pour Fidès une rupture irrémédiable entre elle et la Sainte Trinité. Mais on ne peut s'asseoir à ce divin repas sans avoir préalablement comparu devant le tribunal de la pénitence. Jamais sœur Sainte-Euphrosine n'avait traîné à sa suite une aussi longue kyrielle de péchés : soirée à l'Opéra, conversations réitérées avec un étudiant en médecine âgé de vingt deux ans ; péché de coquetterie ; péché d'orgueil. Elle voyait s'en dérouler une liste à tapisser une salle à manger. Cinq jours pour écouler ce stock, ce n'était certes pas trop. Elle écrivit à son confesseur pour lui demander de vouloir bien recevoir à sa barre une pécheresse qui avait une foule de petites infamies à liquider.

L'abbé Boissonnet comptait précisément exploiter cet état morbide. Il avait appris deux jours auparavant, par un jeune apprenti typographe, membre des cercles catholiques ouvriers, que l'imprimerie avait déjà tiré les premières bonnes feuilles de *Table rase*. La poire était mûre. L'heure de la cueillette avait sonné.

Une fois dans son confessionnal, Boissonnet ne donnait plus de conseils, il rendait des sentences, et ses moindres paroles acquéraient l'autorité de la chose jugée. Aussi est-ce comme un magistrat à une accusée qu'il demanda à Fidès l'exposé exact des faits accomplis depuis un mois.

— Et, jusqu'à ce jour, lui dit-il, vous n'avez pris aucun engagement formel ?

— Non, mon père, mais je suis dans une grande inquiétude. Ce matin même, mon tuteur m'a suppliée de me décider.

— Eh bien ! ma fille, Dieu a décidé pour vous. Il faut vous marier.

— Quoi ! mon père !..... après avoir renoncé à Satan et au monde, allez promettre à ce jeune homme...

— Quel jeune homme? fit Boissonnet jouant l'étonné. Ne savez-vous pas que vous ne pouvez accepter le mariage que comme un sacrifice? Il ne s'agit pas pour vous de ces satisfactions grossières et coupables dont vous auriez alors à rougir. S'il en était ainsi, vous refuseriez d'obéir, et peut-être auriez-vous raison, bien que l'obéissance soit la première des lois de l'Eglise. Mais rassurez-vous, chère sœur, vous marcherez à l'autel comme au martyre, pour le triomphe de la justice divine et des vérités éternelles.

Le confesseur avait à ingurgiter à sa pénitente une potion d'une telle amertume qu'il ne savait trop de quel miel enduire les bords de la coupe. Un quart d'heure durant, il lui énuméra tous les saints qui étaient allés à la mort le sourire aux lèvres. Il lui cita saint André crucifié à Patras, la tête en bas, lui donnant à entendre qu'elle ne pouvait faire moins, sa crucifixion à elle devant d'ailleurs être toute morale.

Quoique nourrie au couvent dans le dégoût de tout ce qui rappelait le sexe opposé au sien, Fidès n'avait jamais songé à comparer son union possible avec Camille au supplice des vierges chrétiennes que Néron allumait comme des torches, après les avoir espacées, couvertes de résine, dans les avenues de ses jardins.

— Ainsi, dit-elle comme pour avoir sa conscience en règle, c'est l'ordre d'en haut que je prenne pour époux M. Camille Grébert ?

— Qui vous a dit qu'il s'agissait de M. Grébert ? fit Boissonnet saisissant en toute hâte la transition que lui offrait sœur Sainte-Euphrosine. Il ne s'est pas déclaré ouvertement.

— Non, répondit Fidès tout étonnée, mais ses visites continuelles, et puis la demande que M. Boutreux a faite en son nom... je croyais...

— Et d'où savez-vous que la Providence ne s'est pas précisément servie de ce jeune homme sans conséquence pour vous mettre en rapport avec celui qu'elle vous destine ?

— Mais quel autre me destinerait-elle ? Depuis un mois, je n'ai vu que lui.

— Lui et Boutreux qui, m'avez-vous appris tout à l'heure, est venu à plusieurs reprises prendre le thé chez vous.

— En effet, je n'y pensais plus.

— Eh bien ! qu'y a-t-il d'invraisemblable à ce que, séduite par la célébrité de ce chef d'école, puisque maintenant nous possédons des écoles comme du temps de Jupiter, vous ayez écouté votre cœur qui vous parlait pour lui.

— Pour lui !... pour M. Boutreux ?

Et Fidès était si loin de soupçonner le danger qu'elle étouffa un éclat de rire.

— Considérez, ma fille, continua imperturbablement Boissonnet, les bénédictions qui descendraient sur votre tête si, par votre douceur, vos soins touchants et aussi par vos charmes, car Dieu avait sans doute un but en vous douant d'une grande beauté, vous parveniez à conquérir sur cet esprit rebelle assez d'influence pour le ramener à une idée plus saine des magnificences du catholicisme ! Qui sait si vous n'auriez pas le pouvoir d'empêcher la publication de l'odieux pamphlet qu'il a écrit contre nous ? Voilà le seul mariage pour lequel il vous soit permis de rompre vos vœux éternels.

Ainsi, c'était sérieux. Fidès s'était habituée insensiblement à l'idée d'une cohabitation forcée avec les cheveux noirs de Camille. On y substituait tout à coup la perruque de Boutreux. Elle vit flotter devant elle la redingote cannelle et les bouts de cravate que les vents contraires agitaient comme des banderoles. Il lui sembla que les joues de l'astronome incrustaient leurs plis dans les siennes. Ce cadeau de Noël la renversait. Elle avait placé sa pantoufle dans la cheminée, et elle y trouvait quoi ? Boutreux. Toutes ses sensations se traduisirent dans ce cri :

« Jamais ! jamais !

— Je pourrais, reprit l'abbé, vous rappeler sainte Elisabeth de Hongrie qui, ayant un jour lavé, de ses mains, les pieds des pauvres, se condamna à boire l'eau du bain, pour se punir d'un mouvement de répulsion qu'elle n'avait pu vaincre. Je me contenterai de vous faire remarquer que Boutreux jouit d'une réputation colossale, qu'il est membre de l'Institut, et que, probablement, bien des femmes seraient fort heureuses de porter son nom.

— Jamais ! jamais ! répétait Fidès qui, agenouillée

depuis une demi-heure sur la marche du confessionnal, s'était mise subitement debout.

L'exemple d'ailleurs peu tentant de sainte Elisabeth de Hongrie n'ayant pas « mordu », il s'agissait de trouver autre chose. De la corde de l'amour-propre le prêtre passa à celle de la terreur.

« Alors, mademoiselle, dit-il à Fidès, qui était retombée, presque inerte, les genoux sur le bois du prie-Dieu, vous regardez le mariage comme institué pour la satisfaction de vos plaisirs charnels. Vous consentiriez à renoncer au célibat, mais pour un homme jeune, beau, riche, spirituel et plein d'amour. Le sacrifice est immense, en effet, et je ne doute pas qu'il ne soit particulièrement agréable au Seigneur.

— Pardonnez-moi. Je suis prête à tout, mon père. Mais M. Boutreux... oh! non! pas lui... Ce que vous voudrez, mais pas lui... Si vous saviez comme il est drôle!... Et puis, je n'ai que dix-neuf ans : il en a au moins cinquante-huit!

— Cinquante-quatre à peine. Il est du 6 octobre 1821, répliqua Boissonnet, qui connaissait son ennemi dans les plus petits détails. Il paraît davantage, parce qu'il est très négligé dans sa toilette. Ce sera à vous de l'obliger à soigner un peu sa mise. Il vous suffira de quelques mois pour le transformer.

Il parlait de cette transformation non au conditionnel, mais au futur présent, comme si la bénédiction nuptiale était proche. La jeune fille, broyée sous la roue de la discipline ecclésiastique, se mettait pour la première fois de sa vie en état de rébellion contre la volonté divine, et elle était presque aussi effrayée de sa résistance que de la proposition à laquelle elle résistait. Aussi, quand le fil de ses pensées, violemment brisé par ce coup inattendu, se fut à peu près renoué, c'est avec une joie enfantine qu'elle opposa l'argument suivant, cependant aussi simple que facile à découvrir :

« Mais, mon père, vous n'y avez peut-être pas réfléchi, ni moi non plus je n'y ai pas réfléchi. J'y songe seulement maintenant : M. Boutreux ne m'aime pas. Il me considère comme une vraie gamine. Quand il vient nous voir, il ne s'occupe pas plus de moi que si je n'existais pas. Je suis bien sûre que s'il apprenait que je l'ai choisi pour... mari — ce dernier mot passa dans un soupir — il rirait comme un bienheureux. Si encore j'avais son âge ! je suis bien trop jeune pour lui. »

Boissonnet eut ce sourire d'un prêtre qui, ayant reçu de ses pénitentes beaucoup de confidences, sait que d'ordinaire ce ne sont pas les hommes de cinquante-quatre ans qui trouvent trop jeunes les filles de dix-neuf, mais les filles de dix-neuf ans qui trouvent trop âgés les hommes de cinquante-quatre. Il détruisit d'un mot toute l'économie du raisonnement de Fidès :

« Il n'a jamais fait attention à vous, parce que vous ne l'avez pas voulu. Si moins légère, moins exclusivement occupée de plaire à un étudiant perdu de débauches, vous aviez essayé de pénétrer les desseins d'en haut, le terrible Boutreux serait déjà à vos pieds, enchaîné et suppliant. Vous pensez bien que j'ai pris mes informations. Boutreux n'a pas eu dans sa vie, déjà longue, un amour sérieux; il n'a jusqu'ici étudié les femmes que comme des échantillons d'his-

7.

toire naturelle, au point de vue de certaines conformités d'instinct avec les gazelles et les antilopes. Or, retenez ceci, ma sœur : en amour, les jeunes gens sont souvent raisonnables; mais il n'y a pas à Charenton d'aliéné dont les folies ne puissent être dépassées par celles d'un homme de cinquante-quatre ans qui aime pour la première fois. »

Boutreux amoureux était un spectacle phénoménal auquel Fidès n'aurait jamais pu se croire exposée. Loin de l'encourager, une telle perspective la stupéfia :

« Mon père, répondit-elle d'un ton presque résolu, je m'accuse en effet d'avoir prêté une oreille téméraire aux compliments de M. Grébert. Je vous promets ici de repousser sans retour l'offre de sa main. Dès que mon tuteur sera embarqué, je reprendrai au couvent ma place de sœur domestique, si vous m'en jugez digne. Je tâcherai de racheter par mes prières et mes pénitences les innombrables péchés que j'ai commis depuis ma sortie de la communauté. Mais, s'il me fallait m'unir avec M. Boutreux, je craindrais de perdre irrévocablement mon âme en me laissant aller à quelque blasphème.

— Songez, ma fille, répliqua à cette déclaration Boissonnet, avec le feint intérêt d'un juge pour un accusé qui aggrave bénévolement sa position; songez que vous bravez ouvertement la volonté de Dieu. Allez vous recueillir un moment devant l'autel de la Très Sainte Vierge. Demandez-lui de chasser par son intercession l'esprit d'insubordination qui vous possède, puis revenez me faire part de vos résolutions dernières. Je vous attends ici, où je prierai Jésus-Christ afin qu'il vous éclaire. »

Fidès était agenouillée depuis une longue demi-heure. Toute autre eût été rompue de fatigue, mais l'habitude des neuvaines l'avait familiarisée avec ces demi-tortures. C'est, du reste, un des caractères de presque toutes les religions d'agir sur le moral au moyen de l'épuisement physique. Elle se leva lentement et, après quelques pas dans la chapelle, se replia de nouveau sur elle-même, changeant ainsi le bois du confessionnal contre les dalles de la nef. Elle ne pouvait malheureusement changer de genoux.

Elle s'adressait avec onction à la statue dont elle aurait voulu interroger les regards, dans l'espérance de voir poindre miraculeusement entre les paupières quelque larme de pitié à son adresse ; mais les couronnes de chrysocale, les colliers d'ambre et de perles fausses, les bouquets de toute dimension avait pris un développement inusité en l'honneur du prochain anniversaire de la naissance du Sauveur, et l'image en stéarine lui rappelait moins la mère de notre divin rédempteur que la vitrine de Mme Bizouard, la marchande d'objets de sainteté.

En outre, pareil au moine Fernand, s'écriant dans la *Favorite* :

> C'est Dieu que j'implore et c'est elle,
> C'est elle que je vois toujours,

ce que, tout en implorant Dieu, elle voyait toujours, c'était Boutreux trottant comme un gnome dans ses chaussons de lisières, par les chambres de l'appartement de la rue d'Enfer. Après plusieurs minutes de prosternation contemplative, elle retourna se réagenouiller dans l'ombre du confessionnal.

— Eh bien, ma chère fille, demanda le prêtre d'une voix câline, la lumière céleste vous a-t-elle visitée pendant ces courts instants de méditation? Êtes-vous enfin résolue à nous prêter votre précieux concours, sinon pour convertir, au moins pour désarmer l'un des plus dangereux ennemis que nous ayons eus encore à combattre?

— Non, mon père.

— Ainsi vous refusez d'épouser M. Boutreux?

— Oui, mon père.

L'abbé ouvrit la porte du confessionnal, en sortit, la referma soigneusement à clef, puis, de ses lèvres les plus souriantes, il dit à sa pénitente, qui, s'étant mise debout, l'avait suivi des yeux avec inquiétude pendant ces diverses opérations :

« Ma chère fille, je ne crois pas pouvoir entendre aujourd'hui la suite de votre confession. Vous êtes incontestablement en état de péché mortel. Le ciel dans sa bonté vous offrait les moyens d'effacer d'un trait toutes vos fautes, vous le repoussez. Je n'insiste pas. Mon seul regret est de ne pouvoir vous donner l'absolution qui vous eût permis de communier à Noël avec vos compagnes, comme vous l'avez toujours fait jusqu'ici. »

S'en retourner sans absolution; être écartée de la sainte table comme un enfant coupable qu'on envoie dîner à la cuisine; se voir priver de la communion de Noël qui est, avec celle de Pâques, indispensable entre toutes, c'était pour Fidès la damnation sans phrase. C'était l'enfer béant, avec ses bains de soufre et ses fourneaux incandescents dans lesquels elle entrait de plain-pied. Boissonnet n'avait pas fait trois pas pour gagner la porte de la chapelle que la jolie réprouvée l'arrêta par le bas de sa soutane. Elle s'y cramponnait à la découdre. Elle en embrassait le mérinos sur lequel l'usage avait déposé les teintes luisantes du cuir de Cordoue.

L'abbé, qui avait fait le sacrifice de sa soutane, n'arrêta pas un instant sa marche, remorquant Fidès qui traînait sur les dalles dans l'abandon d'un corps inerte.

« L'absolution! accordez-moi l'absolution! » criait-elle d'une voix de convulsionnaire.

A mesure qu'il approchait du seuil de l'église, le désespoir de la jeune fille prenait un accent plus navrant :

« Laissez-moi communier!... ne m'infligez pas cette honte! Tuez-moi plutôt!... »

Mais Boissonnet lui refusait à la fois la communion et la mort. Quand elle le vit tendre le bras et poser irrémissiblement la main sur le bouton de la porte, elle comprit qu'elle avait juste le temps d'opter entre son corps et son âme. Elle sauva l'âme et livra le corps. C'était tout ce que demandait Boissonnet.

« Je me soumets, dit-elle. Que la volonté de Dieu soit faite!

— Ma fille, ma chère fille! le ciel est à vous! fit le confesseur avec un geste étudié. Il me semble entendre les anges qui célèbrent votre retour à la vie divine. »

Et il eut l'air d'écouter un concert lointain. Fidès

écouta aussi, et crut sans doute percevoir des sons éoliens qui la décidèrent complétement, car, remontant vers la cage de bois à travers les barreaux de laquelle l'abbé Boissonnet remettait tous les péchés de la maison, elle dit simplement :

— Venez, mon père. Je voudrais achever ma confession.

———

CHAPITRE DIXIÈME

L'Assiégé

Il est à croire que cette boiserie recélait tout un programme, car le soir même du jour où Fidès sortit de la chapelle, absoute et complétement remise avec l'Esprit-Saint, le concierge de Boutreux lui monta, indépendamment de deux paquets d'épreuves de *Table rase,* une enveloppe de petite dimension, carrée, dont le papier mastic portait cette mention d'une écriture légère et comme tracée par une plume de bengali : *Exclusivement personnelle.*

Comme la plupart des enveloppes, celle-ci contenait une lettre. En voici l'étrange teneur :

« Monsieur,

« Vous me direz que je suis folle d'oser vous écrire, moi qui vous ai si peu vu; d'oser approcher mon obscurité de votre gloire, moi jeune fille de dix-neuf ans à peine. Celle que son admiration pour vous pousse aujourd'hui à une démarche si compromettante a passé quelquefois devant vos yeux sans qu'ils aient jamais jeté un regard sur elle. C'est cette certitude de vous être à peu près inconnue qui me donne le courage de vous dire qu'une femme est là qui pense à vous, toujours! toujours!

« Vous allez me trouver bien romanesque et bien ridicule, c'est pourquoi le courage me manque aujourd'hui pour vous dire mon nom. Comment ne m'avez-vous pas déjà devinée? »

Pas de signature. La lettre sentait l'iris. L'astronome rechercha l'enveloppe pour s'assurer que ce billet doux ne s'était pas trompé de porte.

« C'est quelque femme auteur, se dit-il en riant. C'est égal, voilà la première déclaration que je reçois de ma vie. Je m'y prends sur le tard pour respirer de l'iris, moi qui n'ai encore respiré que de l'acide sulfurique. »

Puis il se coucha sur cette réflexion qui le rassura pour sa vertu :

« C'est quelque mauvaise farce que me fait un de mes anciens élèves. »

Fidès n'avait plus, jusqu'à Noël, que quatre jours pour agir. Elle manifesta l'envie d'assister à une séance de l'Académie des sciences. Elle obligea son tuteur à aller demander en personne des billets à Boutreux. Savaron, qui obéissait au doigt et à l'œil, se hâta de passer un paletot à destination de la rue d'Enfer. Sa pupille fit connaître alors son intention de l'accompagner, afin d'être sûre, lui dit-elle, qu'il se rendrait bien là où elle l'envoyait.

Le savant reçut cordialement ses deux visiteurs et retourna ses cartons pour leur trouver des billets. On lui en avait remis la veille, mais, tout en les cherchant jusque dans la cheminée, il priait le diable de l'emporter s'il savait où il les avait fourrés. Fidès s'approcha de la table de travail, dans le but apparent d'aider aux recherches. Elle aperçut sa lettre qui passait une de ses cornes entre les feuilles d'un imprimé.

Les billets disparus, Boutreux insista pour aller lui-même à l'Institut en redemander à l'huissier de service. En route, Fidès lui prit le bras sans consulter Savaron. On parla de Camille.

— Y a-t-il longtemps que vous ne l'avez vu? fit Boutreux.

— Hier, je crois, ou avant-hier, je ne me rappelle plus au juste, répondit nonchalamment la jeune fille.

L'Académie des sciences tenait ses assises le lendemain.

— Y serez-vous? dit-elle à Boutreux.

— Malheureusement, je n'ai pas trois heures à dépenser. J'ai du travail par dessus la tête.

— Soyez-y, fit-elle d'une voix brève et basse.

Un collégien de dix-sept ans aurait, sous cette intonation, deviné quelque mystère. Mais le scepticisme n'exclut pas toujours l'innocence. Il y vit si peu malice qu'il répondit tout haut :

— Si j'y vais, ce que j'y dirai ne vous amusera guère.

Fidès exigea presque. Savaron attribua cette insistance à l'envie qui la possédait de voir Camille accompagner Boutreux. Il glissa cette prière dans l'oreille du savant :

« Accordez-lui ce qu'elle demande. On ne peut pourtant pas tout lui refuser. »

Le lendemain, en prenant place avec sa pupille dans une tribune, Savaron fut très surpris de ne pas y trouver le jeune Grébert. Celui-ci était précisément aux Batignolles, tandis que celle qu'il aimait envoyait, d'une des loges de l'Institut, ses saluts et ses sourires à Boutreux, assis au-dessous d'elle dans l'hémicycle.

Provoqué par un de ses collègues, astronome très connu pour ses opinions bonapartistes et la découverte de plusieurs planètes qu'il avait été, depuis, impossible de retrouver, il fut très brillant dans sa réplique et eut tout le succès de la séance. La jeune fille se prétendit enthousiasmée et obligea son tuteur à aller attendre le triomphateur à la sortie.

Tous trois remontèrent jusqu'au carrefour Buci; et comme on passait devant un restaurant très en vogue dans le quartier, Boutreux dit en montrant les fenêtres d'un grand cabinet, au premier étage :

« C'est là que nous nous réunissons tous les mois pour le dîner des anthropologistes. »

Fidès, qui avait déjà passé une soirée au théâtre, ne cacha pas son désir de compléter son éducation en dînant au moins une fois au restaurant.

« Ah! tu te civilises! » dit Savaron enchanté.

Et il invita séance tenante Boutreux, qui présenta quelques objections.

« Acceptez, lui dit le lieutenant. Sans ça, vous allez fâcher la petite. »

Boutreux accepta. Il n'était pas précisément ennemi d'un bon repas, pourvu qu'il ne fût pas tenu de le commander lui-même. L'ex-pensionnaire cloîtrée des Dames de Saint-Magloire se montra, du potage au parfait glacé, d'une gaieté folle et d'une expansion inusitée. Peut-être avait-elle bu deux ou trois doigts de vin pur, afin de se donner du courage. Elle réclama énergiquement un peu de champagne, et après quelques libations, elle alla essayer devant la glace le chapeau de son tuteur, qui ne put s'empêcher de s'écrier, en poussant Boutreux du coude :

— Hein ! serait-elle gentille en amazone !

Elle avait posé sur la table son mouchoir de batiste. A un moment elle eut l'air de le chercher. Boutreux le lui présenta, et en le prenant de la main du savant, elle trouva moyen de lui serrer rapidement le bout des doigts. Il eut un éclair de surprise ; mais immédiatement il comprit que ce lapsus ne pouvait être que le résultat d'un mouvement machinal et se remit à sa conversation avec Savaron ; tandis que Fidès, épouvantée du personnage qu'elle avait consenti à jouer, se retenait au dossier de sa chaise pour ne pas céder à l'impérieuse tentation de se trouver mal.

Elle regardait fixement Boutreux qui parlait, la face rougie par la bonne chère. Les flammes en éventail de trois becs de gaz avaient changé en fournaise le petit salon dont les capitonnages ponceau semblaient fumer sous l'action de ces rayons torrides. Sa perruque noire, devenue incommodante, de protectrice qu'elle était d'ordinaire, s'était reportée en arrière et lui balayait le cou, laissant à découvert toute une portion de crâne qui rejoignait le front, sans un cheveu pour en déterminer la limite, et donnait à celui-ci des proportions phénoménales. Ainsi décoiffé, l'illustre Boutreux rappelait les grotesques qui viennent, dans les féeries, danser le ballet des grosses têtes.

La contemplation mélancolique dont il était l'objet ne lui échappa point. Il pensa que leur jeune convive, peu habituée à ces extras, était légèrement grise et qu'elle avait le champagne triste. Cependant neuf heures sonnaient. Il fallait se dire adieu, car Boutreux devait grimper ce soir-là à son observatoire. Or, Fidès n'avait encore accompli aucune des promesses signées dans le mystère du confessionnal ; la situation n'avait pas avancé d'une ligne. Elle se décida à brûler ses vaisseaux.

Comme dans presque tous les salons de restaurant, gisait sur le marbre de la cheminée un encrier à moitié plein d'une boue noirâtre. Une plume oxydée par le vitriol traînait aux environs. Elle demanda à son tuteur une feuille de son carnet, et sous prétexte qu'elle ignorait jusqu'aux noms des plats qu'on avait servis, elle se mit à copier la carte.

Quand elle fut arrivée à l'article : *suprême de volaille*, elle passa le papier à Boutreux, en lui disant d'une voix tremblante :

« Que peut signifier ce mot « *suprême* » appliqué à un oiseau de basse-cour ? »

Il examina le mot souligné, puis toute la page ; et d'une voix bien autrement tremblante que celle de Fidès, il répondit :

« Je ne sais pas ! je ne sais pas ! »

Il venait de reconnaître l'écriture de la lettre.

Cette découverte changea le départ en déroute. Il crut d'abord à une hallucination ; mais le propre des hallucinés étant de se tromper sur la nature des objets extérieurs, il prit le paletot de Savaron à la place du sien et, une fois sorti du salon ponceau, se perdit dans le corridor à la recherche de l'escalier. Ces mouvements désordonnés renseignèrent suffisamment Fidès. Quand on atteignit la rue, ce fut un sauve-qui-peut. Il serra frénétiquement la main de Savaron, adressa à sa pupille un salut gros d'angoisse et s'éclipsa du côté de la rue d'Enfer.

A son arrivée chez lui, il se jeta sur le « poulet » reçu l'avant-veille. La main qui l'avait tracé était indubitablement celle qui venait de lui serrer le bout des doigts dans un cabinet de restaurant.

« Eh bien, et Camille? se dit-il, voilà comment elle le traite deux mois avant la bénédiction nuptiale ! »

Il reprit alors, un à un, les événements de ces deux jours, et s'étonna de n'avoir vu l'étudiant ni à la séance de l'Académie des sciences, ni aux abords du restaurant. D'où venait qu'on ne l'avait pas invité? Quel sens donner à l'indifférence presque dédaigneuse qu'elle affichait en parlant de lui ? Toutes ces remarques, qu'il faisait après coup, le mettaient aux abois. Il se jeta dans le grand fauteuil de cuir vert, entre les bras duquel il avait résolu tant de problèmes, et y resta jusqu'à une heure du matin, en proie à une rêverie pesante. L'Institut aurait bien ri s'il avait su que la planète dont le célèbre professeur Boutreux essayait d'expliquer la révolution, était une belle jeune fille de dix-neuf ans qui voulait faire de lui son satellite.

Le matin de Noël, sœur Sainte-Euphrosine célébra par une communion éclatante la naissance du Christ, dont, entre parenthèses, les parents auraient pu être condamnés pour fausse déclaration d'état civil, puisqu'il est venu au monde pour les Russes quatre jours plus tard que pour les Français.

« J'ai sa parole, avait dit Savaron à Camille. Dès le 26, vous serez reçu officiellement dans la maison comme un fiancé. »

Le 26 décembre, en effet, le lieutenant, levé avant l'aube, comme pour une revue d'armes, attendait que sa filleule fût debout afin de la saisir au passage. De son côté, Fidès, qui, la veille, avait reçu le corps de Jésus-Christ en échange du sien, se préparait à acquitter sa dette qu'elle était trop honnête pour renier un instant.

Au dernier coup de dix heures, elle entra chez son parrain, dans un peignoir blanc ouaté et piqué ; ses petits pieds dans des pantoufles de Perse en cuir bleu brodé d'or, qu'il avait achetées pour elle à Téhéran, chez un juif. Il était facile de s'apercevoir qu'une longue insomnie avait passé sur ses paupières plombées. Ses lèvres avaient blanchi. Les ailes de son nez droit avaient perdu leur teinte rose coquillage, et paraissaient resserrées par une contraction maladive. On devinait qu'elle avait employé la majeure partie de la nuit à répéter :

« Seigneur ! éloignez de moi ce calice ! »

— C'est donc toi ! ma belle chérie, dit Savaron qui ne voyait dans cet état symptomatique que l'émotion inséparable d'un premier... mariage. Tu viens causer un peu avec ton parrain.

— Oui, parrain, répondit-elle bravement. Je viens causer avec vous.

— Au reste, nous n'avons pas grand'chose à nous dire. C'est toujours convenu comme l'autre jour ?

— Oui, parrain.

— En ce cas, il ne nous reste qu'à prendre des arrangements pour que tout soit réglé le plus tôt possible. Je ne m'embarquerais pas tranquille, si je ne savais à côté de toi un bon mari pour te défendre contre ces satanés.... Au reste, nous nous sommes entendus d'avance avec Grébert. Il déjeune ici ce matin.

— Pourquoi M. Grébert déjeune-t-il avec nous ? demanda Fidès qui essayait de n'arriver que peu à peu à l'éclat final.

— Il vient déjeuner, répliqua Savaron avec une confiance qui faisait peine à voir, parce qu'il faut bien lui annoncer qu'il a désormais ses entrées dans la maison. Vous ne pouvez rester comme deux étrangers l'un pour l'autre. Le mariage aura lieu très-prochainement.

— Mais, objecta Fidès avec un sang-froid prémédité, je ne me suis jamais engagée à épouser M. Grébert.

— Hein ? Comment ?

— Je dis, répéta-t-elle, que si je dois me marier, celui que j'épouserai ne sera pas M. Grébert.

— Ah ! ça, voyons, Fidès, est-ce que tu n'es plus dans ton bon sens ? fit le lieutenant livré de nouveau à d'affreuses perplexités. Ne m'as-tu pas avoué ici même, il y a cinq jours, que tu acceptais M. Camille Grébert ?

— Jamais il n'a été question entre nous de M. Camille.

— C'est à se casser la tête contre les murs... Il me semble que j'y suis encore. Tu te tenais là... et moi sur ce fauteuil... Je t'ai dit : C'est quelqu'un, n'est-ce pas, que tu as vu ici et quelquefois rue d'Enfer ? Alors, tu as rougi beaucoup et tu m'as répondu : Oui, parrain... Soutiens donc que j'ai menti... ose donc le soutenir...

— Nous n'avons menti ni l'un ni l'autre. Nous ne nous sommes pas compris, voilà tout.

— Pas compris ? Quelqu'un que tu as vu ici et rue d'Enfer ; c'est pourtant explicite.

— Pas si explicite. J'y ai vu d'autres personnes que M. Grébert.

— Qui donc, s'il te plaît ?

— Monsieur Boutreux, par exemple.

— Ah ! oui, Boutreux, en effet, répliqua Savaron avec candeur, mais tu me cherches là une mauvaise chicane, une chicane de jésuite. Tu sais bien que Boutreux...

— Pardon, parrain... Et affermissant sa voix elle articula nettement cette phrase longtemps débattue entre elle et son crucifix : J'aime M. Boutreux. Ou je l'épouserai, ou je rentrerai au couvent.

Savaron avait essuyé trois naufrages. Il n'avait en dernier lieu échappé à l'engloutissement qu'en construisant, avec l'aide de plusieurs passagers, un petit radeau, au moyen de cannes à sucre que le bâtiment transportait à Marseille. Pendant quatre jours, il avait navigué sans boussole, sans voiles, sans avirons, et lui et ses compagnons seraient tous morts de faim, si, plus heureux que les naufragés de la *Méduse*, ils n'avaient eu la suprême ressource de manger leur radeau. Si bien que, quand ils furent rencontrés par un navire américain, la moitié de cette étrange embarcation était déjà passée dans l'estomac de ceux qui la montaient. Il était donc fait à toutes sortes d'étonnements. Pour le coup, cependant, la surprise confinait à l'abracadabrance. Il promena un instant sur sa filleule des yeux mornes, et ses lèvres paralysées donnèrent à grand'peine passage à une espèce de gloussement d'où on n'aurait pu guère attraper au vol que ces syllabes incohérentes :

« Toi !... Fi... tu ai... Bou !... »

Brisée par l'effort de cet *Alea jacta est*; sœur Sainte-Euphrosine était tombée « affalée » sur un divan dont les élastiques la renvoyèrent irrespectueusement à une certaine hauteur.

Un assez long silence donna à Savaron le temps de secouer sa stupéfaction.

« Mais enfin, comment cela t'est-il venu? lui demanda-t-il du ton d'un médecin appelé pour remettre une jambe cassée.

— « A quoi bon te le dire ? J'aime M. Boutreux, et jamais je ne serai à un autre qu'à lui. Voilà. »

Nouveau silence, au bout duquel le lieutenant s'imagina avoir débrouillé l'écheveau.

« Rien de plus simple, se dit-il : Elle n'a aucune envie d'épouser Boutreux, mais elle a eu l'idée de s'en servir pour se débarrasser de Camille, qu'elle ne veut pas épouser non plus. »

Et, passant de l'air hébété à l'air narquois, il lui lança cet argument :

« Je connais quelqu'un qui sera aussi étonné que

8

moi, quand il apprendra que tu as décidé, comme ça, toute seule, qu'il serait ton mari.

— « Monsieur Boutreux sait que je l'aime, » répondit-elle avec une parfaite tranquillité.

Cette fois le pauvre Savaron resta figé dans son ahurissement. Où ? quand ? de quelle façon s'étaient nouées les relations que sa pupille reconnaissait exister entre elle et le célèbre astronome ? Jamais il n'avait surpris de la part de Boutreux aucun flirtage à l'égard de Fidès. D'ailleurs le conte était absurde, puisque la demande de Camille lui avait été précisément transmise par Boutreux en personne. Et en outre, et par-dessus tout, une gigantesque invraisemblance ; cet amant de la lune aimé d'une femme et s'en sachant aimé !

Il s'efforça de la circonvenir par des centaines de raisonnements, tous extrêmement péremptoires. Il lui représenta l'âge de Boutreux, qui n'avait rien de ce qu'il fallait pour rendre une femme heureuse et qui, d'ailleurs, lui avait manifesté en mainte occasion son parti pris de vivre et de mourir garçon.

« C'est à toi, parrain, de le faire revenir sur cette détermination, lui répondit-elle. Si tu n'y réussis pas, j'attendrai ton départ et j'irai me cloîtrer, pour toujours, cette fois, chez les Dames de Saint-Magloire.

— Je réunirai le conseil de famille qui, en mon absence, saura bien t'en empêcher.

— Jusqu'à ma majorité, fit observer Fidès. Le jour de mes vingt et un ans, rien ni personne ne me retiendra. »

Devant cet ultimatum, le lieutenant fut pris d'un

frisson. Il se perdait en conjectures sur le sentiment incompréhensible qui poussait sa pupille dans les bras de Dieu, par amour pour le plus célèbre athée des temps modernes.

« Raisonnons un peu, lui dit-il. Tu prétends que Boutreux connaît ton penchant pour lui. Ça m'étonne furieusement. Mais, admettons la chose. S'il y avait réciprocité de sa part, il ne m'aurait évidemment pas demandé ta main pour un autre.

— A ce moment, il ignorait tout ! » répliqua la jeune fille. Et, plongeant sa figure dans son mouchoir, elle y éclata en sanglots saccadés qui soulevaient sa poitrine et ses omoplates, et au travers desquels Savaron distingua ce reproche à son adresse :

« En tout cas, s'il ne peut m'aimer, c'est être bien cruel que de me le déclarer aussi durement. »

Elle savait son parrain par cœur et ne pouvait ignorer ses prétentions à jouer les tuteurs impitoyables. Il crut immédiatement avoir passé les bornes de la rigueur permise et s'en accusa avec la dernière humilité.

« Eh bien ! oui, là, j'ai été injuste et violent. Ne pleure pas, je suis une brute. »

Et en voyant les mouvements de la poitrine accentuer leurs saccades, il se disait tout bas :

« Comme elle l'aime ! Jamais une femme n'a versé autant de larmes en mon honneur. Et j'ai pourtant dix ans de moins que lui. »

Savaron était à point, et, comme les potions pharmaceutiques, assez agité pour qu'on pût s'en servir. Fidès le cajola, le supplia, pleura si longtemps, la tête sur son épaule, l'appela : Parrain ! d'une voix si pénétrante et si désolée, qu'il jeta décidément par-dessus le bastingage Camille Grébert, avec et y compris le bel avenir qui l'attendait.

Mais, Grébert mis au panier, il fallait entreprendre Boutreux. Les pleurs redoublèrent et il promit encore.

« Je vais aller le trouver à l'instant même, dit-il à Fidès. Une pareille situation est intolérable. En somme, il est un peu responsable de ce qui t'arrive. Allumer l'incendie dans le cœur d'une jeune fille sans défiance. Un homme de cinquante-quatre ans ! C'est honteux ! »

Puis il prit son chapeau et sortit pour aller achever le siége commencé par sa pupille. Sur le seuil de sa chambre, il se rappela tout à coup qu'il avait donné rendez-vous à Camille.

« Bah ! réfléchit-il, je serais trop gêné pour le recevoir. Je vais recommander à Marianne de lui dire que je ne rentrerai pas de la journée. Du reste, il ne m'allait pas beaucoup, ce garçon qui n'a que ses grands cheveux pour toute fortune. »

Tant qu'il l'avait supposé aimé de Fidès, il l'avait porté aux nues. Du moment où elle le repoussait, il le trouvait insupportable. Peu de jugements portés sur les hommes ont des bases aussi sérieuses.

CHAPITRE ONZIÈME

Le séducteur

Les parallèles tracées par la pupille de Savaron autour des cinquante-quatre ans de l'astronome, s'étaient en peu de jours resserrées et multipliées, au point que celui-ci, après l'aventure du restaurant, s'attendait tous les matins au dernier assaut, c'est-à-dire à quelque visite impétueuse de celle qu'une semaine auparavant, il appelait encore « la petite demoiselle. »

Il avait peur de rencontrer Camille. Il tremblait de rencontrer Savaron. Les timidités de son plus jeune âge lui remontaient à la gorge. Il regrettait d'être précisément sur la même planète que cette jolie jeune fille, quand l'un ou l'autre aurait si bien pu venir au monde dans Saturne ou dans Uranus. Il se répétait avec une bonne foi inaltérable :

« Il y a dans l'espace des milliards de monde habités, et par un hasard extraordinaire, il se trouve que nous habitons tous deux le même. C'est une fatalité sans exemple. »

Il croyait fermement avoir rencontré Fidès au

détour d'un globe, comme on rencontre un ennemi au coin d'un bois.

Dès qu'il essayait de dormir, une vague appréhension emplissait ses rideaux. Il se levait alors, mais les calculs algébriques qu'il entreprenait au milieu de la nuit, s'enchevêtraient dans sa tête et y demeuraient indébrouillables. Il n'allait plus demander à son télescope de l'aider à fouiller les replis du ciel. Il aurait voulu en inventer un qui l'aidât à fouiller les replis du cœur.

Un coup de sonnette matinal vint désorganiser sa méditation. La domestique annonça le lieutenant Savaron.

« Autant en finir aujourd'hui que plus tard, » se dit-il; et il cria :

« Faites entrer ! »

« — Vous doutez-vous de ce qui m'amène? fit incontinent le visiteur non moins embarrassé que le visité.

— J'en ai quelque idée, répondit Boutreux.

— Ma pupille vous aime... vous le savez, n'est-ce pas ? »

L'astronome baissa la tête. Il ne disait pas : non; donc il disait : oui. Après un instant de prostration :

« Comment a-t-elle pu vous avouer une chose pareille ? » demanda-t-il à Savaron avec une modestie touchante.

— Au milieu d'une scène horrible où je ne l'ai pas épargnée, je vous prie de le croire. A deux ou trois reprises, je me suis senti sur le point de la tuer. »

Boutreux eut un mouvement comme pour s'interposer.

« Je ne l'ai pas fait, se hâta d'ajouter Savaron. Mais comprenez-vous ce que ma position a d'atroce? Je devais donner une réponse aujourd'hui même à M. Camille. Il est probablement à la maison à l'heure où je vous parle. Après tout, tant pis pour lui! Il n'avait qu'à s'arranger pour plaire. Vous comprenez, Fidès avant tout... Mais comment a commencé la passion subite, inexplicable que vous lui avez inspirée?

« Inexplicable » eût été blessant pour tout autre. Mais Boutreux n'y mettait aucun amour-propre. Il montra la lettre. Il raconta l'incident du mouchoir, puis la copie de la carte du restaurateur, pot aux roses final.

Fidès, pour son tuteur, représentait toutes les perfections physiques et morales. Des provocations aussi directes adressées à un homme lui paraissaient de la part de cette chaste enfant le comble de l'inadmissible.

C'était évidemment le lapin, lisez Boutreux, qui avait commencé, inconsciemment peut-être, mais il avait commencé. Savaron se remémora de la part de celui-ci nombre d'attentions familières, toujours dangereuses quand elles s'adressent à une jeune fille toute neuve, et, conséquemment, incapable d'en apprécier la vraie portée. Il remit ces souvenirs sous les yeux du savant tout contrit.

« Vous rappelez-vous le premier jour où je vous l'ai présentée? Comme je vous disais : « Regardez-moi cette demoiselle-là. » Vous avez répondu : « Je ne demande pas mieux. » Eh bien ! je l'ai parfaitement remarqué, ce mot l'a frappée en plein cœur. Elle s'est troublée d'une façon incroyable. Nous pouvons en convenir entre nous : c'était là une parole quelque peu inconsidérée.

— Je ne savais pas... balbutia Boutreux. Je n'aurais jamais supposé... J'ai dit ça comme autre chose... à la bonne franquette. »

Le lieutenant lui cita d'autres faits qui décontenancèrent peu à peu l'astronome. Il reconnut que Fidès avait pu se tromper en effet à ses manières parfois singulières.

« D'autant plus facilement, fit observer Savaron, que je ne lui ai jamais raconté votre démarche en faveur de ce grand Grébert, et que le but de vos visites plus fréquentes lui semblait inexplicable. »

Au nom de Grébert, le savant se cabra sous l'aiguillon du remords. Il se regarda comme atteint et convaincu d'avoir mis en péril le repos d'une famille, d'avoir traversé le bonheur d'un jeune homme estimable à tous les points de vue, et s'il ne se compara pas précisément au don Juan de la légende, il sentit, malgré lui, monter ce mot à ses lèvres :

« Fatale beauté ! »

En outre, et tant il est vrai que, de nos jours, le succès modifie toutes les théories, les irrégularités du masque de Boutreux, comme les excentricités de son costume, avaient complétement disparu aux yeux de Savaron. Il possédait indubitablement quelque charme irrésistible, puisqu'il avait séduit ainsi Fidès à première vue. S'il n'était pas pour lui l'Apollon du

Belvédère, il passait au moins au grade d'Apollon de l'Observatoire.

C'était un spectacle comico-douloureux que cet astronome, âgé de plus d'un semi-siècle, se tenant piteux et la tête penchée devant Savaron, comme s'il venait d'être arrêté pour s'être indroduit nuitamment, avec effraction et escalade, dans une planète habitée.

— Le mal est fait. Il ne nous reste maintenant qu'à tenter de l'atténuer, reprit le lieutenant. Fidès est folle de vous. Absolument folle. Elle m'a annoncé que si je ne la laissais pas vous aimer à son aise, elle ferait ses paquets et repartirait pour le couvent. Vous comprenez, le couvent, où on me la tuera à force de macérations et de matinées passées à genoux, dans une chapelle plus froide que le Groënland. Elle qui a déjà la poitrine faible, comme son pauvre père qui est mort à Suez... du choléra.

— Disposez de moi comme vous l'entendrez, répondit Boutreux. Votre volonté sera la mienne.

— En ce cas, venez un peu la voir. Je crains que son désespoir ne lui joue un mauvais tour. La trouver asphyxiée, un beau matin, dans sa chambre, voilà qui serait gai ! D'ailleurs, je ne sais pas à quoi ça tient ; bien que je sois souvent à son égard d'une violence extraordinaire, je perds la tête dès que je la vois pleurer. C'est une affaire de tempérament.

Et il n'eut rien de plus pressé que d'escompter l'engagement souscrit par le désolé Boutreux, qu'il emmena, sans désemparer, rue des Dames. L'astronome feignit de ne rien savoir, et Fidès feignit d'ignorer qu'il savait tout. Savaron, qui avait voué à l'auteur de tant de découvertes immortelles une admiration sans bornes, eût été presque aussi heureux pour lui-même que pour sa pupille, d'un mariage entre elle et l'un des hommes les plus considérables du siècle.

« Elle l'aime comme ça, se disait-il ; qu'elle le prenne ! »

L'opposition ne pouvait donc venir que de Boutreux. Mais aux remords de ce qu'il appelait son inconséquence, s'ajouta bientôt un invincible entraînement vers cette créature enchanteresse qui lui offrait à lui, déjà vieux et sans fortune, le plus pur de sa beauté. Ce n'était pas pour son physique qu'elle l'avait distingué. C'était donc pour l'intelligence et le courage qu'il avait déployés dans la recherche de la vérité et de la justice. Cette préférence qu'elle lui accordait sur tant de jolis jeunes gens autrement tournés que lui, ne dénotait-elle pas une femme hors ligne ? D'autant qu'élevée dans les scapulaires d'un couvent de nonnes, elle avait eu à vaincre plus d'ignorance et de préjugés.

L'abbé Boissonnet eût été le prophète Isaïe et non le modeste aumônier des Dames de Saint-Magloire, que ses prédictions ne se seraient pas réalisées plus à la lettre. Un mois de sourires triomphèrent de quarante années d'études. Boutreux fit bientôt de Fidès son étoile polaire ; au point que la possibilité de la voir disparaître de son ciel lui sembla le plus cruel des bouleversements astronomiques. Il ne démarrait plus de chez Savaron, et quand il l'avait contemplée sentimentalement pendant toute une longue soirée, il revenait le lendemain matin observer cette étoile, en plein midi.

Deux considérations arrêtaient l'explosion publique des transports de Boutreux : 1° l'espèce de trahison involontaire qu'il avait à se reprocher à l'égard de Camille ; 2° le retentissement qu'aurait dans le monde scientifique le mariage d'un homme aussi célèbre que lui, se décidant aux trois quarts de sa carrière à convoler avec une mineure de dix-neuf ans.

Un autre motif encore retardait cet éclat. Boutreux, matérialiste, positiviste et athée notoire, ne pouvait, quelque décidé qu'il fût à passer par tous les chemins que lui ferait prendre Fidès, se plier aux exigences d'un mariage religieux.

Avant de formuler sa demande officielle, il s'expliqua à ce sujet avec Savaron, qui fut du même avis que lui.

« Elle fera peut-être la moue, lui dit-il, mais tenez bon. Elle vous adore et elle finira par céder... Comme il est fâcheux que vous n'ayez pas avec elle un peu de mon énergie ! »

Remercié assez durement par Savaron, lequel lui avait signifié, dans une lettre de six lignes, que sa filleule demandait encore quelques années pour réfléchir, Camille était retombé dans le silence et l'ombre. Heureusement pour Boutreux, qui aurait fait des détours de plusieurs kilomètres dans la crainte de le rencontrer, une sœur de Mme Grébert mourut de chagrin à Bordeaux, deux mois après un fils unique qu'elle idolâtrait, et qui avait été tué par mégarde dans une partie de chasse. Ce malheur « inespéré » apportait à Camille un héritage d'environ soixante mille francs, c'est-à-dire le pain plus que quotidien, et, en outre, l'obligeait à partir sans désemparer pour le chef-lieu de la Gironde. Boutreux n'était donc plus en péril d'entendre, le jour de ses noces, le coup de pistolet d'un rival en délire se brûlant la cervelle dans l'escalier de la mairie.

Ce départ subit, en déblayant la place, précipita le dénoûment. L'astronome se présenta une après-midi devant Fidès, dans une toilette dont le noir sévère dispensait d'un plus ample informé. Le brillant du drap et la coupe des manches sentaient d'une lieue l'hyménée. Il se tint quelques minutes dans une pose extatique en présence de la belle enfant, et tout en mourant de peur, il lui jeta ces mots qui, bien qu'assez obscurs, furent trouvés fort clairs :

« Mademoiselle !... je... venais... »

Fidès fit un signe de tête, lui tendit la main et on entama les pourparlers relatifs à la fixation de l'époque des épousailles.

CHAPITRE DOUZIÈME

Le mariage civil

Il en est un peu des mariages comme des conférences diplomatiques. Le premier jour, tous les plénipotentiaires sont d'accord. Puis, à la discussion des articles, les difficultés commencent. Tout alla comme sur des rails jusqu'au moment où se posa forcément la question de la cérémonie nuptiale. Il fallut expliquer à Fidès en quoi consistait l'institution du mariage civil. Et quand on le lui eût expliqué, elle n'en fut pas plus instruite.

« Oui, dit-elle, mais quel besoin a-t-on d'aller à la mairie, puisqu'il y a l'église ? »

Savaron essaya alors de lui faire comprendre que, dans une union purement civile, il n'y avait pas d'église.

« Ah ! c'est le prêtre qui se rend à la mairie ! » fit-elle.

On lui donna à entendre qu'il n'y avait pas de prêtre.

« Comment ! pas de prêtre ? dit-elle, croyant qu'on se moquait de son jeune âge. Mais puisque le mariage est un sacrement! Vous savez bien que les prêtres seuls peuvent administrer les sacrements. »

Autre démonstration tendant à lui prouver que c'était précisément le clergé qui avait eu l'idée à la fois ingénieuse et cocasse de qualifier sacrement un acte que les animaux accomplissaient dans les mêmes conditions que nous, sur toute la surface du globe.

Mais elle n'écoutait même pas. Lui proposer de se marier sans passer par l'église, c'était comme si on l'invitait à se promener en chemise dans les rues. Puis, tout à coup, elle se suspendit à cette idée comme à une branche de salut :

« Jamais, réfléchit-elle, M. l'aumônier ne m'autorisera à accepter cette condition qui me fermerait éternellement les portes du ciel. Le projet de mariage sera infailliblement rompu et je rentrerai au couvent; à moins que je n'épouse M. Camille, ce qui diminuerait dans une certaine mesure la cruauté du sacrifice. »

Elle couva pendant quarante-uit heures le radieux espoir d'échapper aux serres de Boutreux, qu'elle comparait volontiers à un vautour, mais pas à cause de sa calvitie.

Quand elle courut au couvent rendre compte de la nouvelle obligation qu'on imposait à sa dévotion rigide, la mère Sainte-Olympie faillit aller quérir des cendres à la cuisine, afin de s'en couvrir en signe de deuil.

« C'est un grand malheur, ma fille, lui dit-elle, que Dieu ne vous ait pas rappelée à lui quand vous étiez encore parmi nous. Votre place là-haut était assurée... tandis que maintenant... »

Et, se tournant vers l'abbé, elle l'interpella directement :

« Je vous l'avais prédit, monsieur l'aumônier, qu'on ne pouvait pas marier l'enfer avec le ciel. Vous voyez dans quels abîmes l'atroce Boutreux voulait entraîner notre jeune sœur. J'espère qu'aujourd'hui vos yeux sont complétement dessillés à cet égard.

— Pourquoi? répondit l'abbé. Je n'ai jamais espéré que l'athée, auteur de *Table rase*, ferait litière en un jour des prédications de toute sa vie. On peut revenir sur un mariage civil et au bout d'un an, deux ans, dix ans, s'il faut attendre ce temps-là, le faire consacrer par l'Eglise. Notre victoire n'en serait que plus complète et plus décisive. Allez, mon enfant, et ne vous inquiétez pas des ronces qui peuvent se dresser sur votre chemin.

La branche cassait. Fidès, abattue et résignée, revint déclarer à son tuteur qu'elle se soumettait à tous les articles du programme. Sa condamnation étant irrévocable, elle renonçait à rédiger un recours en grâce.

— Eh bien, dit Savaron à Boutreux. Prétendrez-vous encore que je ne connais pas les femmes? Elle a cédé, parce qu'elle vous aime. Quand on aime, est-ce qu'on ne cède pas toujours?

Un mouvement considérable se produisit autour des fiançailles de l'astronome. On en jasa beaucoup et on en rit un peu dans le quartier latin. On s'en préoccupa rue Cassette et rue des Postes. Une feuille de haute charité catholique consacra à cet événement l'entrefilet ci-dessous, qui parut en première page, en neuf interligné, c'est-à-dire de façon à tirer vigoureusement l'œil du lecteur :

« L'auteur scélérat de tant d'œuvres immondes, l'illustre Boutreux, comme on l'appelle dans les brasseries et dans les cliniques, épouse prochainement, dit-on, la fille d'un ingénieur. On sait, du reste, que les ingénieurs, comme les astronomes, se font forts de remplacer Dieu par des calculs algébriques. *Asinus asinum fricat*. Le mariage est civil, naturellement. Ceux qui demandent à être enfouis comme des chiens ne se marient pas comme des hommes, ils s'accouplent comme des bêtes. »

Il est rare qu'un homme croie à son exécution avant d'avoir vu de ses yeux la guillotine lui tendre ses bras rouges. Fidès ne commença à entrevoir la réalité de son union avec Boutreux qu'en présence de la couturière qui venait lui essayer sa robe de noce, et devant les draps, les douzaines de serviettes et les nappes damassées de son trousseau. La cérémonie devait avoir lieu, à la première heure, dans une salle de la mairie des Batignolles. Cette mesure de discrétion préventive n'empêcha pas que le matin du grand jour les abords du rez-de-chaussée de la rue des Dames ne fussent encombrés d'une foule disparate, composée de ces gens que vous ne connaissez pas, qui suivent toutes les pistes et semblent lire à la quatrième page des journaux les publications matrimoniales, afin d'aller à domicile regarder les conjoints monter en voiture.

Il avait été décidé qu'on enverrait les billets de faire part seulement quand tout serait consommé, mais il est à peu près impossible d'écarter les curieux qui s'invitent eux-mêmes. Quand Fidès, pâle d'une tout autre pâleur qu'au moment où elle avait épousé Jésus-Christ dans la chapelle du couvent, pénétra, au bras de son tuteur, sous la voûte du bâtiment municipal, elle entendit distinctement un gamin demander à son camarade :

« Où est donc le mari ?

Et le camarade lui répondre, en désignant Boutreux tout flambant neuf :

« C'est ce vieux là, crois-tu, mon cher ? »

A quoi le gamin répliqua par ce mot dont elle ne saisit pas nettement le sens.

« Ah ! bien, son compte est bon. »

Elle portait une toilette mixte, en soie blanche ; jupe à traîne et longue pèlerine bordée de cygne. Sa coiffure tenait du bonnet par les barbes, de la couronne par les fleurs d'oranger et du chapeau par les fils de laiton. Quand l'adjoint commença en ces termes la lecture de l'acte :

« Devant nous, ont comparu Claude-Anselme Boutreux, fils MAJEUR de Pierre Frédéric Boutreux,... »

il y eut un susurrum joyeux dans la salle. Elle répondit à la question suprême par un « oui » sourd et confus comme celui d'une pénitente à cette demande de son confesseur :

« N'avez-vous pas quelquefois travaillé le dimanche ? »

Puis les époux signèrent, les témoins signèrent, Savaron signa ; l'adjoint ferma son registre, qu'il posa sur une tablette avec le bruit d'une pierre qu'on rabat sur une tombe. Boutreux et sa femme partirent pour Fontainebleau par le train de l'après-midi, tandis que le lientenant reprenait de son pied houleux la route des Batignolles, tout en se répétant avec des claquements de la langue :

« Me voilà tranquille maintenant, les curés ne l'auront pas. »

CHAPITRE TREIZIÈME

La nuit de Valpurgis

Le coupé d'un train express, est ce qu'on peut imaginer de moins favorable aux premiers roucoulements de l'amour heureux. La trépidation du wagon, le grincement des roues et les sifflements de la locomotive suffiraient à changer un tendre dialogue en une série de hoquets inexpressibles. Boutreux, pendant les soixante-quinze minutes du parcours, n'affirme ses droits que par des serrements de mains que Fidès subissait avec un sourire éteint. Dans sa dangereuse ignorance des mystères du mariage, elle s'imagina d'abord qu'un baiser sur son gant était la plus cruelle épreuve que son état pût lui imposer. Les mères, tout en gardant l'innocence de leurs filles acceptent, dans certaines circonstances, la mission de l'éclairer. La mort prématurée de Mme Morandeau avait privé Fidès de ces éclaircissements. Aussi avançait-elle dans une sécurité relative vers le but du « petit voyage » dont la première étape avait été fixée d'avance.

Un appartement retenu télégraphiquement les attendait dans le meilleur hôtel de Fontainebleau. On était au cœur de l'hiver, et la maison sans voyageurs prêtait de vastes solitudes à l'échange de leurs sensations. La chambre qui allait devenir nuptiale étalait, au milieu d'un luxe de lavabos, un lit énorme dont les rideaux en reps vert avaient vraisemblablement abrité déjà quelques premières nuits de noce. Cette habitude, toute parisienne d'aller nouer chez des étrangers des relations intimes avec celle qu'on a choisie, pour compagne de sa vie, est, bien qu'invétérée, tout à fait répugnante. Le mariage est par lui-même un mélange tellement réfrigérant qu'il semble au moins inutile de chercher à le refroidir encore.

Quand, après un dîner où ils se firent mutuellement la remarque qu'ils ne mangeaient rien, ils remontèrent dans le petit salon ouvrant sur la chambre à coucher, et garni de ces meubles en velours plucheux qu'on pourrait appeler velours d'hôtel, l'épousée fut surprise et instinctivement effarouchée par un redoublement de démonstrations tendres. Elle jeta les yeux autour d'elle, puis demanda d'une voix placide :

— Est-ce que vous voulez bien sonner la bonne pour qu'elle vienne me faire un lit dans le salon?

— Comment ! fit Boutreux ; mais la chambre qui est là...

— Oui, elle est pour vous. Le lit est trop bon pour moi. Depuis que j'ai passé un an au couvent, je ne dors bien que sur la dure.

Elle mit dans ces mots une telle candeur, que Boutreux devina subitement à quelle Agnès il avait affaire. Il prévit un terrible cap à doubler. Timide et inexpérimenté comme il l'était, il ne savait par quelle lettre il commencerait à lui faire épeler l'alphabet conjugal. Il n'aurait jamais osé lui réciter la *Physiologie du Mariage*, qu'il n'avait d'ailleurs pas lue. Puisqu'on ne pouvait compter sur le raisonnement, il fallait essayer de la surprise. Il répondit :

« Je ne souffrirai pas que vous passiez la nuit ici, ma chère femme. C'est vous qui irez dormir dans le grand lit. Quant à moi, je m'étendrai sur ce canapé. J'y serai comme un roi. »

Fidès résista un instant et, finalement accepta le troc. Elle tendit le front à Boutreux, que tant d'ingénuité rendait tremblant d'amour, entra chez elle, défit lentement, et pièce à pièce, la toilette de soie blanche qu'elle avait gardée toute la journée, la plia soigneusement pour la serrer dans sa malle, d'où elle tira un costume de voyage, chiné noir et gris; puis après une longue prière, où elle demanda à Dieu s'il était content de sa servante, elle se mit au lit, toute brisée de la fatigue et toute pleine des émotions de la journée.

Elle sommeillait déjà, bien que sa bougie brûlât encore dans le chandelier de cuivre à coulisse, quand elle poussa tout à coup un grand cri. En entr'ouvrant une dernière fois les yeux, elle venait de distinguer un homme qui, dissimulé dans les profondeurs de la chambre, était penché sur sa malle qu'il essayait probablement de fracturer.

Cet homme, c'était son mari, qui, dans un déshabillé nocturne, avait franchi le seuil du salon et cher-

9.

chait un foulard pour sa tête avant de la poser sur l'oreiller où s'épanouissait celle de sa séduisante épouse.

— Monsieur Boutreux! fit-elle d'une voix étranglée en se dressant sur son coude. Êtes-vous là? Au secours, monsieur Boutreux!

Boutreux, qui s'était relevé, marchait vers le lit d'un air aimable pour dissiper ce quiproquo. Mais, plus il avançait, plus la terreur de Fidès s'accentuait. L'homme, en effet, qui lui souriait, ne ressemblait en rien à celui qu'elle avait épousé le matin. Elle vit luire dans la pénombre un crâne rose et poli comme l'acier des timbres qui servent à appeler les domestiques. Le nez et le menton se rejoignaient pareils à deux tisons rapprochés par une pincette habile. Les joues pendaient avec des plis de linges mouillés. Elle regarda fixement de ses deux yeux devenus fous cette apparition et recula jusque dans la ruelle. Boutreux ouvrit la bouche pour lui dire :

« — Ne craignez rien, c'est moi. »

Un sifflement intraduisible répondit seul aux efforts du nouveau marié, qui montra alors à vide des gencives nues et sanguinolentes. Il n'avait de passable que ses dents et, en le reconnaissant tout à coup, Fidès venait de constater qu'elles n'étaient pas à lui. Elle les aperçut, macérant déjà pour la nuit dans un verre placé sur la commode. A l'instar de ces montres en aluminium qui vous font le tour du cadran en moins de cinq quarts d'heure, Boutreux n'avait pas mis dix minutes à vieillir de dix ans.

On n'amuse pas longtemps des femmes avec de l'esprit, a écrit Chamfort. On ne les séduit guère plus longtemps avec de la gloire. Boutreux, à cette heure sombre et dans ce péril flagrant, n'était pour elle qu'une tête chauve et une bouche démeublée. Cette calvitie et cet édentage allaient à jamais constituer le pain quotidien de ce cœur de dix-neuf ans.

Et quelle lutte quand elle apprit au juste ce qu'il lui en coûterait pour avoir renoncé à son vœu de chasteté ! Sûr de l'amour si obstiné de cette femme adorable, le savant s'inquiétait médiocrement de sa résistance désespérée, et prenait pour les alarmes de la pudeur les nausées du dégoût. A un moment, elle se laissa glisser hors du lit pour aller tomber à genoux au milieu de la chambre, les bras tendus vers Dieu, et, s'adressant à la conscience de l'abbé Boissonnet qui, à quinze lieues de là, dormait sur les deux oreilles, tout fier de la besogne qu'il avait faite, elle murmura :

« Non ! c'est trop ! Je ne savais pas ! Si j'avais su... oh ! c'est horrible ! »

Elle attendit un instant que le plafond s'entr'ouvrit et que son ange gardien vint l'arracher de cet antre. Mais tous les Daniels ne se retirent pas sains et saufs de la fosse aux lions, surtout quand ces lions sont des hommes et que, comme Boutreux, ils ont un genou pour toute crinière.

Elle se défendit, hurla presque, pleura abondamment, courut plusieurs fois à la porte pour appeler la bonne de l'hôtel, puis se résigna. Elle égréna alors silencieusement le chapelet des souillures corporelles, qu'elle offrait à son Sauveur avec la même frénésie dévote que l'eau putréfiée dont sainte Élisabeth de Hongrie lui faisait hommage, avant d'y porter ses lèvres. Seulement, sainte Élisabeth ne s'était permis qu'une seule fois cette petite débauche. Les débauches que les élans passionnés de Boutreux semblaient devoir lui réserver lui apparaissaient comme bien autrement douloureuses, par leur nature d'abord, par leur périodicité ensuite.

Pendant les huit jours qu'elle passa à Fontainebleau, tantôt au bras, tantôt dans les bras de son heureux époux, elle n'eut qu'une pensée : vaincre l'horreur que lui inspirait son nouvel état. Peut-être y serait-elle parvenue si elle avait distingué plus nettement le but de cette union disproportionnée. Mais quel bénéfice pouvait en espérer la religion? Comment l'abbé avait-il supposé que ses raisonnements à elle, simple novice d'un couvent cloîtré, allaient triompher d'un scepticisme aussi invétéré que celui du célèbre Boutreux? Deux ou trois fois, au retour d'une visite au château ou d'une promenade en forêt, elle tenta de mêler Jésus-Christ à leur bonheur. Mais ces tentatives avaient ordinairement pour unique résultat quelques blasphèmes de plus.

« Tu auras beau faire, ma chère petite femme, lui disait Boutreux en se serrant amoureusement contre elle, ton Jésus est un type manqué. Si j'avais été chargé d'inventer une religion, j'aurais voulu trouver autre chose. Il n'y a guère dans l'histoire de martyr aussi peu intéressant. Il n'a langui dans aucun cachot avant d'aller au supplice. C'est dans un beau jardin planté d'oliviers qu'il a fait sa prison préventive. Il n'avait pas d'enfants, dont l'avenir eût pu le préoccuper à son dernier soupir. Parlez-moi de la mort affreuse de Danton, laissant après lui une veuve de dix-sept ans, qu'il avait épousée six semaines avant d'être envoyé à la Conciergerie. On gémit depuis dix-huit cents et tant d'années à propos de la couronne d'épines qu'un mauvais plaisant a posée sur la tête du Christ. Parbleu, voilà-t-il pas? J'ai vu il n'y a pas longtemps des hommes à qui l'on a fait bien autre chose avant de les fusiller. Il n'a même pas su aller au-devant de la mort, comme Régulus, ou résister, comme Latréaumont, aux archers qui venaient l'arrêter. Il s'est contenté de geindre toute une nuit, comme une femme en couches. Figure incomplète, personnage raté », ajoutait-il avec le sang-froid d'un critique de théâtre qui juge une comédie de mœurs.

CHAPITRE QUATORZIÈME

Donnant donnant

C'est seulement quand le couple, de retour à Paris, fut définitivement installé dans le logement de la rue d'Enfer, aménagé pour une nouvelle locataire, que Fidès fut mise par l'abbé Boissonnet au courant de ce qu'il attendait d'elle. Il n'était jamais entré dans les projets du prêtre que sa jeune et timide émissaire pût prendre position chez l'ennemi au moyen de la persuasion. Il n'avait songé qu'à le faire capituler par les sens. Il s'en expliqua avec Fidès en des termes précis et brutaux qui la bouleversèrent. Ce n'étaient pas, comme à la quatrième page des journaux, des « conseils aux hommes affaiblis », mais des conseils pour un homme à affaiblir. Il fallait que la possession d'une femme comme il n'en avait pas encore rencontrée sur sa route astronomique, l'absorbât tout entier et amenât insensiblement cet Hercule de l'athéisme à filer depuis le matin jusqu'au... matin aux pieds de cette Omphale chrétienne.

L'ex-pensionnaire du couvent de Saint-Magloire s'était plu à arranger pour elle, à côté de la chambre nuptiale, un cabinet de toilette, où elle avait fait rouler un lit de fer étroit mais dur, et disposer des emblèmes qui avaient changé la pièce en une sorte de retraite calquée sur son ancienne cellule. C'est là qu'elle allait, tous les jours, passer quelques heures de son existence en partie double. Du déjeuner au dîner, elle redevenait sœur Sainte-Euphrosine. Le reste du temps, elle était Mme Boutreux. Ce jeu de bascule ressemblait quelque peu, du reste, à la vie des chartreux, qui, en pleine méditation, se lèvent tout à coup pour courir au laboratoire remettre du sucre dans la liqueur qu'ils fabriquent, et qui sert à griser l'humanité.

L'astronome, après une interruption parfaitement justifiée, s'était remis à *Table rase*, et comme un soir il travaillait, assis devant son bureau, à la refonte d'un chapitre, tandis qu'à la lueur de sa lampe Fidès brodait au plumetis un mouchoir pour une vente de charité, il crut voir passer sur le front de sa femme chérie des effluves de tristesse.

— Comme tu es muette et mélancolique ! lui fit-il remarquer.

Elle ne répondit pas et redoubla de coups d'aiguille.

— Ah ça, mais tu as tout à fait l'air de me cacher un gros chagrin.

Il songea alors au prochain départ de Savaron, qui devait reprendre la mer à quinze jours de là.

— Est-ce l'embarquement de ton parrain qui te peine ?

Elle remua la tête de droite à gauche, signe de dénégation qui signifiait : Cherche !

Boutreux pensa qu'elle s'affligeait du peu d'espoir qui pouvait lui rester d'avoir un enfant. Il allait lui faire observer qu'étant mariée depuis à peine deux mois, elle était singulièrement pressée, quand elle provoqua elle-même un éclat par ce mot enveloppé dans un soupir :

« C'est vrai ! Je ne suis pas heureuse ! »

Boutreux, effrayé, se prépara à recevoir quelque révélation inquiétante. Les feuillets imprimés qu'il remaniait se brouillèrent dans ses doigts. Il regarda Fidès avec angoisse.

— Pas heureuse ! dit-il. Que te manque-t-il ? Parle ! Est-ce que je ne suis pas là ?

— Pas heureuse, reprit-elle. Non content de m'empêcher d'accomplir mes devoirs religieux, vous me forcez à entendre constamment des propos atroces contre l'Eglise et contre les prêtres. Vous voulez savoir ce qui empoisonne mon bonheur, vous le savez.

— Si ce n'est que cela, il n'y a pas grand mal, fit Boutreux soulagé et riant de tout son cœur.

— Oui, mais si vous deviez continuer à me tourmenter ainsi, je sens que je ne vous aimerais plus du tout.

— Voyez-vous, ces maudites religions, elles amènent la guerre non-seulement entre les peuples, mais dans les ménages, répliqua l'astronome, sans paraître comprendre qu'il envenimait la discussion.

Fidès n'objecta rien. Quand arriva l'heure du sommeil, elle se déshabilla lentement, chastement, se coula entre les draps et s'y étendit avec la froideur cadavérique de la reine des Willis rentrant dans son sépulcre.

Boutreux l'y suivit de près et voulut être tendre. Il rencontra des résistances aussi énergiques qu'inattendues. Il sollicita, il s'humilia. On fut inflexible.

« Vous m'avez fâchée, lui dit-elle, et maintenant, chaque fois que vous me fâcherez, ce sera comme ça. »

Il protesta de ses intentions conciliantes, et finit par demander pardon de tout ce qui aurait pu lui échapper involontairement de contrariant pour elle. Elle continua à faire la sourde oreille. Comme à la fin cependant, il avançait dans ses entreprises, elle le repoussa plus faiblement.

« Eh bien! oui, fit-elle, mais à une condition expresse.

— Je l'accepte d'avance, répondit chaleureusement Boutreux.

— Vous reconnaîtrez que Jésus-Christ est Dieu. »

Boutreux était préparé à tout, excepté à une exigence de cette nature.

Elle calma tant soit peu ses ardeurs.

— Ça, par exemple, c'est trop fort! s'écria-t-il ; tu choisis bien tes moments pour causer théologie.

— C'est possible ; mais puisque vous refusez de déclarer que Jésus-Christ est Dieu, moi je refuse de vous écouter.

— Sais-tu ce que tu fais là, Fidès? Du chantage, tout simplement. A quoi ça te servira-t-il quand tu m'auras fait faire, par amour pour toi, un aveu que je retirerai demain matin?

— N'importe, c'est une satisfaction à laquelle je tiens. Vous ne voulez pas ? Alors, bonne nuit.

— Bonne nuit ! dit Boutreux en prenant le parti de lui tourner le dos. Tu as des idées vraiment trop fantaisistes !

Cette dispute du Saint-Sacrement dura une semaine entière. Elle refusa toute concession tant que son mari n'aurait pas courbé le dos sous les fourches caudines de ses exigences. Boutreux souffrait le martyre. La possession inespérée d'une telle femme avait éveillé en lui les appétits nouveaux d'un homme qui, invité à un repas succulent, après une longue diète, se jette sur tous les plats et... en redemande. Le cloître développe des intuitions féroces. Fidès avait fini par exceller dans l'art de la torture. Elle se dépensait en coquetteries jusqu'à ce qu'il en arrivât à solliciter à mains jointes une aumône, dont elle se défendait alors avec rudesse. La grappe de raisin mythologique ne se conduisait pas autrement à l'égard de Tantale.

Le huitième soir, il vit danser des bluettes devant ses yeux.

« Pourquoi es-tu comme ça avec moi ? Tu ne m'aimes donc plus du tout ? » lui demanda-t-il tout penaud.

Elle lui répondit :

« C'est parce que je vous aime que je suis inquiète. Dites-moi que Jésus-Christ est Dieu, et je serai tranquillisée. S'il n'est pas Dieu, vous ne pouvez rien y perdre ; tandis que s'il l'est, je suis sûre qu'il vous tiendra compte de votre bonne volonté.

— C'est-à-dire que tu me conseilles de faire comme ces joueurs qui jouent des deux côtés.

— D'ailleurs, si vous aviez pour moi un peu d'affection, vous ne me refuseriez pas plus ça qu'un cachemire ou une paire de boutons de manchettes. »

Il l'avait attirée peu à peu jusque sur ses genoux et l'y faisait sauter, tout en la maintenant en équilibre de son bras droit, qui lui entourait la taille.

Ses beaux cheveux, en se secouant, jetaient au visage de Boutreux enivré des parfums d'iris. Il lui dit d'une voix étranglée par le désir :

« Des cachemires, mon adorée, tant que tu voudras. Tu le sais bien.

— Non, fit-elle. D'abord, on n'en porte plus. Mais répétez seulement après moi : Jésus-Christ est Dieu! et vous verrez comme je serai bonne pour vous.

— Mais...

— Tout bas... dites-le moi tout bas. Je vous promets que ça suffira.

— Et tu changeras de façons avec moi?

— Puisque je m'y engage! »

Elle approcha son oreille à portée de sa bouche. Il y colla un baiser et y glissa la phrase requise.

« Ah! que je t'aime, mon petit mari! » s'écriat-elle, en se laissant tomber sur la poitrine de Boutreux qu'elle venait de tutoyer pour la première fois.

Cependant, avec un flair ecclésiastique, elle devina qu'elle ne remporterait aucune victoire sérieuse et publique, tant que son tuteur n'aurait pas repris la mer. La surveillance de ce coreligionnaire arrêterait constamment Boutreux dans la voie des capitulations de conscience. Elle salua donc comme un heureux événement le départ de cet homme qui l'avait étreinte dix-neuf ans dans une tendresse passionnée; qui, pour épargner huit jours de fièvre à sa Fidès, se fût avec joie laissé couper une jambe; qui eût mendié pour elle et se fût privé de fumer afin de pouvoir lui acheter un manteau de fourrure. Mais les seuls miracles qu'aient encore enfantés les religions basées sur le détachement absolu des choses de la terre, sont des miracles d'injustice et d'ingratitude. Aimer son enfant est pour une mère la suprême volupté. Or, le catholicisme interdit toute volupté qui n'a pas Dieu pour objet. Donc la véritable mère, selon l'Eglise, est celle qui n'aime pas son enfant.

Sevaron quitta sa filleule le cœur gros, mais l'âme calme. Il n'était pas à la hauteur du cap Finistère, qu'elle se plaignit à son mari d'être obligée de se rendre seule à la messe, le dimanche. Ce n'était pas du tout comme il faut. On avait l'air d'une aventurière qui cherche à se faire voir plutôt que d'une femme qui va prier Dieu. Et puis, courir les rues si matin, c'était presque suspect.

« Est-ce que, lui dit-elle, tu ne pourrais pas m'accompagner de temps à autre ? Toutes les dames que je rencontre allant à la messe, ont avec elles quelqu'un pour les y conduire.

— Prends la bonne.

— C'est le bon moyen de se faire suivre dans la rue. Il me semble que rien ne t'empêche pas de me mener jusqu'à Saint-Sulpice,

— Ah ! bien ! se récria Boutreux, ce serait du joli. Les journaux dévots raconteraient le lendemain à leurs lecteurs que j'y suis venu pour voler les saints ciboires.

— Aussi, insista Fidès, n'ai-je jamais eu l'idée de te demander d'y entrer. Tu resterais sur le portail, et je te reprendrais en sortant.

— Tu es superbe de sang-froid. Et s'il pleut ? Je serai donc obligé de me réfugier dans l'église ou de me laisser tremper pendant une heure ?

Quinze jours après cette requête, qui n'avait pas abouti, Fidès rentra, vers midi, dans un état d'agitation voisin d'une attaque de nerfs. Elle revenait du service divin quand, narra-t-elle avec des étouffements convulsifs, elle avait été insultée par un jeune homme qui, depuis la place Saint-Sulpice jusqu'à la rue d'Enfer, lui avait débité les galanteries les plus inconvenantes. Il lui avait impudemment répété qu'elle était jolie comme « un petit cœur, » qu'il la connaissait depuis longtemps, qu'il la regardait, tous les dimanches, passer sous ses fenêtres « sans personne, » et qu'il ne pouvait pas tolérer qu'une aussi charmante dame n'eût pas seulement un cavalier pour la protéger ; qu'en conséquence, il s'offrait pour remplir ce rôle flatteur, etc., etc.

Elle ajouta qu'il avait perdu toute pudeur au point d'essayer de lui prendre le bras dans la rue, bien qu'elle n'eût répondu à ses offres qu'en doublant le pas.

« C'est affreux ! c'est épouvantable ! que faire ! Si je ne peux plus sortir, maintenant...

— C'est vrai, pourquoi ne prends-tu pas une voiture ?

— Une voiture ! vous savez bien qu'on n'en trouve jamais le dimanche. Je manquerais la messe huit fois sur dix. Et puis, c'est à pied qu'on doit se rendre au service divin. Jésus-Christ n'a pas pris une voiture pour monter au Golgotha.

Et, le soir même, elle se retira, pour y passer la nuit, dans le cabinet de toilette, transformé en cellule, ou plutôt en maquis, d'où elle se réservait de brayer à son aise la justice conjugale.

« Les impertinences de ce monsieur, qui m'a poursuivie jusqu'ici, m'ont donné une fièvre atroce. Je t'empêcherais de dormir. A demain, mon ami. »

Boutreux se releva dix fois en huit heures pour aller lui demander, à travers la porte, si elle se sentait plus mal. Elle répondit par des gémissements plus inquiétants qu'une plainte nettement formulée. De temps en temps, elle imposait silence à ses douleurs pour lui dire :

« Va te recoucher; tu vas prendre froid. C'est bien assez d'une malade dans la maison. »

L'astronome, au comble de l'effroi, réfléchit qu'une seconde rencontre de cette nature offrait des chances d'amener le tétanos. Il ne vit d'ailleurs aucun inconvénient sérieux pour lui à conduire sa femme le dimanche suivant jusqu'à la porte de l'église, quitte à s'en retourner immédiatement. Fidès lui avait parlé d'une dame âgée et distinguée au possible, qui entendait généralement la messe à côté d'elle. Leurs deux chaises se touchaient. De ce voisinage étaient sorties des confidences, presque des relations. Cette dévote était mère d'un jeune homme charmant, refusé trois fois au baccalauréat, mais qui, profondément catholique et anti-républicain, avait naturellement obtenu, sous la République, une très-bonne place à la Cour des comptes.

A tant d'avantages cette dame unissait celui de demeurer dans le quartier du Luxembourg. Boutreux se dit que cette tendre mère consentirait volontiers à prêter pour le retour de l'office son matronage à Fidès. Cette combinaison conciliait tout. L'hérétique, en l'honneur de qui on sonnait le tocsin quelques mois auparavant, offrit donc un matin le bras à sa femme pour la mener jusqu'au saint portique. Fidès, encombrée par son ombrelle qu'il fallait tenir, par sa robe qu'il fallait relever et par ces mille inutilités indispensables que les femmes ont toujours avec elles et dont elles ne se servent jamais, pria son mari de lui porter son livre de messe. Ce paroissien sortait de la maison Bizouard ; volumineux et doré sur tranches, avec couverture en chagrin noir repoussé, il exhibait hors de ses pages une variété de ces petites faveurs roses, bleues, vertes qu'on appelle des signets et qui, placés comme des points de repère entre les feuilles, empêchent les personnes pieuses de suivre les prières du baptême sur celles des agonisants.

Aussi gesticuleur que distrait, Boutreux, tout en discourant aux côtés de Fidès, agitait ces banderolles diaprées, au point d'en épousseter parfois les passants. En se séparant d'elle, à la porte de l'église Saint-Sulpice, il lui remit le précieux livre et profita de cette sortie matinale pour aller visiter à l'Observatoire un nouveau télescope, fabriqué spécialement en vue du prochain passage de Vénus sur le soleil.

Le soir de ce jour férié, comme il partageait à la fin du dîner, une poire duchesse avec Fidès qui s'était rarement montrée plus tendre, le concierge monta un journal qu'une main inconnue avait glissé par l'entre-bâillement du vasistas de la loge. C'était la même feuille qui avait relaté quelque temps auparavant « l'accouplement civil » de l'auteur de *Table rase*.

Sous ce titre :

UNE CONVERSION

flamboyait en première page un article de deux colonnes, lequel disait en substance :

« Ce matin, vers dix heures, une foule édifiée a pu voir, longeant les trottoirs de la rue du Dragon, l'illustre Boutreux, qui se rendait où ? Nous vous le donnons en cent. A l'église Saint-Sulpice pour y entendre la messe avec madame Boutreux, sa jeune épouse. Afin que personne n'en ignorât, il tenait religieusement à la main un livre d'heures dont nous pourrions au besoin décrire la reliure.

« En mettant l'athéisme au défi de nier le fait, nous devons déclarer ici qu'il ne nous surprend pas. Depuis longtemps, nous savons que certains hommes font commerce de leurs attaques contre l'Eglise, mais qu'ils n'ont qu'une médiocre confiance dans la qualité de la marchandise qu'ils débitent. On insulte Dieu et on nie son existence, parce que le métier rapporte, et on s'adresse à lui dans les moments d'épreuve, parce que seul il console et fortifie. Qui donc, après ce saisissant exemple, osera contester la vérité et la grandeur d'une religion qui force ses destructeurs les plus acharnés à se prosterner devant elle ? »

Boutreux demeura stupide. L'organe ultramontain

qui paraissait dans l'après-midi, et ne se faisait aucun scrupule de damner ses typographes en les forçant à travailler le dimanche, avait, en moins de quatre heures, connu, rédigé et publié son itinéraire de la rue d'Enfer à Saint-Sulpice. Il se rappela alors l'imprudence qu'il avait commise en arborant le malencontreux missel.

« Hein? dit-il à sa femme en lui passant l'article. Que t'avais-je annoncé? On ne m'accuse pas d'avoir volé les vases sacrés, mais on me félicite d'aller aux offices avec un bréviaire sous le bras. C'est cent fois pis. »

— Il n'y a point de ma faute, répliqua Fidès. Je t'avais prié de porter mon ombrelle. C'est toi qui as voulu le livre de messe. Tu as prétendu que c'était moins embarrassant. »

L'astronome n'avait rien prétendu de pareil. Mais lui, qui oubliait tout, et qui s'était plaint un jour au facteur que l'almanach ne marquait pas les siècles, accepta sans contestation cette version apocryche. Cent cinquante journaux de province reproduisirent l'article de la feuille parisienne. Il aurait pu, à la rigueur, y opposer un démenti ; mais raconter dans les gazettes qu'il accompagnait sa femme jusqu'à la porte de l'église, afin de lui éviter le désagrément d'être suivie dans la rue par des étudiants, eût provoqué des hilarités sans nombre.

Ensuite, il se sentait fort de sa conscience, ce qui est quelquefois insuffisant, notre conscience à nous n'étant pas celle des autres. C'est pourquoi, au milieu de la désespérance provoquée par l'avènement de l'ordre moral et les défections qui suivirent, on entendit circuler, dans plusieurs quartiers spéciaux, ce cri de découragement :

« Est-ce qu'il va aussi lâcher pied, celui-là ? »

CHAPITRE QUINZIÈME

La part de l'imprévu

Camille avait été déchiré, mais non surpris, par la mise à pied que lui avait annoncée Savaron. Il n'eut pas un instant la pensée d'accuser Boutreux de trahison. C'est lui-même qu'il accusait de maladresse. Quand on est un ver de terre, prendre un aigle pour ambassadeur, c'était s'exposer bénévolement à ce qui était arrivé en effet. La passion délirante que l'astronome avait subitement allumée dans le cœur d'une jeune fille aussi riche que séduisante et distinguée, avait défrayé nombre de conversations. Disciple de Boutreux, il avait voué à son maître une admiration sans limites. Il l'immatérialisait au point de le trouver, même plastiquement, très supérieur aux hommes qui comme Antinoüs, Orloff ou Potemkin ont vécu de leur beauté.

Il s'expliquait donc sans le moindre effort, la préférence que Fidès avait accordée à ce génie sur un pauvre hère, qui avait pour tout agrément l'audacieuse prétention d'obtenir sa main. Et non-seulement il ne désapprouvait pas le choix de Mlle Morandeau, mais il excusait, glorifiait presque la conduite de Boutreux interrompant ses puissants travaux pour accueillir, avec sa bonté ordinaire, ce jeune cœur qui s'était si résolûment donné à lui.

Le modeste Grébert n'était que plus navré du dénoûment inattendu de ses premières espérances. Son amour et son amour-propre étaient également restés sur le carreau. Cependant, il ne s'en prit qu'à sa folle ambition, et, loin de récriminer, il eût volontiers fait présenter ses excuses à Fidès, pour les rêveries où il s'était quelque temps égaré. Malheureusement, placer une statue sur un piédestal est un singulier moyen pour l'ôter de sa vue. Il ne pouvait oublier le déjeuner rue d'Enfer, la chute dans l'escalier, la foulure qu'il avait bassinée avec tant d'onction, puis les soirées subséquentes qu'il avait passées auprès d'elle, avec le titre quasi-officiel de fiancé. Tous ces souvenirs s'amoncelaient dans son cerveau, y sommeillaient plusieurs jours, puis, pareils à une nuée d'oiseaux troublés par quelque coup de feu, s'envolaient subitement, l'aveuglant de coups d'ailes et tourbillonnant pendant des journées autour de son front, avant de rentrer dans leurs nids pour s'y rendormir.

Cette somnolence s'était prolongée pendant tout le temps de son séjour à Bordeaux, au point qu'il prit ce calme rassurant pour l'immobilité d'une passion défunte. Mais, en fait d'amour, l'éloignement a les mêmes propriétés que le caoutchouc. Dès que la main qui tire le fil le laisse échapper, l'espace d'un éclair, il revient à son point de départ, avec d'autant plus de violence qu'il était plus tendu. Un soir, il s'embarqua pour Paris, « à cause de ses cours, » dit-il à sa mère, qu'il laissa en tête-à-tête avec le notaire chargé du dossier de la succession.

Il n'avait lu que les feuilles de la localité, et ne croyait pas Fidès déjà légalement unie à Boutreux. Un pressentiment lui disait qu'une difficulté de la dernière heure allait rendre à sa propre candidature quelque chance de réussite.

A la descente du train, le premier étudiant qu'il rencontra lui apprit que le mariage était consommé depuis trois jours. Encore plus confiant que le personnage de Racine, il n'avait pas su prévoir les malheurs de si près.

Il avait, à la mort de sa tante, envoyé sa démission d'aide-préparateur de physique au Collége de France, ce qui lui permettait de consacrer à ses regrets plus de temps que peut-être il n'aurait désiré. Il pleurait sur sa rupture forcée avec son illustre maître et il lui eût été extrêmement pénible de le rencontrer. Il aurait exécuté les plus brillants tours de force dans le but de revoir Fidès, et il se serait enfui à fond de train si le hasard l'avait mis en face d'elle. Sa démence téméraire, qu'il maudissait dix fois par jour, lui avait ainsi créé une situation dont il devenait très difficile de sortir. Aussi n'en sortait-il pas.

Mais il demeurait sur la rive gauche, comme les Boutreux, et il fallait bien qu'ils se retrouvassent en présence à un moment donné. Par une belle après-midi, il aperçut Fidès enveloppée dans une pelisse de fourrure et débouchant du quai dans la rue des Saints-Pères, vraisemblablement pour revenir chez elle. Il s'avoua alors que depuis son retour à Bordeaux il n'avait fait que la chercher. Elle marchait sous un voile noir passablement épais, mais il la reconnut à sa démarche droite et rapide, particulière d'ailleurs aux femmes de couvent. Elle paraissait glisser sur l'asphalte comme si le trottoir eût été un long skating-ring. Camille ressentit à peu près la même commotion que si le brancard d'une voiture lui fût entré dans l'estomac. Il pivota lestement sur lui-même et, au lieu de continuer à aller à sa rencontre, il remonta la rue, la précédant d'une quarantaine de mètres. Il avançait d'un pas qu'il essayait de rendre indifférent et dégagé, mais ses jarrets pliaient sous lui. Il se disait :

« Elle va me rejoindre et me distancer. La saluer quand elle passera près de moi serait peut-être bien audacieux. Il est vrai que ne pas le faire serait bien grossier. »

Comme il s'était retourné, afin de jauger le temps qui lui restait pour prendre une résolution, il explora vainement des yeux la rue à peu près déserte. Mme Boutreux avait disparu. Il revint sur ses pas, et la retrouva dans un magasin de papeterie, où elle examinait des échantillons de papier à lettre. Il la contempla quelques secondes à travers les carreaux. Elle avait relevé son voile et parlait délibérément. L'habitude du mensonge, et du mensonge accepté sans contrôle par un homme de la valeur de Boutreux, lui avait délié la langue. Elle détaillait sa commande avec une grande volubilité, quand, portant les yeux vers les spécimens exposés à l'étalage, elle surprit le regard fixe de Camille Grébert, qui ne sut pas se retourner assez vite pour éviter le flagrant délit.

Alors, machinalement et pour ne pas avoir l'air d'un poltron, il poussa la porte, entra dans la boutique et tomba sur un lot d'encriers de bronze qu'il marchanda les uns après les autres. La bouche sèche, comme en plein Sahara, les mains tremblotantes, il passait d'un objet à l'autre, cherchant son argent dans tous les goussets de son gilet et de son pantalon.

A l'entrée de Grébert, Fidès s'était assise dans une pose contournée, offrant à peine le bout de son épaule à l'indiscrétion du jeune homme. Mais elle ne le perdait pas de vue et se convainquit bientôt que s'il devenait gênant, ce serait par excès de discrétion. Il avait convoqué le ban et l'arrière-ban de son énergie pour pénétrer dans le magasin, si bien qu'il ne lui en restait plus l'ombre pour l'aider à s'en évader. Il achetait tout ce qu'on lui présentait, payant comme un sourd à mesure qu'il fourrait dans ses poches un objet dont il ne cherchait même pas à deviner l'usage.

Le marchand, dans un but purement mercantile, ayant voulu atteindre un paquet de bâtons de cire à cacheter, afin d'en placer quelques-uns chez ce client si facile à satisfaire, fut obligé de déranger Fidès. Un mouvement mal combiné la rapprocha de Camille. Elle ne pouvait plus, sans injure pour lui, éviter une reconnaissance. Elle salua en femme maîtresse d'elle-même son ex-fiancé, qui n'était plus maître de lui. Il tenta de dissimuler l'homme sous le médecin, en lui demandant si elle se ressentait encore de sa foulure au pied. Elle lui répondit par un geste dont le sens était :

« Il s'est passé depuis bien d'autres accidents. »

Il portait un vêtement noir et sévère qui donnait à sa stature mince un certain air de saule pleurnicheur. Elle remarqua aussi le crêpe de son chapeau posé sur un des comptoirs.

« Vous êtes en deuil? » fit-elle, bien que parfaitement au courant du malheur de famille qui avait nécessité le départ du jeune homme pour Bordeaux. Il répondit les larmes aux yeux, car il ne demandait qu'à céder à un grand besoin de pleurer :

« Oui, mad...ame, une de mes tantes et un cousin que nous aimions beaucoup, ma mère et moi, sont morts presqu'en même temps. Nous avons eu tous les malheurs cette année. »

Elle fut attendrie devant cette douleur d'un héritier à qui ce double décès donnait l'indépendance. Ce n'était pas précisément là le débauché auquel elle n'aurait pu lier sa vie sans rouler dans l'abîme. Elle avait eu peur tout d'abord de quelque reproche, ou même de quelque méchante plaisanterie, sur le jeu cruel qu'elle avait joué avec lui, et sur la flamme subite allumée dans son sein par la calvitie de Boutreux. Elle fut étonnée de cette réserve en même temps que touchée de cette émotion.

— J'étais si effrayée, quand je l'ai vu pour la première fois, se dit-elle; et aujourd'hui, c'est lui qui perd contenance devant moi.

Pourtant, s'il y avait dans cette série d'événements un coupable aux yeux des hommes, c'était elle. Elle n'avait agi que pour la plus grande gloire de Dieu ; mais Camille l'ignorait, et, l'eût-il su, il ne s'en fût probablement pas trouvé mieux. Enfin, elle était toujours femme, malgré les essais de momification qu'elle avait subis au couvent. Sa vanité souffrait de se voir soupçonnée d'avoir pris par amour un mari aussi disgrâcié physiquement que l'était Boutreux.

Grébert l'avait quittée jeune fille. Il la revoyait dame, et la contemplait tristement en pensant que c'était sous les caresses d'un autre qu'elle l'était devenue. Ses grands yeux noirs fouillaient involontairement le secret de ces grands yeux bleus « allongés comme des bananes », disait Savaron. Elle le trouvait, de son côté, mieux mis, plus arrêté de contours, plus « homme ».

« Il me semble que vous avez un peu pâli, reprit-elle au hasard.

— Je n'ai jamais été bien rose, répondit-il avec un sourire dont l'amertume pouvait signifier :

« Je suis affreux, c'est entendu. A quoi bon me le rappeler, puisque je n'y peux rien. »

Elle continua :

« Vous êtes de retour à Paris depuis longtemps? »

— Depuis bientôt deux mois. Et monsieur Boutreux, il travaille toujours à son grand ouvrage ?

— Oui, je pense du moins, » fit-elle.

Elle s'était approchée de la porte. Il passa devant pour la lui ouvrir, et constata qu'elle semblait attendre qu'il sortît avec elle. Ils restèrent quelques instants dehors plantés l'un devant l'autre. Il éprouvait une envie atroce de lui prendre la main. Il se contenta de lui jeter cette question :

— « Ainsi vous êtes parfaitement heureuse ?

— Je tâche d'accomplir mon devoir, répondit-elle. Mais d'où vient que nous ne vous avons pas encore rencontré ?

— Je sors très-peu, dit-il.

— Et moi pas du tout. Sauf le dimanche, pour aller à la messe de Saint-Sulpice. »

Ils se séparèrent en se disant adieu, bien que sentant l'un et l'autre qu'ils devaient se revoir. L'amour entra dans le cœur de Fidès par la fenêtre ordinairement réservée au remords.

« Je me suis conduite d'une façon hideuse à son égard, pensa-t-elle. Je l'ai d'abord attiré par mes coquetteries, puis je l'ai quitté en le bafouant, pour aller me pendre au bras d'un autre. Il avait le droit de me traiter comme la dernière des créatures, et la première fois que nous nous retrouvons, il fait des vœux pour mon bonheur. Il me donne une fière leçon de charité chrétienne, lui qui ne croit à rien. »

Son mari lui parut dès lors plus phénoménal qu'elle ne l'avait encore connu.

Avec le sans-gêne d'un époux qui se sait adoré, et qui d'ailleurs a passé l'âge où on fait vœu d'élégance, il ne songeait à atténuer en rien les misères de ses cinquante-quatre ans. Elle l'accompagnait mélancoliquement des yeux lorsqu'il savonnait, le matin, son crâne luisant qu'il promenait ensuite dans la chambre, plein d'une mousse crémeuse, à la recherche d'un essuie-tête.

Toutes les invocations de Fidès à son ange gardien ne l'empêchaient pas de rapprocher intérieurement ce cuir si peu chevelu de la puissante végétation que Camille avait été contraint de diviser sur le milieu même de sa tête, pour éviter qu'une masse trop touffue ne lui retombât dans les yeux. Boutreux, sans s'en douter, servait ainsi de repoussoir à son rival.

Toutefois, la jeune femme était encore bien loin d'attribuer la place considérable que Grébert gagnait dans ses préoccupations, à autre chose qu'un intérêt légitime et même réparateur. Lui aussi, du reste, était l'élu de Dieu, puisque la Providence lui avait confié un rôle dans ce mariage ordonné par elle.

Le dimanche suivant, elle se rendit compte de l'inconséquence qu'elle avait commise en lui indiquant l'heure et le jour de ses sorties périodiques. Comme elle suivait l'allée du Luxembourg qui longe le musée, hâtant le pas pour arriver au commencement de la messe, elle le vit qui la regardait, à travers la grille ouvrant sur la rue de Vaugirard, venir à lui sans aucun moyen pour l'éviter. Elle était seule, car, après l'article du journal ultramontain, elle n'avait plus osé solliciter le bras de son mari pour ses pèlerinages. Elle avait même poussé la discrétion jusqu'à lui taire sa rencontre avec Camille. Avec une abnégation tout apostolique, elle avait gardé pour elle un remords qu'elle aurait pu faire partager à son mari.

Elle n'osa, en passant, refuser un salut au malheureux à qui elle avait si brutalement refusé sa main. Quoiqu'il fût là pour l'attendre, il fut presque ennuyé de ce succès.

« J'ai l'air d'un suiveur de femmes, se dit-il. Ça va m'achever dans son opinion. »

Mais il ne quitta la grille du Luxembourg que pour se retrouver, vingt minutes plus tard, sur la place Saint-Sulpice. L'office terminé, elle descendit de l'église et aperçut de nouveau Grébert à l'affût. Leurs regards se croisèrent. Le jeune homme tomba dans un véritable désespoir en se sachant démasqué.

« Je suis une brute et un saltimbanque, se répétait il en serrant les poings. Elle doit s'imaginer que j'opère dans les carrefours, comme les mangeurs d'étoupe enflammée. »

Mais ce qui, adressé à une autre, représenterait pour une femme le comble du mauvais goût, elle le trouve, adressé à elle, plein de délicatesse et de grâce. Combien en entend-on s'écrier :

« Si un homme me disait des choses pareilles, je ne le reverrais de ma vie. »

Survient un homme qui leur dit les choses en question, et elles sont enchantées.

Elle le compara si peu à un mangeur d'étoupe, qu'elle rentra chez elle en proie à un abattement profondément rêveur. Elle fit toute la journée assaut de distractions avec Boutreux.

« Il m'aime », murmurait-elle, car ce mot ne se pense pas seulement, il se murmure. Puis, à l'espèce de délire qui la poussait à le répéter continuellement, elle comprit que quelque chose en elle, sa raison ou son cœur, était en péril.

« Et moi, est-ce que je l'aimerais ? » dit-elle tout à coup.

Si une image devait se placer entre elle et cette révélation, c'était certainement celle de Boutreux. Mais avant cet astronome, elle avait épousé, non civilement, cette fois-là, le fils d'un charpentier et d'une certaine Marie, lequel avait été crucifié en Judée où la peine de mort n'est pas abolie en matière politique. C'est à l'honneur de cet époux qu'elle songea tout d'abord.

« Trahir Jésus-Christ ! fit-elle. Oh ! ce serait abominable. »

La situation qu'elle avait réservée à Boutreux était à peu près celle du chandelier, dans la pièce de ce nom. Pour tout le monde c'était lui le mari. Dieu seul et l'abbé Boissonnet savaient à quoi s'en tenir là-dessus.

Nul doute cependant que l'astronome n'eût mieux aimé être trompé toute sa vie par Jésus qu'une seule fois par Camille. Ce dernier s'en voulait à la mort pour sa persistance à obstruer le passage de madame Boutreux. Malheureusement quand, le dimanche, il entendait sonner dix heures, un être impalpable le prenait par le milieu du corps dans ses mains invisibles et le portait tout pantelant à l'endroit précis où elle allait apparaître.

Un matin, après un combat acharné avec ce lutteur masqué, Camille resta maître du terrain, et ne sortit de chez lui qu'à midi, laissant héroïquement Saint-Sulpice sur sa droite. Cette abstention, qu'il s'était imposée comme un sacrifice méritoire, eut les résultats d'une manœuvre de haute stratégie. Fidès le chercha fiévreusement dans la foule qui encombrait le parvis de l'église. Elle le vit malade, mourant, reparti pour Bordeaux, hypothèse plus grave.

« Il attendait de moi un mot, un signe de tête. Je suis restée muette et immobile. Est-ce là ce qui s'appelle aimer son prochain comme soi-même ? »

La semaine qui suivit cette éclipse fut pour elle longue de deux ans. Le soleil s'étant enfin levé sur ce dimanche insaisissable, elle s'arrangea, sans aucune arrière-pensée d'ailleurs, une toilette d'église qui ressemblait à une toilette de rendez-vous. Il était là. Elle le distingua de très-loin, fumant une cigarette qu'il écrasa sur le mur du grand escalier qui monte à la porte principale de Saint-Sulpice. Il avait lutté comme la semaine précédente. Seulement il avait été vaincu.

Elle fut extrêmement frappée d'une pâleur qui n'existait que dans son imagination.

« Il aura été souffrant, se dit-elle, et, à peine sur pied, il vient ici s'exposer à une fluxion de poitrine pour moi... pour moi seule. »

Toutefois, elle eut la bravoure de traverser la place d'un pas suffisamment assuré pour dérouter les yeux les plus scrutateurs. Mais chaque phase de la messe qu'elle fit semblant de suivre dans son paroissien fut un acheminement vers la déroute finale. A l'Offertoire, elle mollit ; à l'Elévation, elle adopta la résolution de lui adresser à la sortie un mot, sinon de consolation, tout au moins de reproche. A l'*Ite, missa est*, elle s'avoua tout bas que c'était elle qui venait pour lui, plus incontestablement peut-être qu'il ne venait pour elle.

A l'issue de l'office, elle se dégagea vivement de la foule et marcha droit à Camille, qui eut un instant l'idée de prendre ses jambes à son cou. Elle l'aborda courageusement et lui jeta ces mots d'une voix tranchante :

« Etes-vous fou de rester ainsi des heures en plein air ? Je vous défends de recommencer ces extravagances. Je vous le défends, entendez-vous bien ? »

« Je vous le défends » n'était qu'une traduction libre de : « Je vous aime. » Cette gronderie charmante tomba comme une rosée sur le cœur de Camille. Il voulut répondre. Ses lèvres frémissaient, ses paupières battaient. Il tira à grand'peine de son gosier cette réplique qui ne répliquait à rien :

« Oui, je suis fou... peut-être ; mais puisque je ne peux vous voir qu'ici ! »

Elle sentit tournoyer devant sa vue ces papillotages ténébreux, prodromes de l'évanouissement. Jamais un homme ne lui avait fait ainsi à brûle-pourpoint un pareil aveu, sauf Boutreux, qui ne comptait pas. Parmi les péchés capitaux qui se disputaient son âme, elle adopta la colère comme le plus susceptible de sauver sa dignité. Elle continua :

« Vous avez été malade, je le sais. Vous êtes d'une pâleur effrayante. Pensez au moins à votre mère ! »

Il n'avait pas été malade. Il n'était ni plus ni moins pâle qu'à l'époque où il allait prendre le thé rue des Dames, et sa mère n'avait sur sa santé aucune inquiétude. Mais le baume d'une pareille sollicitude pénétra jusqu'au plus profond de sa chair. Il était honteux de se porter si bien. Pour ne pas avoir à s'expliquer sur ce prétendu état morbide, il répondit simplement :

« Puisque vous vous intéressez un peu à moi, pourquoi m'avoir rendu si malheureux ?

— C'est vrai ! » fit-elle, terrassée par ce dilemme. Puis descendant la gamme jusqu'à l'attendrissement, elle reprit :

« Vous me promettez de m'obéir, n'est-ce pas ?

— C'est-à-dire qu'après m'avoir chassé de chez vous, vous m'interdisez même les chemins par où vous passez.

— Non ! non ! vous ne me comprenez pas ! s'écria-t-elle innocemment. J'ai été affreuse avec vous, j'en conviens hautement. Mais il y a dans tout cela des choses dont je ne suis pas responsable. »

Ils avaient marché côte à côte et atteint ainsi la grille du Luxembourg. Grébert se demanda quelles pouvaient être ces choses dont elle déclinait la responsabilité. Arrivée à l'entrée du jardin, elle s'arrêta un instant, comme pour le congédier.

« Cependant, lui objecta-t-il, vous ne pouvez le nier : vous aimez M. Boutreux. Vous l'avez choisi entre tous, de votre plein gré.

— Moi !... dit-elle. Et un regard au ciel acheva sa pensée.

— Comment ! insista Camille, est-ce que...?

— Adieu ! »

A partir de ce choc d'où n'avait jailli que trop de lumière, l'âme bourrelée de Fidès fut un champ de bataille. Elle était criminelle envers Dieu qu'elle oubliait pour un amour terrestre ; envers Camille qu'elle avait attiré méchamment dans un piége misérable ; envers son mari qu'elle trompait déjà d'intention, car elle avait dissimulé cette seconde rencontre avec autant de soin que la première. Et pardessus tant d'horreurs, elle trouvait encore le moyen d'être la plus malheureuse des femmes.

A travers ce chaos, elle ne débrouillait distinctement qu'un fait : elle était enchaînée pour jamais à Boutreux, et pour jamais séparée de Camille. Elle sommeillait une nuit, auprès du mari que lui avait donné son confesseur. Les horloges du quartier sonnant deux heures suffirent à la réveiller, et le silence qui succéda ne suffit pas à la rendormir. Elle alluma une bougie à la flamme de sa veilleuse. Elle prit un livre au hasard sur une planchette établie à portée de sa main. C'était un recueil de cantiques. Elle en avait psalmodié cent fois au couvent les plus importants morceaux. On eût alors élevé devant elle le moindre doute sur la valeur littéraire de ces trésors de poésie, qu'elle eût répondu comme feu Guizot : « Vos injures n'arrivent pas à la hauteur de mon dédain. »

Elle essaya de relire ces hymnes, qui avaient autrefois le don de l'exalter jusqu'au délire. Elle fut, par extraordinaire, et pour cette fois seulement, étonnée de leur incroyable platitude. Tout en se demandant comment le Très-Haut avait pu dicter à ses bardes ordinaires des rimes aussi indigentes, elle recevait en pleine oreille la respiration de Boutreux, dont les ronflements accompagnaient dignement ces strophes ineptes. Elle le regarda. Il avait laissé aller sa tête qui s'était moulée dans l'oreiller, humecté par les salivations qui découlaient des coins de sa bouche. Le col entr'ouvert de sa chemise montrait à nu les cartilages jaunâtres et parcheminés de ce nœud de la gorge communément appelé *pomme d'Adam*. Rien de plus charmant que le sommeil de la jeunesse; rien de moins ragoûtant que celui de l'âge mûr. Elle contempla longtemps son mari d'un œil sombre, songeant, malgré elle :

« Voilà la croix sur laquelle je dois demeurer attachée jusqu'à la fin de mon existence terrestre. »

Et adoptant à l'égard du supplicié du calvaire quelques-uns des points de vue développés par Boutreux, elle n'était pas loin de se proclamer plus à plaindre que notre Sauveur qui n'avait souffert que jusqu'à trois heures de l'après-midi, tandis que ses tortures à elle duraient depuis de longs mois et qu'il était trois heures du matin.

Subitement, irrésistiblement une pensée monstrueuse lui traversa le cerveau. Elle se dressa sur son séant comme pour écouter plus attentivement une voix qui lui soufflait un soupçon sinistre :

Si tout ce qu'on lui avait enseigné au couvent n'était pas vrai ! Si, comme le lui avait affirmé cent fois l'athée qu'elle avait mission de convertir, ce conseil de guerre à la barre duquel comparaissaient les âmes des morts et qu'on décorait du nom de tribunal de Dieu, n'était qu'une invention due à la poltronnerie des humains qui ne pouvaient s'habituer à l'idée de mourir tout entiers ! Si l'enfer n'existait pas, non plus que le ciel non plus que le purgatoire ! Elle aurait donc dévoué sa vie entière à une erreur réparable pour tout le monde, peut-être, excepté pour elle. Voir s'agiter dans l'eau un enfant que le courant entraîne ; s'y précipiter pour le sauver et, au moment où le flot vous emporte à votre tour, constater que ce qu'on avait pris du rivage pour un enfant vivant était le cadavre d'un chien mort, il était difficile d'imaginer une déception plus désespérante.

Malheureusement — heureusement aussi — les défunts seuls ont la faculté d'éclaircir les doutes de ce genre, et une fois dans la tombe, il est un peu tard pour réclamer.

CHAPITRE SEIZIÈME

La lettre anonyme

L'aube fit évaporer ce mauvais rêve ; mais l'image de Camille était moins impalpable. Fidès avait commencé par la repousser et maintenant elle l'appelait. A force de se complaire dans sa faute, elle avait perdu jusqu'à la volonté d'aller la confesser à l'abbé Boissonnet. Le sacrement de la pénitence offre ce danger d'aider quelquefois une femme à lire couramment dans son cœur, en l'obligeant à raconter à un autre ce qu'elle n'osait pas s'avouer à elle-même. D'ailleurs, son amour ne mettait pas seulement son âme, mais l'Eglise en péril. La mission qu'elle avait reçue d'en haut était précisément de serrer Boutreux de si près, qu'à un moment donné, elle pût le livrer garotté et ligoté à ses ennemis. Cette tâche ne pouvait s'accomplir qu'à force de ténacité et de circonspection. Le jour où son esprit et son cœur s'amuseraient à courir les champs, la partie était perdue.

Elle avait conscience des terribles résultats que pouvait produire cette école buissonnière, au point qu'elle n'osa affronter la colère des inquisiteurs du couvent. Elle avait, en s'installant chez son mari, exigé que la laïque continuât à la servir. A la grande joie de la vieille Marianne, cette rivale, extraite de l'appartement de la rue des Dames, avait été transférée dans celui de la rue d'Enfer. Obligée d'expliquer à la mère Sainte-Olympie les motifs d'une aussi longue interruption dans leurs rapports, sœur Sainte-Euphrosine envoya sa servante boulevard Montparnasse, annoncer que sa maîtresse était malade.

L'aumônier fut navré et recommanda chaudement à la laïque la santé de leur chère sœur. Seulement, comme il savait, par le prêtre qui officiait, que Mme Boutreux avait assisté à la messe, le dimanche précédent, sans aucun symptôme de malaise, il flaira quelque révolution de palais.

L'auteur de *Table rase* avait retardé l'apparition de son volume jusqu'à la date d'un grand événement astronomique, le passage de Vénus sur le soleil. On avait espéré, à l'Académie des sciences, obtenir, au moyen de la photographie, des observations permettant de déterminer, dans une certaine mesure, les éléments dont se compose l'atmosphère de cette planète célèbre. De la qualité de l'atmosphère, le génie de Boutreux pouvait tenter de conclure à la construction physique des habitants. Vénus est à peu près de la grosseur de la terre. S'il était établi qu'elle baigne également dans un mélange d'oxygène, d'hydrogène et d'azote, il y avait des chances pour que les locataires de cette région translunaire fussent, à quelques différences près, organisés comme nous.

Une découverte à cet égard, incertaine encore,

possible cependant, devait jouer un rôle capital dans la thèse soutenue par le grand savant. Depuis longtemps déjà, il avait averti ses collègues de l'Institut qu'il irait de sa personne étudier ce phénomène, et il faisait fabriquer à cette intention des appareils photographiques d'une sensibilité spéciale.

Presque tous les jours, il allait à l'Observatoire plonger, pendant des heures, dans toutes sortes de chlorures, ses mains qu'il rapportait à la maison plus oxydées que de la vieille argenterie. Fidès, humiliée, passait des matinées à lui gratter ces taches noires, tenaces comme celles de lady Macbeth, et sur lesquelles le savon ne mordait pas.

« Tu as toujours l'air d'avoir écossé des noix, » lui disait-elle.

Il était parti, un matin, pour une de ces manipulations, quand, vers onze heures, la laïque entra tout effarée dans la chambre de Fidès :

« Madame ! c'est M. l'aumônier. Il demande si madame peut le recevoir. »

Un incident d'importance pouvait seul provoquer cette visite. C'était la première fois que l'abbé se permettait ainsi de pénétrer dans le gynécée, où il n'avait été et ne pouvait être présenté par personne.

Mme Boutreux renoua en hâte la ceinture de sa robe de chambre et dit :

« Faites entrer M. l'aumônier au salon. J'arrive tout de suite. »

Elle rejoignit aussitôt l'abbé qui était encore plus calme et plus teint que d'habitude. Il souriait.

« Mauvais signe ! » se dit-elle comme Fabiano Fabiani dans *Marie Tudor*.

11.

« Ma chère sœur, entama immédiatement Boissonnet, j'ai à vous poser une question en deux mots très-courts. Votre mari, qui est sorti depuis neuf heures, ne rentrera qu'à midi. D'ailleurs, s'il revenait à l'improviste, nous dirions que je suis venu quêter pour une crèche. Ma question la voici : Etes-vous avec nous ou contre nous?

— Moi! contre vous! fit-elle.

— Une exclamation n'est pas une réponse. Il s'est passé en vous un changement que je crois connaître. Or, vous paraissez avoir tant d'intérêt à dissimuler cette modification dans l'état de votre âme, que vous évitez de revenir au couvent.

— Mais, dit Fidès, interloquée par la netteté de l'accusation, j'avais envoyé la laïque prévenir notre chère mère que j'étais...

— Malade... Oui, je sais. Cependant, vous ne l'êtes pas. Allons, les réticences sont inutiles entre nous vous le savez bien. »

Il articula cette dernière phrase avec une assurance qui pouvait se transcrire ainsi : « Je vous autorise à tromper les autres tant que vous pourrez; moi, jamais. »

Ces mots à double pression : « Un changement que je dois connaître » avaient jeté la panique dans l'âme de la jeune croyante. Elle s'imagina que le Saint-Esprit avait pénétré en personne dans les rideaux du lit de l'abbé Boissonnet, pour l'instruire des fredaines amoureuses de sa pénitente. Le prêtre avait lancé cette sonde au hasard, prêt à s'orienter vivement au premier indice. Le trouble de Fidès lui indiqua qu'il avait rencontré un récif.

« Ainsi poursuivit-il résolûment, bien que continuant à marcher à tâtons, vous avez espéré échapper au regard de Celui à qui rien n'échappe ?

— Non! s'écria-t-elle, d'une voix anxieuse; j'étais décidée à tout vous dire, mais je comptais toujours que la grâce d'en haut me délivrerait de cette démence qui s'est emparée de moi. Malheureusement, plus je fais d'efforts pour la chasser, plus elle revient. Puis vous ne le connaissez pas, mon père. Il est si doux, si humble! Jamais une récrimination, jamais un reproche... Et pourtant!...

— Ah çà! est-ce de son mari qu'elle parle? pensa l'abbé. Si elle se mettait à l'aimer pour de bon, nous serions frais! »

Mais le malentendu fut vite dissipé. Dans un récit plein de larmes, où elle eut soin de reporter une partie de sa faute sur Boutreux, qui refusait de l'accompagner à la messe, Fidès mit Boissonnet au courant de l'intrigue encore innocente dont Camille était le timide héros. Elle ne cacha ni ses insomnies, ni ses révoltes contre l'obéissance conjugale, ni même ses palpitations de cœur quand elle apercevait, à des distances considérables, l'étudiant qui l'attendait le chapeau sur les yeux, afin d'être reconnu d'elle seule. Lorsqu'un coupable est entré dans la voie des aveux, il fait quelquefois plus que le nécessaire.

Ce romancero terminé, elle baissa la tête comme pour faciliter à l'abbé l'envoi de la malédiction qu'il ne pouvait manquer de lui octroyer. Après le temps moral nécessité par cette opération, elle leva les yeux et resta toute surprise devant la sérénité empreinte sur le visage de son interlocuteur.

— Mais, ma chère enfant, dit-il, je ne vois dans toute cette amourette absolument rien de grave. Et votre mari se doute-t-il quelque peu des sentiments que vous avez conservés pour M. Grébert ?

— M. Boutreux, s'exclama Fidès. Oh ! Dieu, j'en mourrais de honte ; mais heureusement non, il n'en a pas le moindre soupçon.

— Tant pis ! tant pis ! dit flegmatiquement l'abbé, comme se parlant à lui-même.

— Comment ! tant pis ?

— Oui. Tant qu'il se croira exclusivement adoré, nous ne pourrons obtenir de lui rien d'utile. Ah ! si on arrivait à le rendre vaguement jaloux, ce serait tout autre chose.

— Mais, monsieur l'abbé, c'est vous qui avez exigé de moi que je fisse semblant de l'aimer à la folie.

— Il le fallait pour l'amener au mariage, qui n'était que la première étape de la route que nous avons résolu de parcourir. C'est un homme qui, maintenant, a besoin d'un coup de fouet. Il est nécessaire qu'il perde un peu de sa confiance et surtout de sa lucidité. M. Grébert arrive on ne peut plus à point.

Tout tordu qu'il était par son éducation cléricale, le sens moral de Fidès se cabra devant cette théorie qui mettait au service de l'Église la jalousie, presque l'adultère.

— Mais, dit-elle ingénûment, aimer M. Grébert, dans ma position, c'est un crime.

L'abbé craignit d'avoir dépassé le but. Il répondit, en pesant ses mots :

— C'en serait un certainement, si vous étiez réellement mariée avec le malheureux égaré aux côtés duquel vous avez l'héroïsme de vivre. Tel n'est pas votre cas, vous ne pouvez l'ignorer, ma chère sœur. La cérémonie que l'athéisme intitule mariage civil ne peut être et n'a jamais été reconnu par notre divine religion, contre laquelle elle est spécialement dirigée. Ce n'est pas un de vos moindres mérites aux yeux de Dieu que d'avoir accepté, pour l'amour de lui, cet état humiliant de concubinage légal. Après un tel sacrifice, tout ce que vous croirez devoir subir dans l'intérêt de notre sainte cause vous est pardonné d'avance.

C'était lui donner à entendre qu'elle devait appliquer toutes ses facultés à obtenir de son mari qu'il consentît à aller aux pieds des autels faire bénir leur union. Sans quoi Fidès ne serait jusqu'à la fin de ses jours qu'une femme quasi entretenue, ayant traîné en dehors des lois du mariage une existence réprouvée.

Il lui insinua discrètement que cet amour illégitime pour Camille n'aurait jamais germé dans son cœur si Dieu avait présidé à ses noces, ce qui eût opposé une barrière infranchissable aux entreprises de l'esprit du mal.

Fidès aurait pu facilement objecter qu'un nombre incalculable d'épouses dûment unies devant le prêtre avaient laissé avec une facilité excessive l'esprit du mal franchir la barrière. Mais le mot « concubinage », qui lui était resté dans l'oreille, l'occupait tout entière. A peine l'abbé était-il sorti qu'elle se précipita sur un dictionnaire de Bescherelle qui, depuis dix ans, moisissait par terre, sous une table, dans le cabinet de Boutreux.

Elle prit dans ses bras délicats le premier volume

de cette masse pesante et l'emporta dans sa chambre, où elle s'exténua à le feuilleter d'un doigt ardent. Après s'être trompée vingt fois de lettres, elle arriva au mot fatal et se mit à se repaître de cette définition :

CONCUBINAGE. — s. m. (Etym. lat. *cum* avec, *cubare* se coucher.)

Elle fit : « Oh ! » et elle continua sa lecture :

« Commerce d'un homme et d'une femme qui ne sont pas mariés et vivent ensemble comme s'ils l'étaient. »

Elle passa ensuite aux exemples :

« Le concubinage est une sorte d'état de nature au milieu de l'état social, et la foule misérable des bâtards dont il devient la source impure est rejetée comme une caste de parias, sans propriétés, sans droits, sans moyens d'instruction au milieu des citoyens. (Virey).

Elle ferma le livre avec épouvante.

« Ainsi, murmura-t-elle, les enfants que j'aurais seraient des bâtards !

Elle se dit alors qu'elle était à peu près aussi méprisable en s'abandonnant à Boutreux, qu'elle pourrait l'être en s'abandonnant à Camille. Elle ne savait plus au juste auquel des deux elle devait demander secours contre l'autre. Boutreux, qui rentra vers midi, la trouva nageant dans les larmes.

Il l'interrogea obstinément sans pouvoir obtenir d'elle autre chose que des sanglots. Quoiqu'il revînt talonné par la faim, il passa le temps du déjeuner à chercher en quoi il avait démérité de cette femme qu'il idolâtrait. Elle le laissa à ses recherches pour allant s'enfermer dans sa cellule.

Il fut impossible à l'infortuné savant d'écrire une ligne de toute la journée. Il resta jusqu'au soir étendu sur un canapé, dans une sorte de paralysie des mouvements du cœur.

Entre chien et loup, il reçut par la poste une lettre épaisse, pliée à l'ancienne mode, fermée à l'angle par un pain à cacheter jaune, et portant cette suscription tracée d'une main inexpérimentée avec une encre bourbeuse :

Monsieur Boutereut
astronnôme
rue d'Anfère

Ce papier sale contenait, collées à la gomme, une suite de voyelles et de consonnes découpées dans un livre et dont l'agencement formait les phrases suivantes :

« Monsieur,

« C'est un tort de toujours lire dans les astres. Si de temps en temps vous regardiez autour de vous et non au-dessus, vous vous apercevriez facilement que la jeunesse et la beauté de Mme Boutreux ne sont pas perdues pour tout le monde. Prenez la peine de l'observer à l'aide de votre télescope dimanche prochain, quand elle se rendra à l'église Saint-Sulpice et vous en saurez au moins autant que celui qui vous envoie cet avertissement et qui se dit

Votre ami,
Z.

On était au mardi, Boutreux calcula, dans une multiplication rapide, les heures de torture qui lui restaient encore à souffrir jusqu'au dimanche matin. Cette dénonciation informe lui avait fait du premier coup une telle blessure, qu'il ne put en supporter la douleur. Sa première pensée fut de montrer la lettre à Fidès, qui allait hausser les épaules et en rire avec lui. Il courut à la retraite où elle se tenait en méditation depuis le matin. La porte qu'il essaya d'ouvrir était verrouillée à l'intérieur, et Fidès ne sembla pas avoir perçu le bruit de la clef dans la serrure, car on ne répondit que par un silence significatif aux tentatives de Boutreux.

Cette attitude, rapprochée des larmes du déjeuner, l'invita à la temporisation et à l'examen préalable. Il relut le billet où le manque d'orthographe de l'adresse jurait trop avec le style de l'avertissement pour ne pas être prémédité. Après s'être longuement consulté, il en vint à cette conclusion que, si celui qui écrit une lettre anonyme est un lâche, celui qui la reçoit et n'en profite pas est un imbécile. Toutes ses perplexités, ses hésitations, ses piétinements aboutirent à cette résolution finale : attendre le dimanche et, sans être vu, emboîter le pas à Fidès, quand elle sortirait de la maison.

Elle, de son côté, avait pris dans l'obscurité silencieuse de sa cellule un parti décisif : Puisque l'abbé Boissonnet l'y avait pour ainsi dire autorisée, elle avouerait à Camille qu'elle se regardait comme mariée aussi peu que possible avec Boutreux, et que, si, par suite d'un traité qu'elle avait signé malgré elle, son corps continuerait à appartenir à cet étranger, elle avait gardé la libre disposition de son cœur. Elle et Grébert auraient donc la faculté de se voir, de s'aimer et de se le dire chastement, poétiquement et platoniquement bien entendu, car l'amour n'ayant été jusque-là pour elle qu'une série d'affreuses répugnances, elle aspirait à se reposer dans une passion tout éthérée des brutalités conjugales.

« Avec lui, du moins, ce ne sera pas du concubinage », pensa-t-elle.

Ces dispositions facilitèrent singulièrement la tâche de Boutreux. Elle partit au jour attendu, descendit l'escalier, glissant le long de la rampe sans effleurer les marches. A peine dans la rue, elle fila comme une sagaie sans regarder derrière elle, et si elle se fût retournée, elle eût été changée en statue de sel à l'aspect de Boutreux se livrant, pour la suivre incognito, à des zigzags désordonnés, suant à grosses gouttes, titubant comme un ivrogne, la boutonnière du bas dans le bouton du haut de son gilet, et se tamponnant le front avec son mouchoir qu'il fourrait ensuite dans son estomac.

Cependant, plus elle avançait, plus il espérait, car elle ne déraillait pas d'une ligne sur le chemin de l'église. C'est seulement arrivé sur la place Saint-Sulpice qu'il comprit toute la valeur des lettres anonymes. Grébert était là, les yeux dilatés par l'attente, scrutant tous les voiles de femmes qui flottaient autour de lui. L'astronome s'arrêta devant la mairie qui fait face à l'église, et, rembuché sous la voûte, il put voir Fidès se dirigeant par le plus court chemin d'un point à un autre, vers le jeune homme effaré et palpitant.

Il les vit se regarder tous deux lentement, puis se tendre la main, puis se parler par gestes. Elle fit un mouvement pour monter les dégrés, mais il la retint. Elle résista. Il alla jusqu'à la tirer par la manche large de son manteau de fourrure. Elle céda enfin et parut se résigner à manquer la messe. Camille fit alors signe à une voiture, mais elle opposa à l'offre de cette promenade des refus décidés. A plusieurs reprises, Fidès eut l'air d'explorer d'un coup d'œil les alentours, comme pour s'assurer que personne de suspect ne les observait, preuve trop convaincante que ce qu'ils se confiaient n'avait rien de catholique. Crispé et convulsionné à croire qu'il avait avalé tout l'acide sulfurique qu'il réservait pour ses expériences, Boutreux se cramponnait de loin à leur pantomime. Son supplice dura une demi-heure, pendant laquelle il constata que Fidès avait gardé presque toujours la parole, Grébert ne répondant aux sommations qu'elle semblait lui adresser que par des regards tantôt enivrés, tantôt abattus.

Ils se séparèrent enfin, au moment où Boutreux, à bout d'énergie, allait vraisemblablement intervenir. Après un serrement de main qui ressemblait moins à un adieu qu'à une promesse. Mme Boutreux se dirigea vers la grille du Luxembourg, tandis que Camille, léger comme s'il venait de lui pousser des ailes au talon, descendait du côté de la rive droite, courant presque, de peur sans doute que quelqu'un ne le poursuivît pour lui enlever son bonheur.

Boutreux sauta dans une voiture, sur les coussins de laquelle il tomba en travers avec ce cri :

« Rue d'Enfer, 72, vite ! »

et qui le remit chez lui quelques minutes avant le retour de sa femme. Il n'eut pas à modifier sa toilette, dont le débraillé défendait de supposer qu'il pût revenir de la rue. Il s'assit à son bureau, le nez dans des documents qu'il feignait de consulter avec acharnement.

Fidès rentra. Elle était belle et placide, car la joie qui agite et bouleverse les hommes donne aux femmes un calme supérieur.

Cependant cette causerie d'une demi heure en plein air n'était pas pour Boutreux l'indice d'un malheur complet. Il avait distingué de loin une certaine résistance de Fidès aux offres de Camille. Peut-être, à l'époque où un mariage entre elle et lui avait été presque décidé, y avait-il eu échange de lettres qu'elle lui redemandait. Ce qu'il avait vu était grave, exceptionnellement grave, mais non absolument décisif. Tous les jours des femmes qu'on avait crues coupables sur des preuves indéniables finissaient par établir leur parfaite innocence. Il est vrai que plusieurs fois par jour, le contraire arrivait pour d'autres femmes qu'on avait crues innocentes.

Ce qui le détermina en outre à n'interrompre par aucun signe d'approbation ou d'improbation ce drame cruel dont il devait être le principal acteur, quoique restant dans la coulisse, c'est l'espèce de consolation qu'on ressent à tromper qui vous trompe.

« Je saurai tout quand tu me supposeras à cent lieues de me douter de rien. »

Cette pensée était une compensation, bien qu'elle ne compensât pas grand'chose.

Un rayon d'espoir entra tout à coup dans son âme.

Ce rendez-vous à ciel ouvert pouvait avoir pour but un projet de réconciliation de Camille avec lui, Boutreux. Il connaissait l'affection que lui portait son jeune élève. Des incidents d'une telle importance avaient traversé leur liaison, que celui-ci n'osait se présenter sans le faire prévenir de sa visite, et il avait cru devoir s'adresser pour ce rapprochement à Fidès en personne. C'était clair.

Cependant cette clarté pâlit de plus en plus devant le silence de sa femme, qu'aucune sollicitation déguisée ne put l'obliger à rompre. Elle avait, en effet, laissé déborder son cœur en présence de Camille. Elle l'aimait. Elle serait sa meilleure amie. Il la réconforterait contre les déboires d'une union qu'elle détestait, mais à laquelle elle avait été contrainte par des raisons qu'elle lui expliquerait plus tard.

Camille avait *illico* profité de ces dispositions si favorables pour lui proposer un lieu de réunion moins exposé aux vents alizés, comme aux commentaires de la foule. Il avait offert sa chambre du boulevard Saint-Michel. Sa mère étant précisément à Bordeaux, aucune indiscrétion n'était à craindre. Fidès s'était récriée, lui demandant s'il était fou de lui proposer ainsi le déshonneur à courte échéance. A quoi Grébert avait répondu, dans la sincérité de son cœur, qu'il l'aimait trop profondément pour oublier jamais le respect qui lui était dû, mais qu'il avait tant de choses à lui dire!

Il y a ainsi des jeunes gens d'une candeur à toute épreuve, qui trouvent tout simple de s'adresser en ces termes à la femme qu'ils courtisent :

« Venez vous reposer chez moi jusqu'à demain

matin. Je passerai la nuit dans un fauteuil, très-loin de vous. »

Il y en a même qui poussent la loyauté jusqu'à le faire. Camille eût été de ceux-là.

Mais, pour l'ex-sœur Euphrosine, le charme et l'excuse d'une telle passion, c'était son mysticisme. Elle ne caressait pas de rêve plus voluptueux que celui de marcher au bras de Camille sous la voûte céleste, et de s'amuser à additionner les étoiles. Elle l'eût vraisemblablement pris en aversion s'il avait réclamé trop énergiquement un autre ordinaire. D'ailleurs, elle se regardait comme flétrie par sa cohabitation illégitime avec Boutreux, et se fût fait un scrupule d'abandonner à celui qu'elle aimait un corps souillé.

Elle l'avait donc quitté en lui promettant simplement de chercher les moyens de se retrouver ailleurs que sur la place publique, et cependant sans danger pour leur mutuelle vertu, car elle paraissait veiller sur celle de Camille avec plus d'inquiétude encore que sur la sienne.

« Cette situation ne peut pourtant pas durer, avait-il dit. Rester huit jours sans vous voir et ne pas même avoir la certitude de vous rencontrer le neuvième jour, c'est la mort au bout d'un temps fort court. Au moins, écrivez-moi ou laissez-moi vous écrire dans l'intervalle.

— Ne m'écrivez pas. La lettre aurait trop de chances d'arriver d'abord à mon mari. Mais dès que j'aurai découvert une solution de nature à tout concilier, je vous adresserai un billet chez vous. Oh! c'est affreux! »

Et elle était partie en courant.

Incertain et anxieux comme un condamné à mort qui, ignorant de ce qui se passe de l'autre côté de son guichet, se demande à toute minute s'il sera exécuté ou non, Boutreux allait de la désolation à la confiance et justifiait amplement ces vers très-beaux et très-humains que Molière a eu grand tort de vouloir ridiculiser :

> On désespère
> Alors qu'on espère toujours.

Il passait sa vie à guetter Fidès avec des yeux de boa en vedette. Toujours le paletot sous le bras et le chapeau à portée de la main, il se lançait sur sa piste dès qu'elle mettait le pied dehors. Elle était sortie, une après-dînée, pour aller renouveler son abonnement de lecture, car elle s'était décidée à étudier un peu la vie dans les livres, et n'avait pas craint de se plonger dans *Corinne ou l'Italie* qu'elle considérait comme le comble de l'immoralité, lorsque, se sentant vaguement suivie, elle se retourna et faillit surprendre en flagrant espionnage Boutreux, qui eut à peine le temps de s'effacer le long d'une devanture.

Cet assaut lui causa une frayeur telle qu'il recourut, pour s'en garantir dorénavant, à un procédé des moins avouables : il s'acheta une fausse barbe.

Le soir, quand Fidès rêvait à ses amours, le front dans les mains et les coudes sur la table, le croyant dans sa chambre de travail absorbé par ses équations, il s'appliquait à prendre devant sa glace des poses invraisemblables, à essayer des vêtements de forme insolite et à se défigurer de son mieux par l'adjonction d'une toison noire qui, descendant du milieu des joues, plastronnait jusqu'au creux de l'estomac. A ses cheveux d'emprunt, à ses dents de contrebande, il ajoutait une barbe d'occasion. Il se voyait ainsi forcé le soir, au moment de se mettre au lit, de serrer la moitié de sa tête dans le tiroir de la commode.

CHAPITRE DIX-SEPTIÈME

Tentatives d'embauchage

Ce mari à compartiments avait déjà passablement stupéfié sa femme la nuit de ses noces, tant en se dénudant le crâne qu'en se désarticulant la mâchoire. Il lui réservait de nouveau un étonnement du même genre. Comme elle venait de descendre pour aller, à deux pas de chez elle, assortir des soies pour une chauffeuse qu'elle faisait semblant de broder, et qui avait avancé de quatre centimètres en trois mois, Boutreux se jeta sur ses traces. Mais elle s'aperçut en route qu'elle avait oublié le principal échantillon. Elle rebroussa chemin, rentra sous la porte cochère et, en remontant l'escalier, se heurta à un inconnu qui semblait avaler les étages avec ses jambes. Peut-être un peu de présence d'esprit lui eût-il permis de passer sans encombre, mais la frayeur le saisit; au lieu de continuer sa descente, il tourna bride et se mit à dévorer de nouveau les marches, en hauteur cette fois. Dans cette volte-face impétueuse la barbe, mal soudée au menton, s'en détacha tout à coup, et

Fidès reconnut dans le fuyard son époux consterné

— Ah ! mon Dieu ! qu'est-ce que c'est que ça ? s'écria-t-elle en ramassant à ses pieds la touffe noirâtre qu'elle présenta à Boutreux, en proie à un effarement compréhensible chez un homme fraîchement scalpé.

— Eh bien ! oui, dit-il à bout de ruse et de mystère, je voulais vous suivre afin de savoir si vous n'alliez pas, comme dimanche dernier, rejoindre M. Camille Grébert. Rentrez ! vous voyez que je sais tout.

Il espérait que le nom de Grébert et le « Je sais tout » de la fin allaient provoquer de la part de Fidès quelque protestation indignée. La plus vulgaire audace eût fourni à cette « honnête criminelle » vingt histoires toutes combinées et plus faciles à écouler les unes que les autres. Mais moins une femme est coupable, moins elle a d'aplomb pour se défendre. Dix fois adultère, elle eût probablement répondu à l'interpellation de son époux :

« Monsieur, qui vous donne le droit de m'adresser ces outrages ? »

Elle avait à peine osé jusque-là s'interroger sur son amour naissant. Aussi n'essaya-t-elle ni de nier ni d'atténuer sa faute, bien qu'elle ne l'eût pas commise. Elle repassa le seuil de l'appartement conjugal, la tête plus basse et l'âme plus consternée que si elle venait d'être « pincée » à la frontière en compagnie d'un ténor d'opéra comique, et ramenée entre deux gendarmes à son domicile légal.

Il résulta de cet accablement visible que, contrairement à tant d'autres, lesquels se croient moins trompés qu'ils ne le sont réellement, Boutreux supposa sa situation plus irrémédiable que les circonstances ne l'avaient faite. Il était navré. Il voulut être digne. Il fut comique. Il s'était assis contre une table où il avait posé l'appendice pileux qu'il pétrissait machinalement d'une main, tout en tenant l'autre dans son gilet, tandis qu'il foudroyait d'un regard olympien sa femme éperdue. Quelqu'un entrant à ce moment se serait cru en présence d'un juge d'instruction interrogeant une malheureuse accusée d'infanticide.

« Ainsi, demanda-t-il, vous l'aimez ? »

Fidès eut un signe de tête qui signifiait oui ou non, au choix de l'interrogateur.

— Au reste, vous ne vous en cachez même pas, puisque vous vous affichez tous deux sans vergogne sur la voie publique.

Elle aurait pu dire qu'elle avait adopté la voie publique comme infiniment moins dangereuse qu'un domicile privé. Cette justification ne lui vint même pas à l'esprit. Il continua d'une voix sourde :

— Vous êtes sa maîtresse ?

Elle aurait eu le droit de pousser les hauts cris à ce mot malsonnant. Elle se contenta d'émettre cette dénégation :

« Non ! non ! je vous assure ! »

— C'est toujours ce qu'on dit, conclut Boutreux avec un grand bon sens. Puis, sans transition, lâchant son personnage de magistrat, il se mit à parcourir la chambre d'un pas automatique.

« Il va me tuer ! » pensa Fidès. Et aussitôt les recommandations de la mère Sainte-Olympie sur l'art de bien mourir lui revenant en mémoire, elle se fit cette réflexion :

« Dans ce moment-ci, j'irais directement en enfer. »

Mais il n'éprouvait aucune tentation meurtrière. Il cherchait, sans y parvenir, à s'expliquer l'incroyable conduite de Fidès qui, aimant Camille qu'elle pouvait épouser, l'avait choisi, lui, Boutreux, qu'elle n'aimait pas et qu'elle trompait précisément avec celui qu'elle avait dédaigné. Désespérant de trouver à lui seul la solution de ce problème d'algèbre féminine, il ne résista pas à l'envie de se renseigner auprès de la coupable elle-même.

« Je ne pensais pas à vous, dit-il en s'arrêtant subitement. Je vous trouvais gentille, mais j'étais à cent lieues de supposer que vous pussiez devenir ma femme. C'est vous qui êtes venue me prendre par la main en me laissant croire des choses... des choses... Quel plaisir éprouviez-vous donc à faire mon malheur et le vôtre, puisque vous ne pouvez pas me souffrir ? »

Et malgré les torts patents de Fidès, cette certitude qu'elle était malheureuse et malheureuse par lui, fit déborder la coupe d'amertume. Il tira son mouchoir dont il affecta de s'éventer, et dont il se servit surtout pour éponger les larmes qui lui boursouflaient les paupières.

Depuis sa dernière conversation avec l'abbé Boissonnet, Fidès s'était laissée envahir par cette conviction que sa répugnance pour Boutreux tenait au peu de sérieux de leur union. Elle aspirait très sincèrement aux moyens de résister à son goût pour le jeune étudiant, qu'elle supposait volontiers suscité entre elle et son mari par la colère divine. Le Seigneur, après le péché originel, avait dit à Eve :

« Tu enfanteras tes fils dans la douleur. »

De même, il disait à Fidès :

— Puisque tu as épousé civilement Boutreux, tu aimeras Camille. »

Encore Ève avait-elle aux prédictions du Seigneur cette réplique toute prête :

« Le meilleur truc pour éviter d'enfanter dans la douleur, c'est de ne pas faire d'enfants ! »

Tandis qu'il n'était pas plus au pouvoir de Fidès d'aimer l'astronome que d'oublier l'étudiant. Elle traduisit tout haut sa pensée intime dans cet aphorisme qui changea en ébahissement les larmes de Boutreux :

— Rien de tout cela ne serait arrivé si nous étions réellement mariés.

— Comment ! fit-il, nous ne sommes pas... Ah ! çà, est-ce que vous allez jouer la folie à présent ?

— Non, nous ne le sommes pas. On ne se marie qu'au pied des autels. Je suis sûre que je vous aurais beaucoup aimé... même énormément si nous y avions été... au pied des autels. Quand j'ai su que je n'étais pas vraiment votre femme, mais votre concubine...

— Ma concubine ? s'écria Boutreux, renversé par le système de défense qu'inaugurait l'accusée.

— Oui, votre concubine, insista-t-elle avec l'énergie d'une femme qui, ayant lu Bescherelle, est parfaitement fixée sur le sens du mot. Elle continua : Alors j'ai pris ma position en horreur. Dieu, pour me punir, pour nous punir tous deux, a envoyé M. Camille, et...

— Et vous l'aimez!... vous l'adorez?... Voyons, dites-moi tout. Vous n'avez plus rien à me cacher maintenant. »

Elle commençait à connaître l'amour, mais elle ignorait encore la jalousie. Elle répondit comme elle l'eût fait à son confesseur et sans se douter de la longueur du poignard qu'elle plongeait dans le cœur de Boutreux :

« Je sens parfaitement qu'une puissance inconnue m'entraîne vers lui malgré moi. »

Il voulut savoir enfin jusqu'où l'avait entraînée cette puissance inconnue.

« Et où vous voyez-vous? lui demanda-t-il avec un calme fallacieux. Chez lui, sans doute !

— Je ne le vois jamais que le dimanche, à la porte de l'église. Nous nous saluons. Mais si vous saviez comme il est timide et réservé ! C'est incroyable pour un étudiant.

— En ce cas, c'est donc vous, madame, qui lui avez fait des avances?

— Je ne peux pas vous répondre là-dessus. Je n'étais plus libre de moi-même. Oh! si vous aviez voulu, jamais je n'aurais seulement pensé à lui. »

L'inquiet Boutreux acquit bientôt la certitude que l'épée suspendue sur sa tête tenait encore à un fil. Elle en vint à lui avouer que ses sentiments pour Camille étaient une espèce de protestation contre des relations qu'elle ne pourrait accepter comme légitimes, tant que l'Eglise ne les aurait pas sanctionnées. Un peu rassuré sur le passé, mais effrayé pour l'avenir, il lui demanda qui lui avait ainsi faussé le jugement sur la valeur des actes officiels de l'état civil. Elle répondit pour ne pas mêler au débat l'abbé Boissonnet :

« C'est une dame. Vous savez, la vieille dame qui se place toujours près de moi, à Saint-Sulpice. Elle voulait m'inviter à une de ses soirées, mais quand elle a su qui j'étais, elle m'a dit : — Je vais prier pour vous, ma chère enfant. Seulement vous le comprenez, il m'est impossible de vous recevoir tant que vous ne serez pas mariée avec celui dont vous portez le nom. — Voilà ce qu'elle m'a dit. Pensez quelle humiliation pour moi ! »

Elle promit de ne plus revoir Camille et elle tint parole. Boutreux, de son côté redoubla de soins, de tendresse et de servilisme, ignorant que les attentions de l'un sont pour une femme autant d'invites à s'occuper de l'autre. Elle luttait de son mieux, priant beaucoup, mangeant à peine et maigrissant à vue d'œil. Elle avait renoncé à fréquenter les églises, et toute la journée du dimanche, son cerveau bouillonnait à éclater. Elle se retirait dans sa cellule pour lire la messe ; mais ce qu'elle suivait surtout dans son paroissien, c'étaient les allées et venues du jeune Grébert, haletant autour de tous les groupes sans pouvoir la découvrir nulle part. Ses robes devinrent trop larges. Ses mains flottaient dans ses gants. Elle ne se plaignait pas, et son mari n'osait pas la plaindre. Pourtant, devant ce dépérissement graduel, il en était quelquefois à se reprocher de n'avoir pas su garder ses douleurs pour lui seul.

« Eh bien, après tout, se disait-il, quand elle aurait trompé une vieille bête comme moi ! J'aurais encore mieux aimé ça que de la voir morte. »

Un soir, il n'y tint plus :

« Est-ce que tu vas continuer longtemps cette vie-là ? dit-il d'un ton bourru, mais attendri.

— Il dépend de vous que je revienne à la santé, répondit-elle, les yeux baissés. Vous n'auriez pour cela qu'une seule chose à faire : aller vous agenouiller avec moi sur les marches de la première chapelle venue.

— Et tu t'imagines que cette cérémonie te rendrait tes couleurs ?

— J'en suis sûre, reprit-elle. Personne n'en saurait rien. Nous nous adresserions au desservant de quelque pauvre église d'un village éloigné. La bénédiction nuptiale serait tout simplement inscrite dans le registre des mariages. Qui voulez-vous qui aille l'y chercher ? Je suis bien sûre qu'alors mes visions disparaîtraient. Je ne pourrais plus aimer que vous puisque vous seriez enfin mon mari, et j'engraisserais... vous verriez !... ce serait étonnant.

— Tu frises la démence, fit Boutreux.

— C'est possible. Mais vous me demandez ce qui me guérirait ; je vous l'indique. Puisque vous ne voulez pas m'écouter, laissez-moi mourir tranquille. Ce ne sera pas long.

Le célèbre positiviste comprenait parfaitement ce qu'il y avait de grave à retourner ainsi en arrière et, après le retentissement de son mariage civil, à donner à l'Eglise ce terrible exemple de soumission. Mais le repos de son ménage n'était pas moins en jeu que la santé de sa femme. Céder à un caprice de malade ne pouvait constituer une abjuration. Il ne croyait pas plus aux somnambules qu'à Jésus-Christ, cependant si Fidès demandait à consulter une demoiselle extra-lucide ou même une tireuse de cartes, il ne lui refuserait pas cette fantaisie. La bénédiction nuptiale offre d'ailleurs cette particularité qu'il faut être deux pour la recevoir et que si l'un des deux époux la repousse, il attente à la liberté de l'autre. En réalité, c'était sur sa femme qu'elle tomberait, non sur lui. Il serait comme un homme assis à une table, et qui regarde manger les invités, sans toucher aux plats.

Il mit trois jours à descendre la pente savonnée de ces divers raisonnements. Puis, comme Fidès entrait chez lui toujours plus amincie, les paupières toujours plus bleues et les lèvres toujours plus blanches, il lui jeta ces mots ironiques :

« Et quel est l'heureux village où nous irions consommer cette jolie plaisanterie ? »

Elle répondit sans relever l'expression qui cachait plus d'embarras que d'athéisme :

— J'avais pensé à B... sur la route de Fontainebleau. C'est un nid. Nous y resterions huit jours, après quoi nous partirions pour l'Italie. Nous verrions Naples, Florence, Rome...

Et elle projetait déjà d'aller visiter le Pape dans son cachot.

Cette proposition d'une excursion en Italie indiquait de sa part la volonté arrêtée de ne plus revoir Camille. Une telle concession en valait bien une autre.

— Allons, embrasse-moi, dit-il. Puisque tu ne

ne veux pas en démordre, nous irons à Rome, mais comme nous irions aux eaux, pour ta santé.

Fidès sauta de joie. Elle se vit sauvée, ne doutant pas un instant que le spectre de Camille ne disparût dans le sous-sol comme Bertram, dès que le prêtre leur imposerait les mains. On convint de quitter Paris à trois jours de là. Fidès se chargea de tout et déploya une activité qui lui fouetta le sang, lui rendit l'imagination, et, la fatigue aidant, un peu d'appétit et de sommeil. Elle attribua victorieusement ce résultat à l'état de grâce dans lequel elle se préparait à entrer.

Elle avait promis à son mari le plus strict secret; mais elle avait compté sans la laïque, que des bribes de conversation avaient promptement éclairée sur les projets en cours d'exécution, et qui, ne connaissant que son devoir, avait couru au couvent raconter à la mère Sainte-Olympie la nouvelle de cette grande victoire remportée sur l'Enfer lui-même.

« Gloire à Dieu ! s'écria la supérieure ; maintenant sœur Sainte-Euphrosine peut mourir. »

Fidès, par un mot jeté à la poste, avait prévenu le curé de B... de leur arrivée. Elle avait expliqué à cet ecclésiastique que, quoique n'appartenant pas à la paroisse, deux époux viendraient lui demander le secours de son ministère. On se marierait de très-bonne heure, sans aucune pompe, comme deux amants qui régularisent une position depuis longtemps irrégulière.

C'était le matin du départ. Boutreux, en costume de voyage Bismarck, abrité sous un feutre mou de même nuance, le sac de cuir passé en bandoulière, ne s'était jamais trouvé l'air aussi tyrolien. Il arpentait le salon, tandis que Fidès achevait sa toilette dans une chambre contiguë, et ils se parlaient à travers la cloison. Elle tenait à accentuer la révolution miraculeuse qui s'était opérée en elle. Aussi les mots : mon ami, mon bon chéri, mon « ange » même, se pressaient-ils sur ses lèvres. A l'imitation des gens qui se chatouillent pour se faire rire, elle s'excitait pour aimer.

Cette tendre causerie fut interrompue par un coup de sonnette, bientôt suivi de l'entrée de la laïque tenant à la main une carte de visite ainsi libellée :

L'abbé Boissonnet.

Boutreux ne connaissait aucun Boissonnet, non plus qu'aucun abbé. Mais la visite d'un prêtre provoque toujours une certaine inquiétude. Aussi fût-ce d'une voix tant soit peu troublée qu'il donna l'ordre d'introduire le visiteur.

L'aumônier des dames de Sainte-Magloire entra, dans une douillette neuve dont les revers piqués et ouatés s'ouvraient galamment sur sa poitrine. Ses cheveux, puissamment cosmétiqués, se relevaient par le bas en un essai de frisure, irrécusable témoignage d'une lutte ardente avec un fer chaud. Il ôta, seulement en présence de Boutreux, un chapeau à trois cornes, très bas de plafond et d'où tombaient des ganses et des passementeries. Il paraissait avoir modelé son costume et même son visage, exceptionnellement béat, sur ces gravures anglaises représentant le vicaire de Wakefield.

Il posa sur une console les trois cornes de son

chapeau et, s'avançant comme emporté par son cœur, les deux mains tendues vers Boutreux, il lui saisit les deux siennes qu'il pressa tendrement.

« Mon frère, mon cher frère, dit-il, je sais tout et mon âme déborde. Je viens d'apprendre par M. le curé de B... et l'admirable résolution que vous veniez de prendre et le pieux service que vous réclamiez de lui.

— Comment, pensa Boutreux, ce bavard de curé a déjà annoncé à ses amis de Paris qu'il nous attendait, quand on lui avait expressément recommandé le secret!... C'est trop fort! »

Boissonnet, qui ne pouvait s'avouer renseigné par la laïque, avait pris sur lui de tout mettre au compte de son collègue du village de B... La démarche qu'il risquait, après en avoir référé à ses supérieurs, devait donner des résultats d'une telle envergure, qu'il eût été impardonnable de se laisser arrêter par une question de détail.

— Mais, monsieur, fit l'astronome presque irrité, l'indiscrétion du curé de B... me surprend profondément. J'ai consenti à faire bénir par un prêtre mon union avec madame Boutreux, uniquement parce qu'elle est extrêmement souffrante et que les médecins la prétendent en proie à une idée fixe, que je crains de voir dégénérer en maladie noire.

Il aurait pu ajouter : et à une passion pour un jeune homme de vingt-deux ans qu'elle s'est engagée à oublier si je passe sous ces fourches caudines.

— Je sais que tout doit rester entre Dieu et vous, répondit Boissonnet; et si mon confrère de B... m'a tenu au courant de vos projets, c'est parce que je suis délégué auprès de vous pour une simple formalité à remplir... oh! presque rien : une signature à donner.

— S'il y a quelque chose à écrire, nous allons passer dans mon cabinet, dit Boutreux qui, toujours sur ses gardes, ne tenait pas à ce que Fidès, entendant discuter, n'eût l'idée de prendre part au débat.

« Eh bien, cette formalité? dit-il, quand ils furent devant le bureau. Vous m'excuserez si je ne vous offre pas de vous asseoir, monsieur l'abbé, nous partons tout à l'heure et nous sommes un peu pressés par l'heure du train.

— Parfaitement! parfaitement! fit Boissonnet, d'un air bon enfant. Nous n'en avons pas pour deux minutes. »

Et fouillant dans la poche intérieure de sa douillette, il en sortit un portefeuille qu'il ouvrit posément et entre les lames duquel il cueillit délicatement un papier plié en quatre. Il le présenta ensuite entre le pouce et l'index, comme une hostie, à Boutreux qui le prit et le déplia. Voici ce que contenait cette demi-feuille :

« *Je déclare, ici, désavouer tout ce que j'ai pu écrire de contraire aux dogmes de l'Église catholique, apostolique et romaine, et je prends l'engagement de ne publier désormais aucun ouvrage susceptible d'infirmer cette déclaration.* »

— Comment! c'est là ce que vous me demandez de signer? fit le vieux positiviste, hésitant à en croire ses yeux.

— Ce sont les ordres de monseigneur l'évêque du diocèse de B..., répondit gracieusement l'abbé.

M. le curé me les a transmis et je vous les communique.

— Ah! ça, mon cher monsieur, s'écria l'illustre savant en croisant impérieusement les bras, est-ce que vous me prenez pour un polichinelle? Vous vous êtes imaginé que l'envie de sauver ma femme me déciderait à avaler toutes vos couleuvres? Ah! vous êtes bien toujours les mêmes. Plats comme des limandes, ou effrontés comme des lansquenets. Ce que me demande votre aimable évêque, savez-vous que c'est l'anéantissement non-seulement des mes inébranlables convictions, mais de mes études, de mes travaux, de mon honneur, de toute ma vie enfin? »

Il rutilait. L'abbé n'opposa à cette marée montante que son caractère d'ambassadeur et, n'osant développer ses appréciations personnelles, il les mit prudemment dans la bouche de l'évêque.

« Monseigneur, répliqua-t-il, juge impossible une bénédiction religieuse qui ne serait pas précédée d'une réconciliation avec la religion. L'Eglise ne peut recevoir dans son sein celui qui n'y entrerait que pour le mordre. D'ailleurs cette condition qu'elle pose à la sanctification de votre union avec Mlle Morandeau, demeurera, comme la cérémonie même, sans aucune publicité. C'est une simple garantie... sous seing privé... Pas autre chose.

— Oui, oui. Vous savez que *Table rase* est sur le marbre, et vous tremblez comme la feuille à l'idée de son apparition. Vous avez raison en cela, mes braves gens, car vous y recevez de solides atouts, je ne vous le cache pas. Et vous me proposez tout tranquillement d'échanger mon livre contre une messe de mariage. Franchement, j'y perdrais. »

Boissonnet s'inclina.

« Il suffit, dit-il. Je suis heureux que ma visite vous ait évité le dérangement d'un voyage, puisque la cérémonie nuptiale est indéfiniment rejetée. Je vais écrire à mon collègue de B... qu'il ne vous attende plus.

— A votre aise! » répondit Boutreux, en faisant mine de le reconduire.

L'abbé battit en retraite avec des saluts réitérés. Au moment de passer la porte de la chambre, il revint sur ses pas et, plaçant le papier tout plié sur le bureau de l'astronome, il dit sans affectation :

« Je vous laisse toujours la petite note envoyée par monseigneur. Je veux pouvoir lui affirmer que je me suis acquitté de ma commission. »

Puis il sortit d'un pas régulier, comme si le dénoûment de cette grave affaire le laissait dans une indifférence absolue.

CHAPITRE DIX-HUITIÈME

Une souleur

Avoir obtenu que l'irréconciliable Boutreux revînt sur son mariage civil n'était qu'un succès relatif. Il lui était, en effet, facile d'invoquer pour excuse l'état de maladie ou même de démence de sa femme. L'intervention inespérée du jeune Camille avait grandi d'autant les ambitions de la camarilla. Une abjuration en bonne et due forme, tel était ce qu'on croyait pouvoir arracher à la jalousie exaspérée du vieux mari d'une toute jeune chrétienne. On avait donc décidé, en haut lieu, qu'il fallait le placer entre son honneur de philosophe et son honneur d'époux. Mme Boutreux l'accablerait de promesses, quitte à ne les exécuter que dans une certaine mesure, quand on tiendrait dans un tiroir fermé à double tour, le désaveu signé et paraphé qui annulait en quatre lignes tous les ouvrages passés et futurs du plus célèbre impie du dix-neuvième siècle, qui en comptait un si grand nombre.

La crise conjugale n'était vraisemblablement pas à la période aiguë, puisque le mari avait été vaincu par le philosophe; mais quelle énergie résisterait longtemps à un régime d'inquiétudes continuelles, de dangers quotidiens et de menaces incessantes? Car Fidès, abandonnée de Dieu et seule, en tête à tête avec son amour, ferait de vains efforts pour garder les engagements souscrits à son mari, qui s'était joué d'elle.

Toutes ces probabilités avaient successivement passé devant les yeux de l'abbé Boissonnet, au moment où il prenait congé de Boutreux. C'est pourquoi il était retourné sur ses pas pour poser, à toute aventure, la déclaration sur le bureau.

« Eh! bien, partons-nous? Sûrement nous allons manquer le chemin de fer, » dit Fidès en faisant irruption dans la chambre de son mari avec une gaieté évidemment forcée, car la laïque l'avait instruite sans aucun retard de la visite de l'aumônier.

— Nous ne partons plus, répondit-il en se débarrassant de son sac de voyage, dont il eut quelque peine à faire passer la courroie par-dessus sa tête. Je viens d'avoir une explication avec un prêtre, un certain... je ne sais qui. Sa carte est là, du reste. Il paraît que ces messieurs ne se résigneraient à nous marier que si je brûlais solennellement tous mes livres. J'ai cru un moment que je serais obligé d'aller passer dix ans chez les Chartreux, avant d'être admis à te conduire à l'autel.

Il était tellement indigné des propositions déshonnêtes de cet inconnu en soutane, qu'il s'attendait fermement à voir Fidès abonder dans son sens. Mais elle n'entendit distinctement que ces mots : « Nous ne partons plus. » Elle pâlit cruellement. L'image de

Camille, ensevelie depuis quelques jours au plus profond de son cœur, remonta instantanément à la surface. Elle se dit :

« Cette fois, je suis perdue! »

— Tu comprends, continua Boutreux, ce qu'on exigeait de moi, c'était le déshonneur, ni plus ni moins. Tu n'aurais jamais consenti à porter le nom d'un homme déshonoré. Aussi, j'ai envoyé promener leur ambassadeur, tout bonnement.

Elle dénoua son chapeau, rentra chez elle, où, de ses propres mains, elle vida les malles, dont elle replaça le contenu dans les armoires. Elle parlait tout haut, pendant qu'elle ouvrait et fermait bruyamment les tiroirs des commodes, essayant d'assourdir ses angoisses. Elle méprisait Boutreux pour son obstination et son aveuglement.

« J'avais demandé qu'il m'attachât à lui par un lien indissoluble, et il refuse. Sur quoi veut-il que je m'appuie maintenant pour résister? »

Et elle se reprit à penser à Camille, sans lutte, presque sans remords ; car elle se serait accusée d'orgueil si, délaissée comme elle l'était par son ange gardien, elle avait tenté de soutenir le combat à elle toute seule. Aussi ses torts envers Grébert lui revenaient-ils en foule comme des créanciers négligés qui tombent tous chez vous le même jour. Qu'était-il devenu? A quelles pensées sinistres s'était-il laissé aller en la cherchant inutilement à l'heure ordinaire dans la foule des fidèles? Il n'avait jamais été pour elle qu'humilité, abnégation, dévouement, et elle n'avait jamais été pour lui que froideur, hypocrisie et cruauté. Elle, quand elle souffrait, avait encore la ressource d'offrir à Dieu ses douleurs, mais offrir au Très-Haut les douleurs d'un autre, c'eût été réellement trop de sans-gêne.

Elle aurait donné tout au monde, y compris peut-être sa vertu, pour le revoir et lui demander de nouveau pardon. Mais elle était convaincue qu'il avait renoncé à elle pour toujours. Le cousin Savaron l'avait congédié par une lettre grossière. Elle avait été pire. Elle n'avait même pas daigné l'informer de leur dernière rupture. Elle s'essayait à lui écrire, ébauchant des brouillons, non pour communiquer avec lui, car elle les jetait au feu dès la seconde phrase, mais pour avoir une occasion de s'adresser à l'absent, directement à la seconde personne.

Cette vaine pâture trompa pendant quelque temps l'inanition de son cœur affamé, au point que Boutreux crut voir dans cette agitation factice et menaçante les symptômes d'une guérison prochaine. Un dérivatif puissant vint en outre porter sur un objet d'une autre nature toutes les facultés de l'astronome. Il avait, sur sa demande, été désigné par l'Institut pour aller étudier prochainement, le passage de Vénus, événement scientifique qui, à l'instar de l'aloès, fleurit tous les cent ans. Longtemps avant l'apparition du phénomène, il avait à faire transporter sur le terrain de l'observation, ses instruments d'optique et ses plaques daguerriennes où il comptait puiser de si précieux renseignements pour sa thèse relative à la constitution physique des habitants de la plus radieuse des planètes. L'impertinente démarche tentée auprès de lui par l'abbé Boissonnet l'avait tout particulièrement irrité et il se préparait à la faire payer cher au catholicisme dans les conclusions de *Table rase*. Il se répétait en se frottant les paumes des mains, avec le geste d'un homme qui pétrit du mastic :

« Ils ont voulu me conduire à leur chapelle. Nous verrons comment ils s'y prendront pour renverser la mienne. »

Une aussi vaste préoccupation l'avait empêché de suivre avec quelque attention les modifications qui s'opéraient dans les sentiments de Fidès. On ne peut se désintéresser totalement de l'opinion de ceux qui vous entourent. Molière lisait ses pièces à sa servante, non parce qu'il la croyait douée d'un jugement supérieur, mais parce qu'elle se trouvait à sa portée pour l'entendre quand une scène était sortie toute chaude de sa plume. Boutreux racontait à sa femme des chapitres de dialectique transcendante qu'elle approuvait sans réserve, attendu qu'elle n'y comprenait généralement pas un mot. Il était ravi de cet assentiment et pensait :

« Elle vient peu à peu à nos idées. »

Mais elle venait à des idées d'un tout autre ordre. Son mari avait sacrifié son repos à elle à son orgueil à lui. Elle prenait le ciel à témoin qu'elle avait tout mis en œuvre pour arriver à entrer par la bonne porte dans le giron du mariage. Boutreux, par vanité ou par obstination, la retenait de force dans cet état d'ilotisme si cruellement décrit par l'abbé Boissonnet. Rester fidèle à un époux qu'elle n'aime pas, c'est tout ce qu'on peut raisonnablement exiger d'une femme, mais à un étranger à qui elle ne reconnaît pas appartenir et qui, au lieu de chercher à se faire pardonner son intrusion, se pose vis-à-vis d'elle en ennemi, c'est à quoi Lucrèce elle-même n'oserait s'engager. Elle pensa à Camille et aux formules si respectueusement chastes dont il capitonnait ses déclarations d'amour.

« Je n'ai plus d'autre refuge que lui, » se dit-elle.

De cette conclusion à une envie folle de le revoir, la transition fut brusque. Elle avait combiné de faire de lui son époux spirituel ; son époux temporel ne lui ayant donné aucune satisfaction. C'est alors qu'elle se décida à lui écrire. Mais il fallait rompre avec les habitudes passées, c'est-à-dire renoncer à ces rendez-vous mystiques qu'on se donnait en plein jour, au seuil d'une église, et dont le menu se composait d'un regard, d'un mot à double entente et d'un serrement de main. Elle était d'ailleurs trop sûre de lui pour lui témoigner plus longtemps une défiance injurieuse. Sans se livrer vivante à des propos de concierges en allant le trouver à domicile, rien ne s'opposait à ce qu'elle le vît dans la demi-intimité d'une voiture de place. Il lui avait déjà proposé une de ces promenades roulantes, en somme, peu dangereuses. Elle la lui avait refusée, mais les événements commandaient. Elle avait d'ailleurs tant de choses à lui dire, que deux heures de fiacre n'en épuiseraient pas la liste. Si on lui avait demandé quelles étaient ces choses, elle aurait eu quelque peine à les énumérer, mais, à première vue, elles lui semblaient aussi importantes que nombreuses.

Elle traça donc à son adresse quatre lignes émues

débutant par cette phrase qui dispense les femmes de toute autre explication : « Il faut que je vous parle. » Et elle lui donnait rendez-vous au tournant de gauche de la fontaine Saint-Michel. Elle serait dans un coupé de la Compagnie des Petites-Voitures, et arriverait à huit heures précises, à moins que le cocher n'y mît la plus extrême mauvaise volonté.

Elle tint à s'assurer avant d'envoyer la lettre si Camille n'avait pas quitté son ancien logement, et ce fut un commissionnaire qui, moyennant la modique somme d'un franc une fois payée, se chargea de cette terrible ambassade. Elle le prit dans la rue et lui recommanda avec insistance de se renseigner d'abord auprès des gens de la maison sur le locataire désigné par l'adresse. Elle attendrait à quelques pas de là le retour du messager qui reviendrait l'informer du résultat de ses questions.

On répondit au commissionnaire que M. Grébert habitait toujours la maison, et qu'on lui remettrait le pli dès qu'il rentrerait. Le rendez-vous était pour le lendemain soir. Fidès rentra chez elle avec les palpitations de cœur d'une vestale qui, ayant laissé éteindre le feu sacré, se dispose à se laisser brûler vive.

Malheureusement les projets les plus facilement réalisables ont des fissures par où passe la fatalité. Nommé depuis quelques mois externe à Lariboisière, l'étudiant était tenu de passer à l'hôpital deux jours sur dix, y mangeant et y couchant. Parti depuis midi il ne devait reprendre sa liberté que le surlendemain à la même heure, et il allait employer à préparer des cataplasmes la soirée que celle qu'il adorait allait perdre à l'espérer inutilement. Il y a ainsi des gens dont la spécialité est de manquer le train.

Fidès, jusqu'à l'heure solennelle, recourait à toutes les distractions pour tromper son impatience. Mais son attention vagabondait sans se poser nulle part. La voix de Boutreux entrait dans son oreille comme l'eût fait le bruit d'un moulin. Elle aurait voulu découvrir des moyens nouveaux d'abréger le temps, fumer des cigarettes ou tirer au pistolet. Elle se jeta passionnément sur une idée qui lui promettait une assez longue occupation, c'était d'écrire à son parrain. Il lui avait dit en partant :

« Adresse-moi tes lettres à Brest, à bord du *Tage*, avec cette mention : *faire suivre*. Et ne m'oublie pas; quand je lis quelque chose de toi je voudrais que ça eût un volume. »

Ce volume, elle l'écrirait pendant les trente heures qui lui restaient à ronger son frein. Elle s'attabla devant tout un cahier de papier glacé et, ne sachant par où commencer, elle évoqua son passé d'enfant, puis d'adolescente, puis de religieuse, qui se leva autour d'elle, dans une buée de souvenirs. Elle comprit alors à quel point elle s'était jusque-là montrée ingrate envers le cousin Savaron, son vrai protecteur, ce garde du corps, toujours prêt à mourir pour elle; cette épée dévouée jusqu'à la garde. Elle le vit parcourant les rues de Yeddo pour lui procurer des porcelaines et s'exposant à toutes les vermines chez les juifs de Samarcande, pour lui acheter des babouches et des châles de Perse. Cet homme si simple avait été bien autrement qu'elle intelligent et perspicace. Ne lui avait-il pas répété vingt fois :

« Epouse M. Grébert. C'est un travailleur. Un homme qui travaille rend toujours sa femme heureuse. »

Elle aurait aimé l'avoir là pour se jeter à ses genoux et les lui embrasser. Mais il était loin, luttant peut-être contre quelque cyclone, échoué sur quelque récif, prisonnier de quelque tribu sauvage. Ce qu'il faisait ou souffrait en ce moment, elle ne le savait pas, mais ce dont elle avait la certitude, c'est qu'il pensait à elle.

Avant d'entamer une vie nouvelle, car elle sentait que sa prochaine rencontre avec Camille allait décider de son avenir, elle voulait envoyer à celui qui la chérissait si profondément toutes les épaves de sa vie d'autrefois. Elle débuta par ce vocatif exceptionnellement tendre, et qui devait faire tressauter d'émotion le cœur du lieutenant de vaisseau :

« Mon parrain chéri,

« Qui sait où te trouveront ces mots ? Et qui sait où je serai quand ils t'arriveront ? Je ne peux dire pourquoi, mais cette lettre que je t'écris est pour moi comme un testament... »

On sonna tout à coup. C'était un fournisseur qui apportait un paquet ; car toutes nos rêveries, nos méditations et nos aspirations vers l'idéal sont exposées à être coupées en deux par des fournisseurs qui apportent quelque chose.

Mais cet incident trivial avait suffi pour dessouder la chaîne de ses souvenirs. L'image de Camille remplaça de nouveau toutes les autres. Constamment provoqué et régulièrement évincé ensuite, comment le pauvre garçon, si souvent appelé et si peu élu, accueillerait-il ces nouvelles avances qu'il avait le droit de supposer faire partie du même système de coquetterie? Il la traiterait sans doute très-durement et irait peut-être jusqu'à l'insulter. Mais elle acceptait d'avance ce châtiment ; les injures de l'être aimé étant parfois, d'ailleurs, douces à l'oreille de celle qui aime.

Elle atteignit enfin le jour redouté, quoique attendu. Il se leva dans une brume grisâtre qui se résolut en pluie vers trois heures de l'après-midi. A six heures, elle se mit à table en face de Boutreux, avec la joie du conscrit qui achève sa dernière étape. Elle fit si habilement résonner pendant tout le dîner les pointes de sa fourchette sur l'émail de la porcelaine, que son mari se laissa prendre à ce simulacre, et quand elle se leva de table, l'estomac serré, mais vide, il la félicita sur le retour de son appétit. Enfin sept heures et demie sonnèrent. Elle mit un chapeau violet foncé très-simple, qu'elle assombrit encore par l'adjonction d'un voile dont elle s'enveloppa la figure en le nouant très-serré derrière sa tête. Elle jeta, sans apprêt aucun, sur ces épaules un de ces petits cachemires de l'Inde qui ont remplacé dans presque tous les ménages les lourds châles quatre doubles et qui se plient non en pointe, mais en biseau. Puis elle dit négligemment :

« Je sors. Voilà trois fois que je fais demander la couturière. Si je n'y vais pas moi-même je n'aurai pas ma robe avant un an.

— Tu sais qu'il pleut à verse, fit Boutreux déjà au travail. Ne manque pas de prendre une voiture.

— Oui, oui, j'en prendrai une, ne t'inquiète pas. Je reviens tout de suite. »

Et elle s'élança dans l'escalier, pareille à une évadée qui ferme les yeux de peur d'apercevoir devant elle les gendarmes, et se bouche les oreilles pour ne pas entendre derrière elle le galop des chevaux.

Elle avait devancé l'heure, tremblant que le mauvais temps n'eût rendu les fiacres introuvables. Elle eut l'heureuse chance d'aviser un cocher dormant sur son siége dans les trois collets de son carrick. Il était d'âge respectable et aurait pu au besoin passer au rôle de protecteur. Elle lui fournit, en s'embrouillant un peu, des instructions qu'il comprit au premier mot. Il lui ouvrit la portière et alla se poster au tournant de la fontaine. D'abord elle se fit aussi invisible que possible, s'enfonçant dans les durs capitons dont le crin trop végétal s'écrasait sous la pression de ses épaules. Comme au bout de cinq minutes, personne n'apparaissait, elle hasarda à la vitre fermée un œil bientôt suivi d'un autre. Elle baissa ensuite la glace pour ne pas exposer Camille à se tromper de voiture. Elle le reconnaissait dans tous les passants qui frôlaient les roues de son fiacre. Elle se rejetait alors dans l'ombre en baissant son voile ; mais le passant passait, et elle revenait à ses explorations. Il pleuvait, non pas des hallebardes, mais des sabres qui tombaient en travers et, lui fouettant le visage, allaient se briser en s'éparpillant sur le velours des coussins. Elle essaya de tromper son impatience en se livrant à une foule de petits travaux, comme de compter les clous de cuivre qui bordaient la tapisserie du coupé et les taches de graisse qui l'émaillaient. Elle observa quelques temps la flamme des becs de gaz dans les flaques d'eau où elle se reflétait comme dans des miroirs d'acier poli. La première demi-heure d'attente fut horriblement agitée. La seconde fut morne. Ses pieds s'étaient mouillés et glacés sous les gouttes de pluie qui entraient par toutes les fissures. Elle ôta ses gants qui ruisselaient. Mais elle ne put se décider à lever la glace qui eût mis entre elle et Camille un brouillard gênant. Le froid la plongea peu à peu dans une sorte de somnolence qui lui enleva toutes ses facultés d'appréciation. Elle ne savait plus si elle était en faction depuis vingt minutes ou depuis une heure. Par intervalles, elle ouvrait les yeux et voyait sur le ciel noir se tortiller la silhouette de l'ange Saint-Michel terrassant le démon. Elle aurait bien voulu en faire autant.

En partant, elle avait dit à Boutreu :

« Je reviens tout de suite », car elle projetait de n'accorder à Camille qu'un tête-à-tête assez court. Quand l'astronome descendit, vers neuf heures trente, de l'anneau de Saturne sur lequel il était à califourchon depuis la sortie de Fidès, il fut tout surpris de constater qu'elle n'était pas rentrée. Il remonta sur son anneau sans pouvoir s'y tenir plus de quelques instants. Les coups de neuf heures trois quarts, de dix heures, de dix heures et quart tombèrent successivement dans son oreille à travers le clapotement de l'eau dans les gouttières.

« Elle n'aura pas trouvé de fiacre pour revenir de chez sa couturière, pensa-t-il, et elle attend que la pluie cesse. »

Cependant on voit des pluies durer deux jours, et,

sauf de rares exceptions, les femmes qui étaient sorties n'en reviennent pas moins à la maison. D'ailleurs Fidès n'était pas en toilette, et la couturière qui lui comptait ses robes des prix exorbitants, ne pouvait pas moins faire que de lui prêter un parapluie. Aussi commença-t-il à trépigner sur place, à ouvrir la fenêtre, à se pencher jusqu'à mi-corps en dehors du balcon. Mais regarder par une fenêtre est dans les cas de ce genre un palliatif tout à fait impuissant, quoique généralement usité. Boutreux prit le parti d'aller en personne à la découverte. Il demanda à la laïque l'adresse de la couturière, décrocha prestement son chapeau et, sans fausse barbe, cette fois, prit sa course comme au temps récent où il suivait son épouse par les rues.

Madame Boutreux n'avait pas mis les pieds chez la couturière, qui était couchée et qu'il fallut faire relever. Boutreux, troublé au dernier point, se remit en route dans l'appréhension d'un gros malheur. Ne sachant plus à qui s'adresser à cette heure nocturne, il retourna chez lui, espérant l'y retrouver. Onze heures approchaient et elle n'était pas là. Il allait repartir, lorsqu'en traversant la chambre à coucher avec une lampe à la main, il vit sur le guéridon une lettre commencée. C'était celle de Fidès à Savaron. Elle s'arrêtait après deux lignes au mot « testament. » Une sueur froide figea Boutreux dans sa glace. Ce n'était plus le fantôme du déshonneur, c'était l'image de la mort qui se dressait devant lui. Il avait cru que sa femme était allée à l'adultère. Elle était allée au suicide.

En deux bonds, il fut à nouveau sur le trottoir. Il

avait lu la veille dans des faits divers qu'une ouvrière avait enjambé, pour se jeter à l'eau, le parapet du pont d'Austerlitz. Machinalement, c'est vers le pont d'Austerlitz qu'il se dirigea.

On ne pourrait pas dire qu'il marcha, ni même qu'il courut, il galopa du haut de la rue d'Enfer jusqu'à la berge de la Seine, très-basse en ce moment, et dont il put remonter le cours en passant sous les ponts mêmes. Il enfonçait continuellement dans des trous que la pluie avait transformés en cuvettes. Le cuir de ses bottes se coupait à des tessons de bouteilles. Il pataugeait par cette nuit à l'encre de Chine dans toutes sortes de choses dégoûtantes. Mais il n'y avait plus de vivant en lui que ses yeux. Il les plongeait et les replongeait dans l'eau noire, prêt, bien qu'il nageât comme un canon Krupp, à s'y jeter tout vêtu, au premier objet suspect qui émergerait à la surface.

Il grimpa avec la légèreté d'un ouistiti sur le bastingage d'un bateau à charbon amarré au quai de Billy, et d'où il eût embrassé l'horizon si l'ombre de plus en plus épaisse avait permis cet embrassement. Arrivé au pont d'Aesterlitz, il le traversa quatre fois dans toute sa longueur avec l'obstination d'un terre-neuve en quête d'un corps à ramener sur la rive. Puis il chercha à se rappeler pourquoi il avait préféré le pont d'Austerlits à tout autre, et, n'y parvenant pas, il eut peur d'être devenu fou, et s'interrogea sans arriver à se répondre catégoriquement, sur aucun des faits qui l'avaient conduit là. Etait-il bien sûr de n'avoir pas rêvé la lettre de Fidès à son parrain ? Avant de partir, il n'avait pas eu seulement l'intelligence de regarder le lit où elle était peut-être tranquillement endormie après être rentrée sans qu'il s'en fût aperçu. Pouvait-il même affirmer qu'elle fût sortie, et n'était-ce pas à la suite du plus ridicule accès de somnambulisme qu'il se retrouvait trempé jusqu'à la moëlle dans un des quartiers les plus excentriques de la capitale à l'heure de minuit ?

Il vira de bord et reprit sa course automatique, du côté de son domicile. Au moment de sonner à la porte cochère, il leva les yeux et vit une lueur à travers les rideaux de la chambre à coucher. Mais peut-être la servante attendait-elle ses maîtres. Il monta le cœur battant et les mains si tremblantes qu'il mit cinq minutes à introduire sa clef dans la serrure de l'appartement. Il entra et, poussant brusquement la porte sous laquelle passait la lumière, il fut saisi d'une joie extravagante au spectacle de la laïque accroupie devant madame Boutreux, et, s'exténuant, avec des grimaces et des tirages de langue, à lui arracher des pieds ses bottines collées à ses bas.

A onze heures, Fidès s'était réveillée de sa catalepsie et battue, humiliée, plus déshonorée par cet abandon méprisant que par les tentatives les plus hardies, elle avait fait signe au cocher de la reconduire rue d'Enfer. Celui-ci, en recevant avec reconnaissance une pièce de dix francs, qu'il avait d'ailleurs bien gagnée, s'était séparé de sa « bourgeoise », sur cette réflexion cruelle, quoique pleine d'intérêt :

« Eh ! bien, il n'est donc pas venu, le grand brigand ? »

Elle attendait avec une terreur désespérée le retour de son mari, dont la laïque lui avait narré les allées et venues. La démarche chez la couturière rendait tout nouveau mensonge impossible. L'entrée de Boutreux portait donc la situation à son point culminant. Mais, au lieu de fondre sur elle en ennemi, il se jeta à son cou, puis, l'enlevant presque dans ses bras, il la couvrit de baisers entrecoupés par ces mots sanglotés d'une voix déchirante : « Je sais tout. Oh ! ma chérie ! pourquoi as-tu voulu mourir ? »

— Moi, fit-elle, tu te trompes... je n'ai pas du tout voulu...

Mais il redoubla de baisers en lui montrant sa robe qu'elle avait ôtée pour passer un peignoir et qui traînait dans la chambre, où elle semblait baigner dans un étang.

« Te tuer ! te tuer ! répétait-il. Je te rends donc bien malheureuse ? »

L'histoire que Fidès n'avait pas eu le temps d'inventer, Boutreux la lui fournissait. Il prit sur la table la lettre commencée et la lui montra :

« Voilà ce qui m'a tout appris, dit-il. Maintenant, jure-moi que tu as renoncé pour jamais à tes épouvantables projets ?

— Je vous le jure, répondit-elle.

— Et qui t'a sauvée ?

— Un marinier, fit-elle au hasard.

— Il faut le retrouver. Il doit être pauvre. Il a sans doute une famille. Tout ce qu'il demandera, je le lui donnerai. Ah ! il y a encore de braves gens sur la terre. Il ne t'a pas laissé son nom ?

— Je ne crois pas, j'étais évanouie. »

Boutreux, retourné comme un gant par cette catastrophe, tenait à la connaître dans ses détails les plus insignifiants ; mais Fidès, pour couper court au récit de ce drame fantaisiste qui était à son actif une honte de plus, se fit malade et insista pour se mettre immédiatement au lit. Boutreux la força à avaler un grand verre de vin chaud. Après quoi, la voyant bien séchée et bien couverte, il s'établit à son chevet, dans un fauteuil, où il se décida à passer la nuit, moins peut-être pour lui prêter assistance que pour la regarder dormir.

CHAPITRE DIX-NEUVIÈME

Le désaveu

Est-ce l'humiliation ou les courants d'air, la désillusion ou le froid aux pieds qui déterminèrent chez la jeune femme une fièvre dont la durée fut de huit longs jours? L'astronome, devenu médecin et sœur hospitalière, ne la remit définitivement sur pied qu'à force de sollicitude et de bourrache.

Mais ce qu'il redoutait presque autant que la maladie, c'était la convalescence. Qui prouvait que ses idées noires n'allaient pas la reprendre? Il n'oserait plus lui laisser faire toute seule un pas dans la rue, et il en serait réduit à faire griller les fenêtres, afin qu'elle pût sans danger rester à la maison. Puis, tout en se privant de son sommeil pour veiller jusqu'à des heures indues sur celui de Fidès, il en vint à se persuader qu'il était un misérable égoïste, car il ne doutait pas que l'acte désespéré de sa femme n'eût pour motif principal cette idée fixe qu'elle n'était pas valablement mariée. Il pesa le pour et le contre, se demandant si toutes ces discussions oiseuses qui se partagent le monde sans parvenir à prolonger d'un jour la vie d'un seul de ses habitants, valaient un regard de Fidès heureuse et rassurée. Le jeu ôte à l'argent sa valeur pécuniaire et l'amour enlève aux autres sentiments leur valeur morale. Les doctrines pour le triomphe desquelles on serait, la veille encore, monté sur le bûcher, tombent alors dans le puits sans fond de l'indifférence. Oui certes, il ne le niait pas, il y aurait pour lui déshonneur à passer par la porte basse que des intrigants avaient démasquée tout à coup ; mais s'il est généreux de mourir pour celle qu'on aime, se déshonorer pour elle est incontestablement plus magnanime. Eh bien, quoi ? il faiblirait ! voilà tout. Gallilée avait bien faibli pour éviter le bûcher qui ne menaçait que lui. Le péril qu'il conjurait lui, Boutreux, planait sur la tête de Fidès, laquelle lui était autrement chère que la sienne propre. Et ce péril n'était pas imaginaire. Les faits étaient là. Les vêtements dans lesquels elle s'était volontairement immergée avaient à peine eu le temps de sécher, et sans le marinier dont il regrettait tant de n'avoir pu retrouver les traces, elle serait à cette heure dans les filets de Saint-Cloud, ou, perspective plus hideuse encore, sur les dalles publiques de la Morgue.

Rétracter tout ce qu'il avait écrit contre la religion catholique, et s'engager à ne plus rien écrire contre elle, c'était la suppression du grand ouvrage que tant de curiosités attendaient. Mais pouvait-il mettre en parallèle la destruction de *Table rase* et celle de Fidès ? De tous côtés il entendrait autour de lui ce cri funèbre :

« C'est un lâche ! »

En revanche, si, pour sauver sa réputation de philosophe, il tuait ainsi avec préméditation une jeune femme de vingt ans qui s'était donnée à lui dans toute la candeur d'une âme immaculée, le mot « lâche » était mille fois trop anodin pour qualifier un tel crime. En outre, le temps pressait, car les forces de la malade revenaient à vue d'œil, et quelque nouvelle escapade suivrait probablement de près son entier rétablissement. Après une dernière lutte et un suprême effort, il s'approcha du fauteuil où elle rêvait étendue, la tête dans un oreiller, et, à travers le baiser qu'il lui mit sur le front, il laissa passer ces mots décisifs :

« Dépêche-toi de te guérir, que nous puissions partir pour B...

— Partir pour B..., dit-elle, vous savez bien qu'il n'en est plus question. »

Boutreux, qui se tenait la main derrière le dos, exhiba alors le papier déposé sur son bureau par l'abbé Boissonnet.

« Regarde, » fit-il en le lui plaçant sous les yeux.

Fidès lut alors la signature de son mari, toute fraîche moulée au bas de la déclaration exigée par l'évêque. Ce fut un baume sur ses blessures. Elle pourrait désormais braver les mépris de Camille et reporter sur son époux les provisions de tendresse qu'elle emmagasinait depuis si longtemps.

« Oh ! que tu es bon ! » s'écria-t-elle en le prenant par le cou et en l'attirant à elle par un mouvement qui déplaça sa perruque.

— Nous porterons nous-même le papier au curé de

B..., ajouta Boutreux, enivré par cette résurrection de sa chère Fidès.

— C'est cela. Avant seulement quatre jours, tu verras comme je serai vaillante. »

Le renégat malgré lui fut d'abord tout à la cure merveilleuse dont il s'attribua le succès, bien que la quinine pût en réclamer la majeure partie. Il était enfin rassuré. Il avait le droit de rester absent, plusieurs heures de suite, sans craindre de retrouver, en rentrant, sa femme en conversation criminelle avec un fourneau allumé. Il la voyait si belle, qu'il se sentait glorieux d'avoir mis aux pieds d'une telle perfection ses convictions jusque-là indestructibles. Après tout, il avait assez vécu pour la science, il avait bien le droit de vivre un peu pour l'amour. D'autres continueraient la lutte, si le cœur leur en disait. Quant à lui, qui avait combattu comme Annibal, il demandait sa petite part des délices de Capoue. Tout le camp des matérialistes irréconciliables allait se soulever contre lui, mais il avait sa réponse toute prête : « J'aime et vous n'aimez pas. »

Une lettre de Savaron vint le déranger au milieu de ce bain de volupté. Elle était adressée de Ténériffe et contenait entre ses huit pages un billet pour Fidès. Le lieutenant célébrait dans une prose enthousiaste les principes posés par Darwin et par Boutreux, ces deux grands investigateurs. Il en reconnaissait à chaque pas la vérité et la profondeur. Il appelait l'astronome son maître et son ami. Il se prosternait non pas seulement devant son génie, mais aussi devant le courage du savant qui marchait droit à ses découvertes sans se laisser entamer par les adulations, sans se laisser intimider par les menaces. Ce dithyrambe, empreint d'une exaltation intertropicale, se terminait par cet alinéa :

« Et Fidès, ma Fidès chérie, qui, avec son petit air innocent, a si bien su se choisir un grand homme, je suis sûr qu'elle est maintenant des nôtres. Elle doit bien rire, à cette heure, des cercueils du couvent et des harengs saurs qu'elle se croyait obligée d'avaler tous les vendredis, pour plaire au Seigneur. Aimez-la, mais ne la gâtez pas trop. Vous le savez, j'ai été impitoyable pour elle, et vous voyez qu'en définitive elle ne s'en est pas plus mal trouvée. »

Cette lettre si confiante jeta l'astronome dans un trouble cruel. Quel front opposerait-il à la stupéfaction de cet homme tout d'une pièce quand celui-ci apprendrait que, loin d'avoir converti Fidès, c'était lui qui s'était laissé subjuguer? Quel seau d'eau froide sur son admiration! Savaron recommandait qu'on lui écrivît à Ténériffe, où il devait stationner un mois. Que répondre à cette explosion de sentiments si sincèrement ardents? Un mensonge même ne prolongerait pas longtemps le malentendu, car Boutreux n'était pas assez simple pour s'imaginer que son apostasie allait rester dans la poche du clergé. Toutes les feuilles de la plus basse catholicité allaient s'en disputer la publication. Or, Savaron soufflèterait le premier impertinent qui oserait soutenir en sa présence l'authenticité de cette pièce odieuse.

Tout homme en vue possède sa galerie, à l'opinion de laquelle il tient généralement plus qu'à celle du reste de l'univers. Nombre de gens demandent la croix d'honneur, dans le but de vexer un de leurs voisins qui n'a pu l'obtenir. Beaucoup ont reculé devant une action honteuse à cette seule réflexion :

« Jamais, après cette chose-là, je n'oserais me présenter devant un tel. »

Le mépris de Savaron lui apparut comme la plus douloureuse de toutes les épreuves qu'il devait se préparer à subir. Il comptait pour se justifier sur la tentative de suicide, mais le lieutenant voudrait-il y croire? Et lui, oserait-il déchirer un si brave cœur par le récit de cette nuit lugubre?

On était au jeudi. Fidès, souriante, l'arrêta au moment où il allait sortir, afin de se rendre à une convocation de l'Académie des sciences.

« Je me sens tout à fait forte, dit-elle. Si tu veux, ce sera pour samedi, et cette fois rien ne viendra mettre empêchement à notre voyage.

— Va pour samedi! » répondit Boutreux.

Il trouva, à l'Institut, ses collègues en grande conférence. On n'attendait plus que lui pour déterminer le programme relatif aux points à choisir en vue de l'observation du passage prochain de Vénus sur le Soleil. On avait désigné le Japon, les îles Saint-Paul, le Caire, Alexandrie, pour l'hémisphère boréal; Sidney, la Nouvelle-Zélande, Nouméa, pour l'hémisphère austral; Boutreux n'ayant pas eu de peine à démontrer que l'atmosphère brumeuse de l'Europe ferait échouer la plupart des expériences qu'on y tenterait, au moment du phénomène. Mais on s'était ingénié, pour cette fête de l'astronomie, à perfectionner les anciens instruments, non sans en inventer de nouveaux. Turettini de Genève avait notamment fabriqué, pour déterminer l'ascension droite et la déclinaison de Vénus, un équatorial de haute précision appelé à rendre de précieux services. Toutefois, il était indispensable d'en faire l'essai sur des hauteurs, afin de juger de sa perfection, avant de l'expédier dans des pays lointains, où ses défauts ne pourraient plus être rectifiés. Aussi Boutreux, qui ne se fiait qu'à lui, avait-il annoncé qu'il irait en personne chercher le chef-d'œuvre à Genève même, et qu'il pousserait jusqu'à la pointe la plus abordable du mont Rose, où il se proposait de l'expérimenter minutieusement. De là, et presque sans désemparer, il devait partir pour le Caire, muni de ses appareils héliographiques, y séjourner environ deux mois, afin d'être tout prêt à saisir l'astre sur le fait, au moment du passage; puis revenir en France avec une moisson de constatations nouvelles, peut-être de découvertes à illustrer une carrière.

Mais un de ses plus chauds admirateurs lui fit remarquer que le temps pressait et qu'il le croyait déjà sur le mont Rose, en tête-à-tête avec l'équatorial de Turettini. Le géographe émérite qui le suppliait ainsi de se hâter avait assisté à la lecture publique de *Table rase*, à deux chaises de Fidès, de Savaron et de Camille, et brûlait du désir de voir ce grand ouvrage mené à bonne fin.

« La conjonction de Vénus avec le soleil est une fortune pour votre livre, lui dit-il. N'allez pas arriver trop tard; les planètes n'attendent pas. »

Fêté et entouré, même par les plus célèbres, même par les plus jaloux, comme s'il avait été le roi de l'espace, l'astronome ne savait que répondre. Un refus de participer à ce grand événement eût jeté la consternation parmi ses collègues, à qui son concours avait toujours paru indispensable. D'autre part, après la remise de son désaveu entre les mains du curé de B..., sa carrière non-seulement philosophique, mais astronomique était terminée, puisque la religion catholique est bâtie de telle sorte qu'on ne peut analyser un arc-en-ciel sans contrecarrer les saintes écritures.

Quoi! la vérité était au bout de son télescope, et il fermerait volontairement les yeux, quand tout un monde de savants s'apprêtaient à recueillir ses décisions pour leur donner force de lois! Son vieux sang de chercheur s'enflamma tout à coup comme du pétrole. Il sortit de cette séance dans un état d'exaltation scientifique tel que Fidès se dressa devant lui, pareille à la Dalila de la légende, bien qu'il manquât des cheveux nécessaires au personnage de Samson.

A son retour, elle le reçut toute rose encore de ce qu'elle appela une promenade, et qui était une visite au couvent.

« Il a signé! » avait-elle crié à l'abbé Boissonnet dont elle avait en entrant aperçu les bas noirs montant l'escalier qui aboutissait à son oratoire.

Il était redescendu aussitôt.

« Vous avez la pièce? fit-il.

— Non; il l'a serrée dans son portefeuille. Il la remettra lui-même samedi à M. le curé de B...

— Vous auriez dû la garder par devers vous, dit instinctivement l'aumônier.

— Oh! cette fois, il n'y a aucun revirement à craindre.

On appela la mère Sainte-Olympie, et Fidès raconta, en négligeant les trois heures de fiacre, comment, par un malentendu qu'elle ne s'expliquait pas et sans préméditation aucune de sa part, elle avait, pendant toute une soirée, passé pour morte aux yeux de son mari, qui la croyait au fond de la Seine.

— L'insensé! fit observer la supérieure. Il ne sait même pas que le suicide est un passe-port pour l'enfer, et qu'une chrétienne, tout en désirant ardemment la mort, ne peut pas disposer de sa vie.

Puis elle ajouta cette réflexion qui cadrait avec ses idées funèbres :

« Cependant, ma chère sœur, je sens là une sorte d'avertissement de Dieu qui ayant résolu dans sa bonté de vous rappeler à lui, vous invite sans doute, par ces signes précurseurs, à vous tenir constamment en état de grâce. »

Fidès prit à peine le temps de remercier la mère de l'intérêt qu'elle lui portait et prit congé sur ces mots de l'abbé :

— A quand le départ ?
— Samedi, trois heures.
— Très bien. Je serai à la gare. Je tiens à vous voir monter en wagon.

CHAPITRE VINGTIÈME

L'évasion

Sitôt pris, sitôt pendu. Boutreux se dit que s'il ne s'embarquait pas le jour même, le lendemain au plus tard, il retomberait à jamais aplati sous les larmes et la pâleur de Fidès.

« A-t-on jamais vu, murmurait-il, un vieux saltimbanque comme moi qui s'amuse à flirter comme un cocodès. Est-ce que ma vraie femme, ce n'est pas la science? »

Cependant ce Latude du mariage se creusait la tête pour préparer sa fuite; car avouer ses desseins à qui que ce fût dans la maison était le moyen le plus sûr de les faire avorter. Par bonheur, le plan de voyage à B... favorisait singulièrement le complot qu'il avait élaboré à lui tout seul. Il introduisit subrepticement dans sa valise et dans les flancs d'une grosse malle quantité de gilets de laine, gants fourrés et pantalons d'hiver. A force d'astuce et de subterfuges, il était même parvenu à y glisser un pardessus en fourrure d'opossum qui lui avait été envoyé d'Australie.

L'entassement continu de ce bagage absorba toute une journée. Fidès, très occupée de son côté, ne surveillait qu'imparfaitement son mari, qui put disposer sans encombre et sans danger de détérioration ses plaques daguerriennes dans un compartiment spécial. Il ne se dissimulait guère qu'en partant pour Genève, il laissait à Paris un peu de sa quiétude. Fidès aimait ou avait aimé Camille. Le tour odieux que son mari allait lui jouer aurait vraisemblablement pour effet d'allumer dans son cœur de dévote le feu d'une vengeance qui était malheureusement toute prête. Cette perspective ne l'arrêtait pas, mais il n'essayait pas de nier qu'elle le préoccupât.

Un autre embargo plus sérieux menaçait de l'attacher au rivage quelque temps encore. Il lui fallait au moins un aide, et un aide particulièrement au courant des choses du ciel, pour les opérations si compliquées auxquelles il allait se consacrer. Au moins lui était-il impossible de se passer d'un secrétaire auquel il dicterait, pour les fixer définitivement, les résultats de ses observations. Une idée immense s'épanouit alors dans son cerveau. Cet aide, ce secrétaire, il venait de le trouver : c'était Camille lui-même. Il emmenait ainsi le seul homme à qui il pût se confier absolument au point de vue de l'astronomie, et dont il eût à se défier au point de vue de sa tranquillité d'époux. Ce coup double était l'idéal du machiavélisme.

On avait atteint l'après-midi du vendredi.

La résolution arrêtée, l'urgence de précipiter les choses s'imposait d'elle-même, puisque le lendemain samedi, à trois heures, il reprenait la chaîne, s'il n'était pas d'ici là parvenu à la briser. Il prit donc son allure la plus rapide pour aller s'aboucher avec Camille. C'est seulement à la porte du petit logement du boulevard Saint-Michel qu'il commença à s'inquiéter quelque peu de la réception que l'étudiant allait lui faire. Il avait fauché l'herbe de si près sous le pied de ce malheureux qu'un rapprochement immédiat, suivi de l'intimité d'un voyage et d'une cohabitation de plusieurs jours dans les glaciers, eussent semblé difficiles à obtenir du moins rancunier des rivaux. Mais ces « affaires de femme » lui parurent à ce moment solennel d'une mesquinerie misérable. D'ailleurs, pour s'enlever toute velléité de reculade, il tira du portefeuille où il l'avait insérée, sa rétractation signée et la déchira, d'abord en quatre, puis en huit, puis en seize, puis en trente-deux morceaux, qu'il éparpilla par la fenêtre de l'escalier. Et tout en les regardant, les uns tourbillonner et s'abattre dans une cour étroite, les autres se plaquer contre les murs ou disparaître dans la fumée des cheminées, il se disait :

« Si ces intrigants les retrouvaient, ils seraient capables de les recoller.

Quand son dernier vaisseau fut brûlé, c'est-à-dire quand le dernier papillon blanc eut pris son vol, il sonna brusquement chez Camille, qui vint ouvrir en personne. Depuis le moment où le concierge lui avait remis, vingt heures trop tard, le billet de Fidès, le jeune homme menait la vie d'une mère qui, ayant laissé tomber son enfant par la portière d'un train en marche, explore la voie d'un bout à l'autre dans l'espoir de le retrouver assis entre les rails et faisant des tas de sable. Par une fatalité sans nom, le bonheur qu'il tenait lui était échappé, et, ne sachant au juste quelle direction il avait prise, il usait ses journées en efforts pour le rattraper. Il avait d'abord attendu un second billet indiquent un second rendez-vous. Mais ne voyant rien venir, il avait conçu l'audacieux projet d'aller se poster du lever au coucher du soleil devant la maison de Fidès, au risque de se casser le nez contre Boutreux. Les deux époux ensemble ou séparément devaient évidemment finir par descendre de leur quatrième.

Mais la femme était restée huit jours au lit à prendre des potions, et le mari avait passé huit jours auprès d'elle à les lui préparer. Et pendant ses arpentages, Camille se représentait cette créature céleste, si délicate et si transparente, posant inutilement pour lui dans une humiliante voiture de place, durant un temps qu'il n'osait supputer. Il s'en meurtrissait les yeux avec ses poings. Il s'en déchirait la poitrine avec ses ongles. Cependant Fidès ne sortait toujours pas. Que signifiait cet impérieux : « Il faut que je vous parle, » et puisqu'il fallait qu'elle lui parlât, comment n'en trouvait-elle pas le moyen? Il était encore dans l'âge où l'on ignore qu'une femme écrit à un homme : « Il faut que je vous parle », surtout quand elle n'a rien à lui dire.

A l'apparition de Boutreux que tant de motifs éloignaient de lui, son sang ne fit qu'un tour, comme disent les demoiselles de magasin. « Ou elle est morte, ou il sait tout », pensa-t-il.

Il savait tout, en effet, mais ce tout lui faisait en ce moment l'effet de bien peu de chose. Résolûment, comme autrefois lorsqu'il lui apportait un mémoire scientifique à transcrire, il traversa la salle à manger qui servait d'antichambre, et qui était plutôt une antichambre servant de salle à manger, puis entra dans la pièce où, depuis quinze jours, Camille se plongeait dans ses souvenirs, tout en croyant se plonger dans son dictionnaire de médecine.

« Vous m'en voulez, mon cher Grébert, fit inopinément l'astronome. Peut-être ai-je des torts envers vous. Peut-être aussi n'en ai-je pas. Mais, en attendant que nous ayons le loisir d'en causer à notre aise, laissons cette question tranquille. Il s'agit de machines autrement importantes. Je pars demain à onze heures du matin pour la Suisse, afin d'essayer un équatorial sur un des pics qui dominent la vallée de Zermatt, le mont Rose probablement. J'ai besoin d'un collaborateur. Etes-vous mon homme? »

Camille fut attendri de cette ouverture si cordiale. Il se considérait comme très-criminel à l'égard de Boutreux, car s'il ne l'avait jamais rendu responsable des dédains de Fidès, il se reprochait parfois d'avoir tenté de la lui reprendre. Son premier mouvement fut de se jeter dans les bras que lui ouvrit son ancien maître.

« Je suis à vous, disposez de moi », dit-il.

Il réfléchit ensuite que cette proposition avait peut-être été dictée par Fidès, qui, pendant l'absence de son mari, voulait tenir éloigné son ancien fiancé, devenu dangereux. C'était probablement là ce qu'elle lui aurait fait comprendre au rendez-vous qu'il avait manqué. Il rejeta bientôt cette supposition pour s'arrêter à celle-ci : elle avait arrangé la réconciliation entre Boutreux et lui dans le but de le rapprocher d'elle au retour. Boutreux, de son côté, se réservait d'apprendre à Camille, seulement à une station respectablement distante, qu'ils étaient partis tous d'eux à l'insu de sa femme. Instruit plus tôt, Camille eût été capable de se refuser à ce rôle d'otage.

Il demanda à l'étudiant des nouvelles de ses études. Camille lui apprit qu'il concourait pour l'internat. Pas un mot du passé d'ailleurs. Il y eut immédiatement une sorte de convention tacite stipulant que l'élève ne parlerait pas de la façon dont le maître avait rempli son ambassade auprès de Mlle Morandeau, et que le maître ne dirait rien des promenades dominicales de l'élève le long des escaliers de Saint-Sulpice, en compagnie de Mme Boutreux.

Le lendemain, rendez-vous à la gare, vers six heures du matin, pour le train de Genève. Fidès, très-fatiguée par ses emballages et ses nombreux ficelages de paquets, dormirait comme un plomb. Le coup ne pouvait se tenter dans des conditions plus favorables.

Boutreux, plein d'ardeur, ne pensait plus qu'à aller de l'avant. Quant à Camille, il fut en réalité enchanté de la visite du savant. C'était une porte qui s'ouvrait à ses espérances. Puis, quand il est interdit de partir avec la femme qu'on aime, voyager avec le mari, c'est déjà quelque chose.

Ce dernier fut conspirateur jusqu'au bout des ongles. Il tint Fidès et la laïque éveillées fort tard dans la soirée, afin de prolonger d'autant leur sommeil du matin. Il s'enveloppa d'un petit air négligent pour dire à sa femme :

— Demain, à la première heure, je ferai expédier ma malle au chemin de fer. Si on voyait des bagages sur notre voiture, tout le quartier s'ameuterait, et notre secret n'en serait plus un.

Avant l'aube, il avait l'œil ouvert. Il glissa successivement les deux jambes hors du lit, avec les précautions de l'Amour craignant d'être surpris par l'aurore sur l'oreiller de Psyché. Il alluma discrètement une bougie qu'il aurait voulu pouvoir dissimuler dans une lanterne sourde. Un instant, à sa lueur sépulcrale, il contempla la belle jeune femme reposant dans sa confiance, et qui, à la sensation de froid apportée par le dérangement de la couverture, s'était contentée de se pelotonner un peu plus frileusement. Il eut un élan dangereux et fut pendant quelques secondes à deux doigts de se jeter sur elle en lui criant :

« Si tu veux voir un misérable : regarde-moi ! Je te trompe indignement avec des planètes qui ne te valent pas, à beaucoup près. »

Mais le duel était trop engagé entre sa passion et son devoir. Il comprit qu'il lui était défendu de faire des excuses sur le terrain. Dans un beau mouvement circulaire, il gagna la porte de l'appartement et descendit réveiller le concierge, qui se chargea de transporter à la gare les précieux colis. Avant de fermer sa malle à double tour, il en tira un des deux passe-montagnes dont il s'était muni pour la bise, et s'enserra la tête jusqu'aux yeux dans ce bonnet de laine forme moyen-âge, dont les oreillettes, nouées sous le menton, lui donnaient presque l'aspect d'un Dante dessiné par Daumier. Il enfonça un chapeau de feutre par-dessus ce couvre-chef, et quand le concierge eut disparu à l'horizon, il sortit lui-même, amortissant les bruits de serrure à force de tamponnages. C'est seulement sur le trottoir de la rue qu'il s'octroya la permission de respirer.

Camille, lesté d'une valise et d'une simple couverture roulée dans une courroie, était déjà au guichet. L'astronome le pria de faire enregistrer les bagages, de prendre les billets, de veiller enfin à une foule de menus soins auxquels lui, Boutreux, était incapable de suffire, à cause de sa distraction d'abord, de son émotion ensuite. Fidès dormait encore à pleins yeux, que depuis deux heures déjà ils roulaient vers Genève, ville ainsi nommée parce que, parmi les Russes, les Anglais, les Américains, les Juifs allemands, ou les Français proscrits qui l'habitent, ce qu'on rencontre le plus rarement, c'est un Génevois; pays bizarre où la contemplation du bleu Léman inspire aux hôteliers l'idée de vous faire payer trois cent cinquante francs une bougie de vingt-cinq centimes ; où les hommes sont si lourds que les femmes en paraissent légères, mais où, phénomène unique au monde, les gouvernants sont plus démocrates que les gouvernés.

Madame Boutreux se leva toute rayonnante. Sans le souvenir toujours présent de sa première communion, elle n'eût pas hésité à intituler ce jour : le plus beau de sa vie. Elle passa ses jupons, sa robe et jusqu'à ses bas dans une espèce de recueillement. L'absence de son mari ne la surprit en rien, les courses et les achats servant de préliminaires à presque tous les départs. Elle prépara un de ces déjeuners qu'on appelle dînatoires, et où on empiffre les gens en partance pour une excursion dont les relais ne sont pas assurés. Elle attendait, dominée par une rêverie singulière, le moment de se mettre à table. En mesurant le chemin parcouru depuis sa sortie du couvent, elle aurait eu le droit d'être fière, si toute force et tout succès ne venaient d'en haut. Après des traverses, douloureuses parfois, utiles pourtant, elle amenait enfin Boutreux le redouté, Boutreux l'indomptable, aux pieds de ce Dieu qu'il avait nié et outragé toute sa vie. En revenant de B..., elle pourrait se présenter devant son confesseur et lui dire hardiment :

« Etes-vous content de moi ? »

Dans tous ces enchevêtrements de faits, elle distinguait la main du Seigneur, à en compter les doigts avec leurs phalanges. Devant l'authenticité et l'évidence des résultats, un criminel, pas même un criminel, un fou seul eût douté de cette intervention palpable. A cet instant solennel, son amour pour Camille n'était plus dans son esprit sublimé qu'un des anneaux de cette chaîne mystérieuse et divine. Il fallait qu'elle s'éprît de lui, qu'elle lui donnât un rendez-vous quasi-adultère, qu'il n'y vînt pas, et que son mari la crût au fond de l'eau, pour que le triomphe de la religion sortît de ces aventures en apparence éminemment profanes. Et par dessus le marché, comme pour humilier les orgueilleux en exaltant les humbles, le Très-Haut s'était servi pour accomplir ces miracles, non d'une de ces créatures extraordinaires devant lesquelles les plus révoltés désarment, mais d'une chétive religieuse, sœur domestique dans un couvent cloîtré.

Une sonnerie de pendule l'arracha soudain à sa méditation, et le tintement de midi à toutes les horloges du quartier la fit lever en sursaut. L'absence de son mari tournait à l'extraordinaire. Le déjeuner était prêt. La laïque l'avait déjà fait réchauffer deux fois. Elle pensa que Boutreux était sorti sans sa montre et que sa distraction habituelle lui jouait un nouveau tour. Elle regarda à la place où le soir, en se couchant, il posait son chronomètre. Il y était si peu, que le porte-montre même avait disparu. Elle entra dans le cabinet où la veille encore les malles gisaient grandes ouvertes. Celles de son mari, fraîchement enlevées, n'avaient laissé d'autres traces qu'un carré propre et luisant au milieu d'un semis de poussière. Ses malles, à elle, étaient toujours béantes dans le même coin. Pourquoi n'avait-il pas fait porter en un seul bloc tous les colis au chemin de fer? Le temps marchait, et Boutreux, sans y réfléchir autrement, rendait à sa femme une partie des inquiétudes que celle-ci lui avait données sur le tablier ruisselant du pont d'Austerlitz. Les angoisses de Fidès étaient toutefois d'une nature moins matériellement cruelle. Elle ne le soupçonnait pas d'avoir couru se noyer, et elle le soupçonnait encore moins d'être à un rendez-vous de femme dans une voiture, au coin de la fontaine Saint-Michel.

A l'heure du train, elle se fit conduire à la gare, avec l'espérance infinitésimale de l'y trouver. Pas de Boutreux et aucun des colis qu'il avait dû faire porter le matin aux bagages. Elle passa inutilement l'inspection de toutes les salles. Tout à coup, derrière un pilier, apparut Boissonnet dévisageant de l'œil tous les voyageurs. Elle alla vivement à lui :

« L'avez-vous vu? dit-elle.

— Qui?

— M. Boutreux.

— Non! Il n'est donc pas avec vous? J'ai cru qu'il vous suivait.

— Depuis ce matin, je suis sur des épines. Il était déjà sorti quand je me suis levée et il n'est plus rentré. »

L'abbé cligna des yeux rapidement et plusieurs fois de suite, seul signe de préoccupation qu'il se permît dans les circonstances tout à fait anormales.

— Mais, fit-il, vous avez au moins sa rétractation. C'est la chose importante. Tout le reste n'est rien.

— Je ne l'ai pas! répondit-elle, comprenant l'étendue de la faute qu'elle avait commise en la lui laissant. Il l'a gardée dans son portefeuille, afin de la remettre lui-même à M. le curé de B...

— Tout est perdu! s'écria Boissonnet avec cette perspicacité que donne la pratique du confessionnal. Je vous avais pourtant recommandé de la lui reprendre, coûte que coûte.

— Je n'ai pas osé, j'ai craint d'éveiller sa défiance. J'étais si sûre de lui! Pensez-vous qu'il soit arrivé quelque chose?

— Il est arrivé quelque chose certainement. Quoi? Je l'ignore... et faisant machinalement le tour de la colonne qui l'avait dissimulé jusque-là, il ajouta en portant avec accablement la main à sa tête :

« Que va dire monseigneur? »

Une femme moins fanatisée eût deviné, dans ce : « Que va dire monseigneur », la préoccupation d'intérêts tant soit peu étrangers à ceux du ciel. L'aumônier du couvent des Dames-de-Saint-Magloire remerciait tous les jours la Providence de lui avoir confié la surveillance d'un aussi ravissant troupeau, mais une cure dans une grande ville, fût-ce Paris, ne lui aurait pas paru au-dessous de sa légitime ambition. Le « monseigneur » auquel il faisait allusion lui avait probablement laissé entrevoir, en échange d'une apostasie solennelle du trop tristement célèbre Boutreux, quelque grade important dans l'armée ecclésiastique. Une reculade de l'astronome déterminait la chute de ce pieux pot au lait. C'est pourquoi, en apprenant que sœur Sainte-Euphrosine était seule, il avait eu ce jeu de paupières.

Le coup de sifflet du départ les consterna. Fidès, cependant, ne pouvait croire à tant de perfidie de la part d'un homme aussi chauve. Boissonnet, plus sceptique, soupçonna tout de suite l'astronomie, la physique et autres sciences occultes d'avoir porté à la religion cette botte secrète.

« Cherchez de votre côté, je chercherai du mien, » dit-il à Mme Boutreux toute déconfite, car rien ne trouble une femme comme de constater que sa puissance qu'elle supposait absolue est simplement relative.

Ils se séparèrent pour sillonner Paris dans tous les sens. Fidès se rendit chez plusieurs des amis de son mari. L'abbé marcha droit sur l'Observatoire, où on ne put le renseigner qu'imparfaitement. L'astronome devait en effet partir pour des expérimentations relatives au passage de Vénus, mais on ignorait dans l'établissement s'il était parti. Il fila alors sur l'Institut. Un huissier complaisant et parloqueur lui fournit des détails fort précis sur la séance de l'Académie des sciences où M. Boutreux avait accepté définitivement la mission d'aller faire sur le mont Rose des observations préparatoires.

« M. Boutreux a été joliment applaudi, ajouta l'huissier. A un moment, j'ai cru qu'on allait le porter en triomphe. Le public se figure que les savants sont des hommes froids. Je n'en connais pas de plus passionnés. »

L'échafaudage si difficilement élevé sous la direction de Boissonnet venait de s'écrouler, l'entraînant, hélas ! dans ses décombres. Bien qu'ayant par état l'habitude de recevoir, non de donner, il paya sans discussion trois heures de voiture, et, revenu au couvent, la patience lui manqua pour rester cinq minutes sans ressortir. Il grimpa de nouveau dans un fiacre et se fit conduire rue d'Enfer, au risque et peut-être dans l'espoir de trouver l'affreux Boutreux, dînant tranquillement chez lui, les pieds dans ses pantoufles, en compagnie de sa femme. Si le fugitif était revenu se constituer prisonnier, l'abbé redescendait les escaliers et la laïque restait muette sur cette visite. Si, au contraire, Boutreux n'était pas rentré, il se concertait avec sœur Sainte-Euphrosine sur les mesures à prendre.

Il la trouva assise devant un télégramme adressé d'une station dont le nom lui était inconnu, et contenant cet avis pour lequel l'expéditeur n'avait même pas épuisé les vingt mots réglementaires :

« *Suis en bonne santé. Recevras lettre demain. —
Boutreux.* »

« Le misérable? » fit Boissonnet sans se rendre compte de ce que cette expression avait d'exagéré, et mettant de côté pour cette fois son éternel sourire. Si prévenue qu'elle fût en sa faveur, la jeune femme ne put voir sans un vague malaise cet œil vert pâle assombri subitement jusqu'au vert foncé, aiguiser ses regards serpentins. Henri VIII devant le billot d'Anne de Boleyn, Catherine II devant la potence de Pougatcheff, devaient avoir cet œil-là.

Le lendemain, tous les doutes tombèrent à la lecture de cette autre dépêche publiée par les journaux du matin :

« M. Boutreux a traversé Lyon samedi soir à six heures, se rendant à Genève. »

La lettre annoncée suivit de près. L'évadé demandait pardon à Fidès du mystère dont il avait enveloppé son départ. Il avait craint de manquer de force pour résister aux séductions de celle qu'il ne cesserait jamais d'adorer. Mais il avait pensé à l'honneur de sa femme autant qu'au sien. C'était la faute des prêtres, qui commencent par demander un œuf et finissent par exiger un bœuf, etc., etc.

Boissonnet, qui venait aux nouvelles cinq fois par jour, eut presque immédiatement connaissance de ce mémorandum, qu'il qualifia d'impudente bravade.

« Que faire? demanda Fidès. Ne m'abandonnez pas, monsieur l'aumônier. Jamais je n'ai eu autant besoin de conseils. »

Cette prière était superflue. L'abbé n'avait aucune envie de lâcher pied.

« Des conseils, répondit-il, je ne vous en donnerai qu'un qui, par hasard, se trouvera d'accord avec les prescriptions de cet ouvrage impie appelé le Code civil : La femme doit suivre son mari.

— Le suivre, où cela ?

— Mais à Genève, puisqu'il y est. Ce n'est pas seulement votre droit, c'est votre devoir.

Le poursuivre, l'atteindre, ne plus le quitter et mettre alors en jeu toutes les séductions qu'il redoutait, puisqu'il n'avait pu s'y soustraire que par la fuite, telle était maintenant pour Fidès la seule carte à jouer. Boissonnet lui en expliqua le maniement avec l'éloquence d'un ponteur fortement intéressé dans la partie. Quand il eut retourné son sac aux arguments, il leva verticalement le doigt indicateur, qu'il maintint un certain temps dans cette position, comme pour permettre au fluide céleste d'entrer en communication avec lui. Puis tout à coup :

« C'est l'ordre de Dieu ! » conclut-il.

CHAPITRE VINGT-UNIÈME

Le Grand plateau

En arrivant à Genève, Boutreux et son prisonnier, qui était redevenu son secrétaire et son ami, furent étonnés de la beauté architecturale de certains monuments. Ils prirent celui-ci pour le Parlement, celui-là pour la Cour des comptes, un autre pour le Palais gouvernemental. On leur apprit que c'étaient des hôtels. Le conseil d'Etat tient ses séances dans une salle de corps de garde, au fond d'un couloir, et le gouvernement n'a aucun palais. En France, tout finit par des chansons. En Suisse, c'est par des auberges. Au moment de construire une Maison de Ville, on se dit :

« Mais ce magnifique bâtiment contiendrait facilement des chambres pour six cents étrangers. A vingt francs par tête et par jour, il y aurait en peu de temps une belle fortune à faire. »

On ajoute des lieux à l'anglaise à tous les étages, et la salle des mariages devient une salle à manger. Ils furent également intrigués par le nombre prodigieux de pasteurs de toutes sectes circulant dans les rues et reconnaissables à leurs pardessus à collet de fourrure, calqués sur celui de Calvin, leur patron. Mais deux particularités les frappèrent surtout : pas de patrouilles dans les rues, pas de décorations aux boutonnières.

Bien qu'ayant oublié depuis longtemps qu'il était officier de la Légion d'honneur, Boutreux avait fourré dans sa malle, pêle-mêle avec d'autres vêtements, un paletot encore orné des insignes de ce grade. Comme il l'avait endossé par mégarde, il se hâta d'en enlever la rosette devant l'observation d'une toute petite fille qui lui dit en plongeant son doigt potelé dans ce caillot rouge :

« T'as saigné du nez ? »

L'équatorial dont il était chargé de négocier l'achat pour l'Observatoire de Paris fut démonté avec soin et enfermé dans des caisses pour être ensuite dirigé sur Zermatt, à l'hôtel du *Riffel*, d'où on le hisserait pièce par pièce, à dos de mulet, jusqu'au plateau le plus accessible du mont Rose.

Les deux voyageurs partirent devant, sur le bateau à vapeur *l'Helvétie*, qui les conduisit au bout du Léman. Camille, debout sur le pont, regardait miroiter ces eaux bleues, transparentes et profondes, qui ont bercé la lune de miel de tant de jeunes mariés. Il ne put s'empêcher de penser que Fidès compléterait admirablement pour lui ce majestueux décor. Boutreux, repris par ses idées spéculatives, discourait sur les causes de la coloration des eaux, tout en surveillant amoureusement la malle qui contenait ses plaques et ses appareils héliographiques. L'image de sa femme s'estompait dans une brume de plus en plus lointaine. Il était à peine sûr que ses souvenirs d'amour ne lui fussent pas restés de quelque drame, où la pupille d'un lieutenant de vaisseau avait épousé un membre de l'Institut. Le cœur et le cerveau subissent parfois des effacements bizarres. Vous adorez une femme. La destinée vous sépare d'elle. Vous vous tordez pendant un certain temps dans les convulsions de l'agonie, puis en vous réveillant un matin, vous cherchez en vain à reconstituer les traits de votre idole, et vous vous levez sur cette réflexion :

« C'est drôle. Si je la rencontrais maintenant dans la rue, il me semble que je ne la reconnaîtrais pas. »

A l'extrémité du lac, ils quittèrent le bateau pour prendre le chemin de fer. Ils passèrent, en entrant dans le canton du Valais, devant la chute d'eau célèbre qu'on a essayé souvent de débaptiser, mais qui est toujours demeurée, même pour les dames du meilleur monde, la *Cascade de Pissevache*. Ils longèrent sur leur droite les soi-disant bains de Saxon où les malades qu'on traite à coups de râteau prennent si peu de bains et boivent tant de bouillons. Pendant des heures, le train glisse entre des montagnes boisées de sapins et de mélèzes, dans un sentier si étroit que les parois des rochers paraissent continuellement sur le point de se rejoindre et d'écraser les wagons, comme deux blocs de glace aplatissent un navire.

Un peu avant le crépuscule, ils abordaient à l'hôtel du *Riffel*, situé au pied du glacier de Gorner, et d'où l'œil embrasse à la fois Zermatt, le Mont-Cervin, la

Dent-Blanche, le Rothhorn, le Weisshorn. Boutreux, tout à fait allumé, malgré le froid qui pinçait dur, levait automatiquement les bras et répétait avec des cris d'enfant joyeux :

« Il me semble que je suis encore en Californie ! »

A ce moment, quelqu'un lui aurait dit à l'oreille :

« Savez-vous qu'à Paris, rue d'Enfer, au quatrième, il y a une jeune et charmante femme que votre abandon plonge dans une noire inquiétude ? »

Qu'il aurait répondu, dans la sincérité de son âme :

« Le diable m'emporte si je comprends un mot à ce que vous me racontez là. »

C'est seulement à la nuit tombée qu'il se laissa arracher à sa contemplation. Mais son parti était pris. L'équatorial de Turrettini n'arriverait pas avant quatre jours pleins. Dès le lendemain il irait, en compagnie de Camille, dresser sa tente sur un des pics du mont Rose où, muni de ses appareils héliographiques, il tâcherait, en se rapprochant le plus possible du soleil, de lui arracher quelques uns de ses secrets.

Il fit part de son plan à l'étudiant, que l'idée de se transformer en chamois séduisit tout de suite. Mais les ascensionnistes partent ordinairement la nuit, de telle sorte qu'à l'aube, ils aient déjà atteint des hauteurs d'où ils puissent se régaler de l'émouvant tableau des sommets alpestres. Les employés de l'hôtel se chargèrent de procurer des guides pour le lendemain. A deux mille mètres de hauteur au plus, du reste, les expérimentateurs devaient rencontrer des cabanes de bergers valaisans qui, depuis le commencement de l'été jusqu'au milieu de l'automne, restent, à l'instar de saint Siméon Stylite sur sa colonne, perchés sur un escarpement, où ils vivent du lait des chèvres qu'ils gardent et, dans les jours fériés, d'un chevreau qu'ils tuent.

En attendant le moment d'arborer le bâton ferré, les fugitifs, qui s'étaient couchés de bonne heure et levés tard, passèrent leur journée dans les curiosités géologiques de la vallée de Zermatt, dont l'homme est, sans conteste, l'ornement le moins réussi. A chaque pas, ils reculaient de surprise devant quelque goîtreux ou plus souvent quelque goîtreuse au cou de laquelle adhérait, par un cordon de peau jaunâtre, une tumeur pareille à un ballon captif qui aurait perdu une partie de son gaz.

Au coup de deux heures du matin, les guides arrivèrent dans leur costume valaisan : culotte courte, veste ouverte de façon à montrer toute la façade du gilet rouge à boutons d'acier, chapeau de feutre à bords larges avec boucle sur le devant. Ils trouvèrent Boutreux tout sanglé et portant sur son dos, comme un montreur de lanterne magique, ses plaques et sa chambre noire dans une boîte en citronnier. Il piaffait d'impatience. Camille s'était chargé des bouteilles de chlorure d'or et de collodion qu'il avait fourrées dans un filet portatif, par dessus des victuailles indispensables pour une expédition à de pareilles altitudes.

Après quarante minutes d'une marche silencieuse, on commença la traversée du glacier de Gorner. L'astronome, malgré le danger des crevasses, marchait en avant, son bâton à la main, d'un pas de Juif-

Errant. Les deux guides furent obligés, à plusieurs reprises, de le faire rentrer dans le rang. Il était près de quatre heures quand l'aurore s'épanouit tout à fait, démasquant dans toute leur hauteur les formidables épaules du mont Rose qui est, après le mont Blanc, le sommet le plus élevé des Alpes.

C'est le soir, quand il se fond dans le vermillon du couchant, que ce géant prend la teinte qui lui a donné son nom. A la lumière crue du matin, sa blancheur éblouit les deux ascensionnistes. Le névé miroitait en étincelles capricieuses. Bien que Boutreux, emporté par son ardeur, glissât de temps en temps sur la neige durcie, la montée s'exécuta sans avarie jusqu'au point appelé le *Grand-Plateau*.

« Nous aurions pu prendre un chemin plus court, fit observer le plus âgé des deux guides, mais il est moins sûr. »

Le plus jeune eut une moue de dédain. Il était évident qu'on avait pris le plus long contre son avis.

Ce fut, pendant la durée de l'excursion, à peu près tout le dialogue échangé entre les deux conducteurs. Les guides parlent d'autant moins qu'ils marchent plus. Toute leur éloquence semble s'être réfugiée dans leurs jarrets.

« On serait admirablement ici pour des expériences, s'écria Boutreux. Quel malheur qu'on n'ait pas eu l'idée d'y bâtir une maisonnette ! »

Les guides n'en demandèrent pas davantage. Ils allongèrent de nouveau les jambes, et, contournant un rocher qui coupait le plateau en deux, ils indiquèrent de la main une cabane construite entre les parois de deux blocs qui se rejoignaient en formant un angle. En travers de la porte fermée, gisait à terre, attaché à un manche gigantesque, un balai de bouleau, qui servait évidemment à balayer la neige sous laquelle le toit en sapin se serait vite effondré. Cachée dans son excavation, la maisonnette y défiait les rafales. Boutreux pensa d'abord que cette hutte servait de Thébaïde à quelque anachorète en délire. Mais des escouades de chèvres fichées sur les quartiers de rocs allongés en promontoires, le mirent sur la voie. On était devant le gourbi d'un de ces pâtres qui, en fait d'isolement, rendraient des points à Robinson, puisqu'ils n'ont la société ni d'un perroquet, ni d'un singe, et que, ne possédant aucun fusil de chasse, il ne leur reste même pas la distraction de faire causer la poudre.

Camille allait frapper à la porte de la cabane, mais il s'aperçut qu'il suffisait de la pousser pour l'ouvrir. Les planches qui composaient cet immeuble primitif étaient aussi nues à l'intérieur qu'au dehors, ce qui eût permis de les retourner comme ces étoffes qui n'ont pas d'envers. Au fond, dans l'ombre de la cloison, appuyée à l'anfractuosité du rocher, une bonne vierge en plâtre se détachait en blanc sur un petit support de même farine. Au milieu de la pièce, qui était tout le logement, un dessus de table graisseux et imparfaitement raboté, posé sur deux X, et de chaque côté duquel régnait un banc ou plutôt une poutre informe, cahotant sur deux pieds presque aussi inégaux que les Français le sont devant la loi. Assis sur le banc, au milieu, afin sans doute de conjurer les effets de bascule, un garçon d'environ dix-huit ans, aplatissait avec la lame d'un eustache, des quartiers de fromage mou sur la moitié d'un pain dont le grain et la couleur n'étaient guère comparables qu'à « l'osséine » du siége de Paris.

Sans lâcher sa tartine, le jeune chevrier accueillit l'entrée des quatre étrangers par un rire où perlèrent des dents d'une blancheur éclatante. Ses yeux noirs, son nez écrasé, ses cheveux désordonnés où une hirondelle aurait pu faire son nid sans qu'il y prît garde, indiquaient à première vue un Piémontais. Il portait une de ces vestes bleues qui, n'étant pas taillées pour être boutonnées, paraissent toujours trop étroites. Ses jambes, serrées dans des chiffons terreux qui s'y enroulaient comme des bandelettes, avaient acquis dans de continuelles ascensions des proportions puissantes. Indubitablement ce gars avait été mis au monde pour vivre au-dessus du niveau de la mer, au sommet des montagnes ou au faîte des cheminées.

« Mais voilà un abri excellent. Nous serons ici comme des dieux, fit Boutreux en inspectant le local. Dis, mon petit bonhomme, est-ce que tu veux bien nous recevoir pour deux ou trois jours? »

Le chevrier rit plus fort et grimaça dans un patois panaché d'italien et de romanche une phrase intraduisible.

Le plus âgé des deux guides lui répéta dans le même dialecte la proposition de Boutreux, en y ajoutant le geste de compter des écus. Le petit fit : oui ! de la tête. Le guide lui recommanda d'avoir le plus grand soin des deux voyageurs, de leur obéir en tout, sans quoi M. le curé de Zermatt saurait bien le punir.

L'évocation du curé de Zermatt terrorisa le pâtre qui s'inclina avec un signe de croix.

« Et nourris-les bien, insista le guide. Tu leur donneras du chevreau tous les jours, entends-tu ?

— Excepté le vendredi, répliqua l'enfant. Quand on mange du chevreau le vendredi, on est changé en bouc. »

On déballa les vivres, car tout le monde mourait de faim. Camille s'assit à côté du chevrier, qui joua le personnage de « l'invité. » On le fit goûter à une terrine de foie gras qui lui plut beaucoup. Cependant, ayant rencontré une truffe sous sa dent, il la recracha avec toutes sortes de contorsions de la bouche.

Avant de redescendre à Zermatt, les guides demandèrent à leurs clients le jour où il leur convenait qu'on vînt les rechercher; mais du *Grand-Plateau* au pied de la montagne, la route est assez peu ardue pour que le concours du chevrier suffît à ses deux hôtes. Il fut décidé qu'il les reconduirait prudemment et par le chemin le plus facile.

« Bien sûr, je ne laisserai pas périr les deux voyageurs, dit-il; j'aurais trop peur d'être changé en épervier. »

Les guides prirent silencieusement l'argent qu'on leur remit, le serrèrent silencieusement dans leurs sacoches, et, après un salut silencieux, reprirent silencieusement le chemin de l'*hôtel du Riffel*, où les attendaient probablement d'autres ascensionnistes.

Pendant que Camille et Boutreux passaient en

revue les appareils héliographiques et reconnaissaient les fioles, Danielo, le petit pâtre, muni des instructions précises laissées par les guides, allait couper les branches de mélèze et arracher les fougères destinées à composer la literie où ses sous-locataires devaient passer la nuit, enroulés dans leurs couvertures. Danielo aussi dormait dans la fougère, mais le luxe d'une couverture était pour lui une chimère dont il n'aurait osé entrevoir la réalisation.

Une fois en proie au démon de l'investigation scientifique, Boutreux devenait inaccessible à la crainte d'un péril quelconque. Il serait descendu au fond de l'Océan dans une cloche à plongeur. Il aurait accepté une invitation à dîner dans le cratère de l'Etna. Portant sur l'épaule sa chambre noire qui, repliée comme un accordéon, n'était gênante ni par le poids, ni par le volume, il s'engagea d'un pas délibéré sur une arête de glace, où il avançait à plat ventre, des pieds et des mains.

Nul ne sait jusqu'où ce Titan de la rue d'Enfer aurait poussé son escalade, si l'étudiant qui tenait les plaques de verre ne l'avait averti des risques qu'il leur faisait courir. Ils abordèrent enfin à une surface plane, s'élargissant au milieu de rochers dont les trous pouvaient être utilisés comme laboratoires. Un croyant aurait eu le droit de supposer que ce reposoir avait été spécialement placé à cette hauteur par le grand photographe de l'univers.

Le temps était magnifique. L'atmosphère d'une clarté laiteuse démasquait devant eux la forêt de pointes qui constituent les Alpes bernoises. Derrière eux se dressait une armée de pics appelés Alpes de la Savoie, et dont le mont Blanc est comme le général en chef. Les gens impressionnables ont même cru découvrir dans les découpures de son sommet la forme de Napoléon couché dans un linceul de neige, avec son petit chapeau. Cette allusion manque de netteté, Napoléon ayant toujours eu horreur du froid, au point d'abandonner ses troupes pendant la retraite de Russie, pour venir se chauffer les tibias devant les cheminées des Tuileries.

Les deux expérimentateurs braquèrent leur objectif sur le soleil et obtinrent une série de disques à faire envie au Discobole antique. Danielo, à leur rentrée dans la cabane, les reçut avec son sourire sans cesse renaissant, car leurs moindres mouvements étaient pour lui un sujet de folle gaieté. Il leur servit un chevreau rôti à la sauvage, et qu'ils eussent été obligés de manger sans sel, s'ils n'en avaient pas trouvé un cornet dans leurs provisions.

Ils dormirent jusqu'au lendemain, tout d'une traite sur leurs fougères recouvertes de peaux de chèvres, puis recommencèrent leurs expériences. Après deux jours pleins de cette vie de berger d'Arcadie, Boutreux commença à s'inquiéter de l'arrivée à Zermatt du précieux équatorial. Il choisit, au milieu du grand plateau, une place pour l'installer à proximité de la cabane, où on le remiserait le soir. Il chargea Camille de transcrire et de mettre en ordre les observations prises sur les épreuves du disque du soleil aux différentes heures de la journée. Ce travail l'occuperait assez pour lui permettre d'attendre sans trop d'ennui le retour de l'astronome. Puis, impatient d'essayer l'instrument qui devait lui servir à résoudre tant de hautes questions soulevées par le prochain passage de Vénus, Boutreux reprit le bâton du voyageur, fit signe à Danielo, agenouillé devant sa madone de plâtre, et dit cordialement au revoir à Grébert, qu'il regardait un peu comme son fils. On l'eût bien étonné en lui rappelant que l'étudiant avait été son rival.

CHAPITRE VINGT-DEUXIÈME

Le tête-à-tête

Camille, d'ailleurs, ne devait pas rester longtemps seul, car le petit pâtre, parti de ses jambes d'acier pour accompagner son hôte, pouvait être, le jour même, de retour sur le plateau. Mais, dans ce tête-à-tête avec sa pensée, le jeune homme se tournait involontairement vers un soleil dont le disque lumineux effaçait tous les autres. L'ampleur de cette nature convulsionnée lui mettait du vague à l'âme. Il rêvait ce raffinement et ce contraste : ses regards passant de la neige du Mont-Blanc à l'azur des yeux de Fidès. Les distractions du voyage et les fatigues de l'ascension avaient paralysé en partie les battements de son cœur, mais rien ne pousse à l'amour comme l'isolement. Celui qui, trompé par une femme, s'enferme pour l'oublier, donne l'idée d'un homme qui s'adonnerait à l'absinthe pour se guérir de la passion de l'eau-de-vie. Le plus érotique des excitants a toujours été l'imagination.

L'exaltation passionnelle s'augmente, en outre, de

l'impuissance où l'on se trouve de porter ses hommages à d'autres. Le désert qui enveloppait Camille l'obligeait à concentrer toutes ses facultés sur une image unique. Jamais il n'avait eu moins de chances d'être dérangé dans son travail et jamais il n'avait résisté à une plus impérieuse envie de ne rien faire. Il s'asseyait, transcrivait une note de deux lignes et retombait dans des méditations interminables. Il se levait ensuite pour secouer sa torpeur réfléchissante, allait examiner la boussole qu'ils avaient apportée dans leurs bagages ou étudier à la loupe sur les plaques héliographiques le globe solaire. Les taches et les trous qu'il y constatait le laissaient insensible. Cœur trop plein, cerveau vide.

En explorant la maisonnette, il découvrit au fond, accoté au rocher, un vieux poêle de faïence dont le tuyau soutenu par un escarpement s'allongeait au dehors comme un tromblon. Danielo le gardait éteint les trois quarts de la saison. L'étudiant y jeta des branches mortes dont la flamme, tout en le dégourdissant, peupla quelque peu cette solitude.

Le retour du berger le surprit au milieu de ses songes creux. En battant le rappel de tout ce qui lui restait de latin, il crut débrouiller à travers le patois de Danielo, que Boutreux recevrait dans la journée même l'instrument expédié de Genève, et qu'il le ferait immédiatement transporter sur le grand plateau, à dos de mulet. Indépendamment de ces nouvelles, le chevrier rapportait une provision de vivres destinés à jeter un peu de variété dans l'ordinaire de la cabane. Puis, exténué par onze heures de marche, tant ascendante que descendante, Danielo s'enfouit dans sa fougère, où le sommeil le cloua jusqu'au lendemain matin.

Il dormait encore à poings fermés, quand l'étudiant, dont la nuit fiévreuse avait été traversée de rêves translunaires, se leva avec précaution, de peur de le réveiller. Après être allé faire sa toilette dehors — avec de la neige fondue — Camille, que ce mélange frigorifique n'avait pas calmé, grimpa sur une arête de glaces d'où il pourrait contempler dans toute sa majesté le lever du soleil. De parois en parois et de pitons en pitons, il s'aventura à une certaine altitude, par des chemins fréquentés spécialement par les chèvres. Debout sur une avancée de rocher, il plongeait un œil quelque peu vertigineux dans les profondeurs ouvertes sous ses pas, quand il vit, en levant la tête pour combattre cette attraction nerveuse, se profiler sur la blancheur du névé quatre êtres humains attachés par une longue corde qui les reliait les uns aux autres, et escaladant, guides en tête et en queue, les aspérités de la montagne. Il les reconnut à leur allure pour des Anglais. Il agita son mouchoir en signe de salutation, mais ils ne l'aperçurent pas, et, s'engageant dans une échancrure de la crête, ils disparurent successivement.

Camille, dont la tête commençait à tourner, eut toutes les peines du monde à opérer sa descente sur le grand plateau. Elle lui prit près de deux heures, avec des chances diverses de rouler toutes les cinq minutes dans des crevasses, bâillantes comme des gueules de crocodiles.

Encore pâle d'émotion quand il toucha le plateau, il se dirigea rapidement vers la baraque, afin d'y chercher un refuge contre ce plein air qui l'éblouissait. Il poussa violemment la porte, et s'arrêta sur le seuil à l'aspect de deux formes noires assises de chaque côté de la table, et dont l'une se dressa soudain en le voyant entrer. Il s'approcha. C'était Fidès.

Ils furent l'un et l'autre si abasourdis qu'ils semblèrent ne pas s'être reconnus. Persuadé que Boutreux allait surgir, Camille dompta le premier son ébahissement, et, s'efforçant de transformer en sourire la contraction de ses lèvres, il dit :

« Comment, madame, vous avez eu le courage d'accompagner votre mari jusqu'ici ?

— Mon mari ? mais je suis montée jusqu'ici pour le rejoindre. J'ignorais que vous y fussiez avec lui. Où est M. Boutreux ? Voici près d'une heure que je l'attends. J'ai profité de l'ascension de deux Anglais pour me faire conduire sur le plateau par leurs guides. Ils ont demandé à ce petit pâtre où était mon mari ; il a répondu qu'il était plus haut, qu'il allait redescendre. Pourquoi n'est-il pas encore redescendu ? »

La jeune femme enfila toutes ces phrases d'une voix haletante et précipitée. Elle aurait tout supposé, excepté cette apparition de Camille à deux mille mètres au-dessus du niveau de la rue d'Enfer. Circonvenue par l'abbé Boissonnet, elle avait adopté la résolution héroïque de se lancer à la poursuite de l'astronome, et d'user de tous les moyens pour le ramener à elle et consécutivement à l'Eglise. Elle avait fait jeter à la hâte sur une voiture la plus petite des malles qu'elle devait emporter à B..., en invitant la laïque à partir avec elle, peut-être pour les confins du monde, car elle ne savait pas au juste quelle distance Boutreux comptait mettre entre lui et le mariage religieux qu'il fuyait à toute vapeur. Par malheur, la vieille servante du couvent de Saint Magloire nourrissait des timidités de dévote et des habitudes casanières qui cadraient mal avec les pérégrinations dont sa maîtresse la menaçait. Elle proposa de se faire remplacer par une de ses cousines, une jeunesse de dix-huit ans, que l'idée de voyager en chemin de fer ne pouvait manquer d'enthousiasmer. Fidès avait accepté les yeux fermés cette accompagnatrice, et le lendemain matin toutes deux étaient montées dans le convoi de Genève. Elles avaient été contraintes de coucher dans la ville, car en Suisse les trains ne marchent pas la nuit, afin que les touristes soient plus inévitablement rançonnés dans les hôtels où ils sont obligés de s'arrêter. Grâce aux indications de son confesseur qui lui avait, en outre, octroyé toutes les bénédictions nécessaires pour une entreprise aussi aventureuse, sœur Sainte-Euphrosine avait bien vite appris par les échos du lac Léman que son insaisissable époux venait de reprendre son vol vers le mont Rose.

Débarquée le soir à l'*Hôtel de Zermatt*, situé à quelques portées de fusil seulement de l'*Hôtel du Riffel*, elle avait su, par les guides mêmes qui avaient conduit Boutreux au *grand plateau*, qu'il y était installé en compagnie d'un jeune homme dont pas un instant elle ne songea à s'enquérir. Deux Anglais fort riches venaient précisément de manifester l'intention toute britannique de s'exposer à se casser le cou, pour la seule gloire d'aller graver leurs noms sur le sommet le plus pyramidal du mont Rose. Elle demanda la permission de se joindre à l'expédition avec sa suivante. On les laisserait toutes deux à la cabane du chevrier, tandis que les deux membres d'Alpin's-Club continueraient leur ascension.

Les deux femmes durent relever quelque peu leurs jupes repliées autour de leurs jambes en forme de pantalons, et assujetties au moyen de fortes épingles. Cette opération, qui les transformait en riflemen, amusa beaucoup la jeune femme de chambre, mais gêna passablement la maîtresse. On partit heureusement en pleine nuit, ce qui permettait de maintenir dans l'ombre les mystères de cette toilette fortuite. En s'engageant sur les premières pentes, sœur Sainte-Euphrosine crut monter au Golgotha; mais les difficultés de la route s'effaçaient devant des préoccupations d'un autre ordre. Comment allait-elle procéder à l'égard de son mari qu'il s'agissait d'amener, rétractation en main, d'une des plates-formes du mont Rose sur les dalles de l'église de B..., près de Fontainebleau? Jouerait-elle de la supplication ou de la menace? Le foulerait-elle à ses pieds ou se jetterait-elle aux siens? Ce qu'elle avait su à l'Institut du projet de départ de Boutreux pour le Caire, où il avait promis d'aller observer le passage de Vénus, l'avait frappée au cœur. Non-seulement il renonçait ainsi à Jésus-Christ, mais il passait à Mahomet.

C'est en proie à ces fluctuations d'esprit qu'elle avait franchi le glacier de Gorner, passant presque sous les fenêtres de l'hôtel où Boutreux, revenu dans l'après-midi, ronflait bruyamment, tandis qu'elle allait le chercher à six mille pieds de là. Le soleil était déjà levé, quand on atteignit le baraquement de Danielo. Le guide avait interrogé le petit chevrier, qui, voyant une toute jeune femme, avait naturellement supposé que son mari était Camille et non Boutreux. Il avait donc répondu qu'il allait redescendre et que la dame pouvait l'attendre à son aise dans la cabane. Mais comme il était essentiel pour les deux Anglais d'arriver avant la nuit tombée au sommet du mont Rose, les guides étaient presque immédiatement repartis avec leurs voyageurs, abandonnant les deux femmes sur le dur banc de bois où elles s'étaient laissées tomber, le corps brisé de fatigue et les pieds endoloris. Camille, en apercevant quelques minutes plus tard les touristes en train de franchir les crevasses et d'escalader les blocs, ne s'était guère douté que ces gentlemen venaient de faire une marche de sept heures aux côtés de sa Fidès, à qui, du reste, pas une seule fois, pendant la route, ils n'avaient adressé la parole.

La déception et l'anxiété de Mme Boutreux étaient manifestement si profondes que Grébert se hâta d'en rejeter la responsabilité sur Danielo. Il le gronda d'avoir menti, mais le Piémontais, désignant Camille avec une bonne foi évidente, ne cessait de répéter :

« Marito ! marito ! »

Ce qui signifiait qu'il l'avait pris pour le mari de la dame. Cette pantomime la confusionnait au delà de tout. Elle ne pouvait réellement pas expliquer au berger, en italien ni dans aucune autre langue, que ce jeune homme avait dû, en effet, devenir son époux, mais que par suite d'une substitution politique et religieuse, un autre avait pris sa place. Elle coupa court aux démonstrations de Danielo en indiquant, par sa main étendue à une certaine hauteur, qu'il s'agissait d'un personnage beaucoup plus petit et, par une certaine courbure des épaules, d'un personnage beaucoup plus âgé. Elle établissait ainsi, sans le vouloir entre Camille et Boutreux, un parallèle passablement désavantageux pour le dernier.

Danielo, afin de bien montrer qu'il avait compris, se mit à singer à son tour la démarche de l'astronome, en avançant le menton et en fronçant le nez. Puis il dit, en riant de ses dents blanches :

« Padre, padre ! »

en montrant du doigt le bas de la montagne, indication qui voulait évidemment faire comprendre que l'homme mûr, redescendu à Zermatt, était pour lui bien plutôt le père que le mari de la jolie voyageuse.

— En effet, M. Boutreux est allé hier chercher l'instrument de physique qui doit être arrivé de Genève, hasarda Camille décomposé par l'émotion. Il reviendra l'essayer ici, aujourd'hui probablement, demain au plus tard. J'ai cru que vous étiez montés ensemble au grand plateau. Je vois ce que c'est maintenant : vous vous serez croisés. »

Fidès, au supplice de se retrouver face à face et presque tête à tête avec celui qui avait si formellement repoussé ses avances et déserté son rendez-vous, se tourna vers sa suivante muette de lassitude, et lui dit sans se rendre compte des mots qu'elle balbutiait :

« Christine, levez-vous. Nous allons repartir tout de suite. »

La domestique ouvrit tout grands ses yeux qui commençaient à se fermer. Elle avait sept heures de montagne dans les jambes et ne comprenait rien à l'envie que manifestait sa maîtresse de doubler la dose. Heureusement Grébert vint à son secours.

— Redescendre maintenant, fit-il, sans vous être reposée, sans avoir rien pris. Ce serait vous tuer. Danielo et moi nous allons vous faire déjeuner. Vous devez tomber d'épuisement. »

Et sans attendre une adhésion, il envoya le petit Piémontais récolter dehors un bol de lait de chèvre, tandis que lui-même exhibait les provisions rapportées la veille de Zermatt. Cependant le silence s'épaississait entre elle et lui, la présence de la femme de chambre contrariant d'ailleurs toute explication.

D'abord réchauffées par la montée, les deux femmes, après une heure d'immobilité, commencèrent à grelotter. Camille alla chercher des fagots et s'accroupit devant le poêle. Christine, grosse petite blonde, aux cheveux pâles et irisés comme de la soie floche, avec un petit nez qu'on aurait dit relevé par un revers de main inattendu, aperçut par la porte laissée entr'ouverte Danielo occupé à traire une de ses chèvres, qu'il était obligé d'aller quelquefois saisir par les cornes sur les pics les plus escarpés. Elle ne résista pas à la curiosité d'assister de près à l'opération, et, sous couleur d'aider Camille à ramasser le bois pour alimenter le feu, elle s'éclipsa, laissant les deux jeunes gens bien autrement embarrassés de son absence qu'ils ne l'étaient de sa compagnie.

Boutreux et Grébert, pendant leur voyage, n'avaient pas fait une seule fois mention de Mme Boutreux. Son apparition subite sur le grand plateau devait tenir à quelque événement de première importance. L'étudiant, pour se donner une contenance, lui demanda :

— M. Boutreux ignorait donc quand vous deviez venir le rejoindre, puisqu'il est retourné à la ville précisément le jour où vous vous mettiez en route pour aller le trouver ?

— Mon mari me croit toujours à Paris, répondit-elle. C'est par des renseignements indirects que j'ai appris où il habitait actuellement.

— Comment ! s'exclama Camille passant de l'embarras à la stupéfaction, il ne vous a même pas prévenue qu'il partait pour le mont Rose ?

Fidès sentit qu'elle en avait dit trop long. Elle reprit précipitamment : « Si ! si ! je le savais ! »

Mais ce raccommodage ne raccommoda rien. Elle qui mentait si allégrement devant Boutreux, perdait la tête dès le premier faux témoignage à émettre devant Camille. Celui-ci pensa que quelque querelle de ménage avait momentanément séparé les deux époux et que la femme, son dépit amoureux calmé, revenait la première. Ce fut pour lui un crève-cœur. Il en tira cette conséquence que les bonnes paroles et les serrements de mains échangés aux alentours de l'église Saint-Sulpice n'étaient de la part de son ex-promise que des démonstrations de pitié généreuse. Il s'imaginait candidement qu'une femme risque ainsi par bonté d'âme sa réputation et le repos de son ménage. Il était impossible de se montrer plus herbivore.

Danielo, qui avait mis un temps considérable à recueillir un demi-litre de lait, rentra enfin, suivi de Christine complétement réveillée et toute ragaillardie. On découpa un poulet froid rapporté la veille par le jeune Piémontais, mais auquel il refusa de toucher. Il se contenta d'un morceau de pain noir et d'une tranche de fromage blanc, car on était au vendredi, jour de Vénus, dont la théocratie moderne a fait un jour de jeûne. Fidès, depuis son embarquement pour la Suisse, avait perdu la notion des révolutions solaires, et seulement après avoir grignoté un aileron, elle s'aperçut du péché commis. Humiliée de la leçon de dévotion que lui donnait un simple chevrier, elle se composa un déjeuner avec un peu de pain trempé dans du lait, laissant le poulet à peu près entier à Christine qui en fit un carnage.

Puisque le petit Piémontais avait pu être employé comme guide par son mari, Fidès, le repas terminé et la fatigue un peu amortie, songea à lui demander le même service. Sa conduite devait représenter, pour Camille, une énigme dont elle ne se reconnaissait pas le droit de lui dire le mot. Elle brûlait de savoir à la suite de quels incidents s'était opéré le rapprochement entre l'astronome et l'étudiant. Mais, en échange de cette révélation, celui-ci en eût réclamé d'autres. Or, rien ne remplace une explication comme un départ.

Cependant, quand elle se leva, cherchant le berger des yeux, elle constata qu'il avait de nouveau disparu, de même que Christine. Elle se rassit un instant, guettant leur retour. Mais ces deux adolescents paraissaient décidément possédés de la manie d'aller traire les chèvres. Fidès, son sac et ses couvertures de voyage à la main, sortit de la cabane, dont elle explora inutilement les abords.

« L'heure passe; que peuvent-ils faire si longtemps tous les deux? » dit-elle ingénument.

Camille n'ayant pu s'empêcher de sourire, elle ne put s'empêcher de rougir.

On rentra dans la masure, à cause du froid, elle plus inquiète, lui plus tremblant. Par une coïncidence originale, en même temps qu'il se disait :

« Pourvu qu'elle ne s'imagine pas que j'ai éloigné Danielo avec intention, » elle se répétait à elle-même :

« Dieu, s'il allait supposer que j'ai fait partir Christine afin de me trouver seule avec lui ! »

Il l'obligea à se rapprocher du poêle devant lequel ils ouvrirent en éventail leurs mains, dont les petits doigts se rencontrèrent. Ce contact, au milieu de ce tête-à-tête, enleva au jeune homme toute sa solidité. *Ex-abrupto*, avec la brutalité des gens timides, il l'interpella tout à coup :

« Pourquoi m'aviez-vous écrit de venir vous attendre un soir près de la fontaine Saint-Michel? »

Elle s'attendait peut-être à quelque déclaration insidieuse, pas du tout à cette question directe. Elle répondit, fort troublée par le souvenir humiliant de cette soirée pluvieuse :

« J'avais un conseil à réclamer de vous, un conseil de peu d'importance.

— Et, insista Camille, qu'avez-vous pensé de moi en ne me trouvant pas à l'endroit que vous aviez été assez bonne pour me fixer ? »

Elle serait restée coite, si son éducation jésuitique ne fût providentiellement venue à son secours.

« Mais, moi-même, dit-elle, je n'y suis pas allée. Au dernier moment j'ai réfléchi. J'ai craint longtemps que vous ne fussiez irrité contre moi, pensant que j'avais voulu me moquer de vous. Je suis bien heureuse d'apprendre que vous avez pris, de votre côté, le parti de ne pas vous rendre à ce... rendez-vous. »

Camille fut soulagé d'un poids énorme, en même temps que tout contrit en songeant que cette convocation devait être bien peu sérieuse, en effet, puisqu'elle avait si facilement renoncé à s'y rendre.

« Vous vous trompez, madame, répliqua-t-il vivement. Jamais vous ne saurez ce que j'ai souffert d'avoir manqué à vos ordres. Une épouvantable fatalité m'a fait recevoir votre lettre le surlendemain du jour où elle est arrivée chez moi. Je l'ai trouvée en revenant de l'hôpital où j'avais fait un service de quarante-huit heures. Comment ne me suis-je pas brisé la tête contre les murs ? J'en suis encore à me le demander.

L'amour-propre de Fidès était sauvé. L'accent sincère de l'étudiant disait suffisamment qu'il n'avait jamais cessé de l'aimer, ce qui, du reste, ne rendait la situation actuelle que plus périlleuse. Elle se sentait regardée par des yeux qui s'agrandissaient de minute en minute. Il était difficile d'être plus totalement à la merci d'un homme. Mais il lui dit doucement, d'une voix découragée :

— D'où vient que vous prenez plaisir à me rendre malheureux? Est-ce que vous avez quelque raison de me haïr?

— Moi, monsieur Camille; qui vous fait supposer que je vous hais?

— C'est vrai, reprit-il de plus en plus tristement ; j'ai été un peu loin. Vous vous êtes amusée de moi, tout au plus.

— Oh !

— Le hasard a voulu que votre billet m'arrivât trop tard; mais si je l'avais reçu à temps, j'aurais été sûrement assez niais pour me rendre là où vous m'ordonniez d'aller vous attendre, et, cette fois encore, j'aurais été votre dupe, puisque vous n'y êtes pas venue. »

Elle ne pouvait pourtant pas lui avouer les trois heures d'attente et la pluie diluvienne qui avaient entretenu chez Boutreux l'idée d'un suicide par immersion. D'autre part, elle souffrait cruellement de passer, aux yeux du seul homme qu'elle eût encore aimé, pour une basse coquette, presque pour une intrigante. Elle répondit aux doléances de Camille :

« Les apparences sont contre moi, c'est très-vrai; et cependant, il n'y a pas de ma faute. »

— J'ai été singulièrement présomptueux, je le reconnais, fit-il avec une conviction touchante; mais, jamais, au grand jamais, je n'aurais eu l'audace de me présenter chez vous, si je n'y avais été autorisé par votre tuteur et encouragé par M. Boutreux lui-même, qui ne se doutait pas alors que vous l'aimiez.

Sans quoi, lui qui est l'honneur même, il ne m'aurait pas ainsi poussé en avant.

Fidès gardait le silence, qu'elle n'aurait su comment rompre. Il continua :

« Je ne vous reproche certainement pas de m'avoir dédaigné. Mais puisque vous ne vouliez pas de moi, pourquoi m'avoir supporté plus de deux mois pour me renvoyer ensuite si impitoyablement ? C'était peu généreux de votre part. C'était même méchant. Vous n'avez pourtant pas l'air d'être méchante. »

Comme elle persistait à se taire, se sentant étranglée par des larmes qui l'eussent empêchée de parler, il reprit sa récapitulation :

« J'étais mis de côté. C'est bien. Je dévorais mon chagrin sans me plaindre. J'avais même repris mon train-train ordinaire. Je vous rencontre sans vous chercher. Depuis, je vous ai cherchée bien souvent, mais cette fois-là, non. Il fallait m'éviter, me traiter comme un impertinent. Pas du tout. Tous les dimanches, pendant je ne sais combien de semaines, je vous retrouve à Saint-Sulpice. Vous me saluez, vous me souriez. Vous finissez par me permettre avec vous de véritables promenades. Puis un matin, sans m'avoir prévenu, vous me laissez me morfondre. Vous changez d'église au moment précis où vous vous apercevez qu'il m'est devenu à peu près impossible de vivre sans vous voir. Je... Tenez ! je ne vous raconterai pas toutes les tortures que j'ai endurées. Vous seriez trop contente.

— Oh ! monsieur Grébert ! fit-elle comme s'insurgeant sous l'offense. Pour qui donc me prenez-vous ?

— Puis, au bout d'un certain temps, vous craignez sans doute que je n'aie repris courage. Alors, vite, vous m'écrivez pour me fixer un rendez-vous bien mystérieux, bien tendre et... vous n'y venez pas... naturellement.

— Monsieur Camille... vous dites là des choses affreuses. »

Mais, en praticien rompu aux autopsies, il se complaisait dans l'analyse de ses plaies.

« Je comprendrais, à la rigueur, qu'une femme mît sa vanité à se jouer d'un personnage célèbre ou encore d'un homme à prétentions, d'un Lovelace quelconque, reprit-il en se levant et en marchant fiévreusement le long du banc de bois. Mais, s'en prendre à un malheureux carabin qui ne pensait qu'à travailler dans son coin, et le supplicier sans profit ni gloire, en voilà une jolie satisfaction !

— Alors, vous croyez que je prends plaisir à faire souffrir les gens ! s'écria en se tournant brusquement vers lui Fidès, révoltée dans ses sentiments de chrétienne. Vous seriez bien surpris si je vous apprenais que de nous deux c'est certainement moi qui ai le plus souffert.

— Vous? fit Camille avec un rayonnement subit; puis, après cette minute de crédulité : Allons donc ! dit-il en haussant les épaules.

— Oui, répéta Fidès, c'est moi qui ai le plus souffert, quand ce ne serait que pendant les trois heures passées à vous attendre dans une voiture, par un orage affreux, au tournant de la fontaine Saint-Michel.

— Oh ! c'est trop fort ! riposta le jeune homme

d'un ton de dispute. Vous venez de m'avouer à l'instant que vous n'y étiez pas plus que moi.

— Eh bien, j'y étais, répondit-elle, cédant à l'orgueil de confondre un adversaire, vous le savez maintenant. Tout à l'heure, je n'ai pu me décider à vous l'avouer, par fausse honte, mais j'y suis bien obligée, puisque vous me traitez comme une fille. Je suis revenue mourante de cette belle équipée. Après quoi je suis restée quinze jours au lit. Si vous ne me croyez pas, interrogez M. Boutreux. Il vous dira combien de nuits il a passées auprès de moi... dans un fauteuil.

C'était si net et si tranchant que Camille ne douta plus. Il fut atterré. Fidès, qui suffoquait, lâcha la bride à ses sanglots. Christine et Danielo, lesquels persistaient à ne pas reparaître, furent complétement oubliés. Pendant que la jeune femme trempait son mouchoir, l'étudiant tournait dans la cahutte, s'éloignant d'elle, puis s'en rapprochant pour lui dire tout attendri :

« Ne pleurez pas! c'est un malentendu. Du moment où vous êtes allée au rendez-vous, j'ai tous les torts. Pardonnez-moi. »

Cependant tout son esprit d'investigation ne suffisait pas à éclaircir les contradictions dont fourmillait la conduite de cette femme inexplicable qui soufflait, sans transition, le froid et le chaud; qui, alternativement, le foudroyait de ses regards et l'encourageait de ses sourires. Dans quelle intention lui avait-elle demandé cette entrevue à laquelle il avait manqué? Si elle l'aimait, pourquoi, après l'avoir accueilli à peu près officiellement, en avait-elle tout à coup choisi un autre? et si elle aimait cet autre, pourquoi lui revenait-elle, à lui? Il se rappelait qu'un jour, aux abords de Saint-Sulpice, elle avait réfuté un reproche sur ces fluctuations apparentes par l'argument suivant :

« Il y a dans tout cela des choses dont je ne suis pas responsable. »

Mais dans quelle mesure avait-elle le droit de décliner cette responsabilité? Il avait été persuadé jusque-là qu'elle se riait de lui. Les trois heures de faction dont elle venait de faire l'aveu, avec de vrais pleurs à l'appui, remettaient tout en discussion.

« Je serais donc pour elle autre chose qu'un joujou? » pensa-t-il.

Il eut envie de se rouler à ses pieds en lui répétant qu'il était fou d'elle. Puis, il eut peur qu'une minute d'abandon ne le perdît à tout jamais dans cet esprit fantasque. Il prit alors cette voix ferme que se donnent les jeunes gens lorsqu'ils passent des examens où ils redoutent d'être blackboulés :

— Vous m'écriviez dans votre petit billet, ces mots : « Il faut que je vous parle » fit-il. Pour que vous ayez consenti à une station aussi longue, ce dont vous vouliez me parler était probablement bien grave.

Elle avait obéi, en réclamant cette entrevue, à un mouvement tout spontané de tendresse pour Camille e d'irritation contre Boutreux, qui refusait alors toute concession. Mais ce qu'elle avait dû dire à l'étudiant, elle se le rappelait aussi peu que possible, ne l'ayant vraisemblablement jamais su au juste.

Cependant, comme il était urgent de justifier cette

attente disproportionnée dans une voiture ouverte à tous les vents comme à toutes les indiscrétions, elle répondit :

« Mes façons d'agir avaient été avec vous si bizarres, si cruelles même, que je tenais à vous en exposer les motifs. Je craignais votre mépris; vous voyez que j'avais raison, puisque vous me considériez comme une coquette sans foi ni loi.

— Ces motifs sont fort simples, répliqua Camille avec un ricanement amer. Vous aviez accepté, pour contenter votre tuteur, les hommages du premier venu; mais cet infortuné premier venu ayant eu la bêtise de choisir comme intermédiaire une célébrité universelle, vous avez laissé l'homme obscur pour l'homme illustre.

— Moi, dit Fidès souriant dans ses larmes. Ah! par exemple, vous me connaissez bien peu. Je ne suis guère ambitieuse. Avant de voir M. Boutreux chez parrain, je ne le connaissais seulement pas de nom.

— Mais si vous ne l'avez pas aimé pour sa réputation, vous l'avez aimé pour son génie. »

Fidès leva les yeux au ciel comme pour le prendre à témoin de la fausseté de cette appréciation.

— Ne dites pas non! insista Camille. A la lecture de *Table rase*, ce soir où je vous ai vue pour la seconde fois... Vous étiez si jolie! eh bien, vous paraissiez enthousiasmée; vous n'en avez pas perdu une ligne; vous preniez constamment des notes.

— Oh! je vous assure que c'était bien innocemment. Je ne comprenais pas un mot à ce que j'entendais.

— Pourtant, reprit l'étudiant n'y comprenant plus

rien lui même, vous ne l'avez pas épousé à cause de sa jeunesse, ou de sa... Ah! je devine! c'est votre tuteur qui vous aura forcé la main... Oh! c'est épouvantable!

Il avait l'air de la plaindre, et c'était lui-même qu'il plaignait. Mais Fidès n'accepta pas ce rôle de victime.

— Mon tuteur! dit-elle, Ah! bien oui! mon tuteur fait ce que je veux. Je serais allée chercher un chiffonnier dans la rue pour en faire mon mari que mon tuteur ne se serait pas permis une observation.

— Mais si vous n'aimiez pas M. Boutreux, d'où vient que vous l'avez épousé, puisque personne ne vous y obligeait?

Fidès ouvrit la bouche comme pour expliquer ce phénomène psychologique, puis, toute réflexion faite, elle la referma.

— Que je suis donc niais! s'écria Camille. Je vous faisais horreur. Vous avez pris M. Boutreux pour vous débarrasser de moi.

Le pauvre garçon signala d'un accent si lugubre cette découverte, que Fidès oublia son propre péril pour voler au secours de ce désespéré.

— Vous vous trompez, monsieur Grebert, répondit-elle d'un ton de reproche ému. Si j'avais pu en épouser un autre que M. Boutreux, c'est certainement vous que j'aurais choisi. Parrain et moi, nous vous aimions beaucoup, nous vous connaissions très-intelligent, très-travailleur, très...

Camille coupa en deux cette énumération. Elle

cherchait à le consoler et le déchirait. Il se vit la dupe de quelque mystification nouvelle.

— Du moment où vous me gratifiez de qualités si brillantes, interrompit-il, les dents serrées, vous pourriez au moins m'apprendre comment vous et votre tuteur vous avez ainsi préféré à un homme que vous aimiez, un homme que vous n'aimiez pas?

Fidès tourna vers lui son visage devenu tout à coup profondément pensif.

— Croyez-vous à Dieu? dit-elle.
— Non, madame, répliqua l'étudiant.
— Eh! bien, moi j'y crois. Des personnes pieuses m'ont fait toucher du doigt les dangers que courait l'âme de M. Boutreux, ceux surtout qu'il faisait courir à la religion. Elles m'ont ordonné de sauver l'une et l'autre. J'ai obéi.

CHAPITRE VINGT-TROISIÈME

La chambre à quatre lits

Elle était si humiliée qu'il la crût capable de s'être jetée par amour dans les bras du disgracié Boutreux, qu'elle ne fit presque aucune difficulté d'ouvrir toutes grandes pour Camille les fenêtres de sa vie. Elle remonta à ses débuts dans la carrière du catholicisme, vers l'époque de la maladie de Mme Morandeau. Elle passa ensuite au récit de son entrée au couvent, de l'attentat suivi d'enlèvement perpétré par son parrain; des instances de celui-ci pour la décider à se marier. Elle avait vu Camille; elle s'était senti sur-le-champ une vive sympathie pour lui. Elle avait bien lutté, bien souffert avant de se résoudre seulement à regarder en face l'astronome qu'elle avait, dans les premiers jours, trouvé si burlesque.

— Vous pensez, ajouta-t-elle, quel crève-cœur pour moi quand il a fallu renoncer à tout, à ma vocation d'abord, à... vous ensuite, pour me consacrer à cet étranger dont la réputation est véritablement effrayante.

— Elle ne m'effrayerait pas, moi, interrompit Camille ; mais qui donc vous a suggéré l'idée bizarre de convertir notre cher maître ?

— Dieu! fit-elle en montrant le toit entre les planches duquel passaient des rayures bleues.

— Comment, Dieu ? Il n'est pourtant pas descendu en personne pour vous donner ses instructions.

— Il me les a données par la bouche de mon confesseur, répondit-elle avec une grande bonhomie.

— Ah! je comprends, répliqua Grébert en rongeant ses ongles d'une dent nerveuse, vous avez été victime de quelques intrigants qui ont exploité votre fanatisme. Une enfant! une enfant! répétait-il en se parlant à lui-même. C'est odieux.

Une fois sur cette piste, il l'interrogea plus minutieusement et il obtint le demi-aveu de ses efforts pour amener le savant aux capitulations successives qui devaient aboutir à un mariage religieux, précédé d'une abjuration en règle. C'est lorsqu'elle se croyait parvenue à ce dénoûment tant travaillé que l'ingrat Boutreux s'était dérobé, sans prévenir personne.

— Est-ce qu'il ne vous a pas raconté les détails de sa fuite ? demanda-t-elle.

— Il ne m'en a pas soufflé mot.

— Quelle hypocrisie! fit-elle avec un dépit tout mondain. Car les femmes croient si bien avoir acquis le monopole de la trahison, que les tromper à leur tour c'est en quelque sorte leur retirer le pain de la bouche.

Camille ne revenait pas de la stupéfaction où le plongeait cette série de confidences. Ainsi, lui-même, si ignoré et si modeste, avait été un moment le pivot d'une vaste machination qui lui coûtait le bonheur. Fidès allait être à lui, et, tout à coup, des hommes noirs fondant sur cette douce proie, la lui avaient enlevée. Heureusement, ces hiboux ravisseurs n'avaient pas tout prévu. Le hasard le plus improbable la ramenait sous sa griffe, et, ma foi ! il éprouvait de mystérieuses velléités de ne pas la leur rendre.

Sœur Sainte-Euphrosine s'était complue à égrener le rosaire de ses déceptions, afin de convaincre l'étudiant qu'elle était au moins aussi à plaindre que lui. Elle essaya de le réconforter en lui expliquant que l'existence humaine était un long calvaire où, de la naissance à la mort, une douleur nouvelle nous attendait à chaque station. Elle récitait par fragments les sermons de l'abbé Boissonnet, qui prêchait tous les dimanches dans la chapelle des Dames de Saint-Magloire, et, depuis dix ans, leur répétait invariablement la même chose.

« Et, conclut-elle, ce qui rend mon sacrifice encore plus pénible, c'est que, tout le fait supposer, il restera absolument inutile. »

Mais des révélations de Fidès, Camille n'avait retenu qu'un aveu : Elle n'aimait pas et n'avait jamais aimé son mari. Or, la plus sérieuse défense d'une femme convoitée par un homme est encore son amour pour un autre.

Il se rapprocha d'elle comme pour confondre leurs mutuels regrets. Il lui prit les mains, qu'il tint mélancoliquement dans les siennes, tout en lui décrivant les blessures profondes qu'avait successivement reçues sa passion incurable ; blessures qui se rouvraient constamment et dont, malgré son habileté comme externe à Lariboisière, il ne pouvait arrêter les ravages.

Elle l'interrompit pour lui dire :

« Vous ne pouviez pas souffrir plus que moi, bien sûr. »

Un grand coup qui du dehors ébranla la porte de la maison, vint subitement détonner dans leurs chuchotements amoureux. Camille se jeta brusquement de côté pour ne pas être surpris par Danielo et la domestique. Puis il se leva et alla ouvrir. Il n'y avait personne qu'une chèvre dont la tête avait sans doute heurté le bois. Mais en jetant un regard perdu dans la forêt de pics qui l'entourait, il se vit si profondément seul au milieu du miroitement des glaciers, qu'il revint auprès de Fidès avec un frissonnement de la peau inquiétant pour elle. Elle s'était levée aussi, la tête tournée vers la porte, cherchant une contenance qui imposât à Christine.

« Ce n'était rien », dit-il. Il la prit par le bras et un peu par la taille pour la ramener du côté du poêle, mais il se trouvait alors si près d'elle que les cheveux de Fidès toute décoiffée par la bise de la nuit lui chatouillaient le menton. Il ne put y tenir et envoya au hasard dans ces touffes blondes un baiser qui atteignit distinctement la tempe droite.

« Oh! non, pas ça! par pitié, pas ça! » s'écria la jeune femme plus suppliante qu'irritée.

Mais l'étudiant, qui tenait son bras arrondi à une distance respectueuse autour du corsage de Fidès, resserra ce cercle protecteur au point que leurs deux poitrines se joignirent. Camille perdit alors tout à fait la tête. Il lui promena frénétiquement les lèvres tout le long de la figure en lui murmurant cette excuse insuffisante :

« Je vous aime tant et je suis si malheureux! »

A partir de ce moment, les gestes eurent voix au chapitre, et le véritable duel commença. Fidès, malgré ses feintes et ses dégagés, fut à plusieurs reprises touchée en pleines joues. Elle se débattait convulsivement en fermant les yeux comme une noyée. Elle jeta d'abord quelques cris, puis la lutte devint silencieuse, le jeune homme jugeant superflu d'expliquer ses intentions qui étaient évidentes; la jeune femme sachant inutiles tous les arguments qu'elle lui opposerait.

Après une série d'assauts, elle parvint à se libérer un instant, et Camille fut tout étonné de la voir profiter de ce répit pour dégrafer le haut de sa robe. Avant qu'il eût le temps d'entrevoir seulement l'extrémité du busc, elle avait retiré des profondeurs de son corsage un instrument brillant et de forme oblongue qu'il prit d'abord pour un poignard. L'épouvante saisit Camille.

« Elle va se tuer! » pensa-t-il.

C'était un crucifix en argent, dont elle présenta vivement au jeune homme le côté face, évidemment persuadée que ses mauvais desseins allaient s'évanouir devant l'image du sauveur. Cet effet rata totalement. Rassuré sur les intentions de Fidès, il se rapprocha d'elle plus amoureusement que jamais, sans entendre des protestations de sa victime autre chose qu'un bourdonnement confus qui l'excitait au lieu de le désarmer. Cependant, en désespoir de cause, elle eut un mouvement d'éloquence.

17.

« Laissez-moi, s'écria-t-elle, c'est indigne! Vous, l'élève, vous, l'ami de M. Boutreux. Ah! tenez, vous n'êtes qu'un lâche! »

Ce mot « lâche » a des propriétés spéciales, bien qu'il fasse partie du dictionnaire au même titre que les autres. Vous appliquez à un homme les noms les plus blessants, il courbe la tête; vous y ajoutez l'épithète de lâche, il se révolte et vous envoie ses témoins. Aussi les femmes, qui ne craignent pas d'en recevoir, se servent-elles de cet adjectif substantivé dans une foule de circonstances. Faites violence à celle que vous aimez, elle vous appelle : lâche! Il est vrai que le jour où vous renoncez à la violenter, elle vous appelle : lâcheur!

Mais Camille Grébert marchait sur ses vingt-trois ans. Il n'avait pas encore sondé le vide des choses, ni même celui des mots. Il arrêta brusquement ses entreprises, au souvenir de Boutreux, son maître chéri et vénéré, qu'il avait, du reste, tout à fait oublié depuis trois quarts d'heure, et qu'il traitait comme une fraction négligeable. Il fut brusquement rappelé à ses devoirs d'élève soumis.

« Vous avez raison, dit-il, ma conduite est hideuse. Je ne voyais plus que vous. Pardonnez-moi. Vous n'avez plus rien à craindre...

— Merci, mon ami, fit Mme Boutreux avec une confiance flatteuse. Je vais redescendre jusqu'à Zermatt, où je rejoindrai mon mari.

— Oui, c'est cela! répondit Camille dans l'enthousiasme du sacrifice. Je vais courir après Danielo qui vous servira de guide.

Il sortit pour explorer le plateau et finit par découvrir le pâtre et la fille de chambre jouant à cache-cache dans les rochers. Il leur adressa sur leur absence prolongée des reproches auxquels le petit Piémontais répondit en se tenant les côtes à force de rire. Christine, malgré le froid, était rouge comme une pivoine. Elle crut devoir expliquer de la façon suivante les soulèvements précipités de sa poitrine :

« L'air est si fraîche qu'elle vous coupe la respiration. »

Mais un impedimentum imprévu dérangea tous les plans. Malgré les objurgations, adjurations et injonctions de Fidès renforcée de Camille, Danielo refusa obstinément de la reconduire à Zermatt, bien qu'il fût au plus dix heures du matin, et qu'on eût tout le temps d'atteindre la ville avant le crépuscule.

« Demain samedi, pas aujourd'hui vendredi, répétait-il dans son patois que l'étudiant traduisait tant bien que mal. Aujourd'hui, la dame périrait par accident et je serais changé en épervier. »

Impossible d'en tirer autre chose. Mme Boutreux lui vida son porte-monnaie dans la main; mais il rejeta ce pot-de-vin avec un dédain railleur qui eût probablement étonné plus d'un haut fonctionnaire politique. Peut-être aussi n'avait-il jamais vu de pièces d'or, et se défiait-il de ces petits ronds de métal jaune qu'on nomme tantôt des louis, tantôt des napoléons, ce qui est d'ailleurs une singulière façon de les recommander.

L'invincible refus du pâtre remettait tout en question. Ce n'était plus seulement la journée, mais la nuit que Fidès avait à passer sous le même toit que son dangereux ami. Christine, constamment pendue aux chausses du brun Danielo, constituait pour elle un embarras plutôt qu'une protection. Elle frémit en énumérant les longues heures de tête à tête inévitable qu'il lui restait à affronter. Elle en référa sans hésitation à la loyauté de Camille. Si on avait eu seulement deux chambres? mais on n'en avait qu'une, effrayante de promiscuité entre les sexes.

« Vous coucherez ici avec votre femme de chambre. Le chevrier et moi nous passerons la nuit dehors », proposa l'étudiant.

— Allons donc ! fit-elle. Pour qu'on vous retrouve demain matin, gelés tous les deux. Je vous le défends.

On chercha autre chose, et on convint de rester debout jusqu'au lendemain, à deviser *de omni re scibili*. Mais, vers le soir, Camille vit les paupières de sa Fidès battre la chamade, comme les ailes d'une hirondelle qui cherche à se poser pour s'endormir. Christine, courbaturée par ses soubresauts de la journée, pliait également sous le sommeil. Il ne put supporter ce spectacle. Il fit préparer pour Mme Boutreux un sommier de fougères qui, suffisamment capitouné de couvertures et flanqué de paletots roulés en oreillers, représentait vaguement une ottomane. Alors, il supplia Fidès d'accepter la convention suivante : On allait couper la pièce en deux dans toute sa longueur, au moyen d'une corde à laquelle on attacherait, en guise de rideaux, tous les effets et les peaux de chèvre disponibles, de telle sorte qu'elle eût la faculté de s'étendre sur son divan sans contrainte et sans péril. La cloison qui la séparerait d'elle serait frêle et même flottante, mais il s'engageait à lui prêter par la pensée l'épaisseur de la grande muraille de la Chine. Il n'y a que la foi qui sauve. Qu'elle eût foi en lui et elle était sauvée.

Fidès n'opposa à ce projet que des objections sans valeur juridique. Camille et Danielo s'attelèrent à la confection de ce vélum composite et diapré pour lequel Christine prêta généreusement un jupon blanc, et Mme Boutreux un manteau noir. Puis toutes deux entrèrent dans le compartiment réservé aux dames, après avoir souhaité une bonne nuit à leurs cavaliers respectifs.

Danielo, qui avait laissé à la servante sa couchette de feuilles sèches, se composa à la hâte un lit avec ce que l'étudiant lui abandonna du sien, puis s'y jeta à corps perdu. Grébert, lui, était accablé d'émotion, mais pas de sommeil. Il restait assis sur le banc de bois, les coudes sur la table et contemplant l'ombre de Fidès allant et venant sur le rideau où la projetait la lumière d'une chandelle fumeuse. Il suivait ses mouvements avec la passion que Boutreux mettait à observer l'évolution d'un astre.

« Pour moi, se disait-il, voilà le véritable passage de Vénus. »

Fidès laissa, par surcroît de précaution, sa chandelle allumée. Elle desserra quelque peu son corset, bien entendu sans ôter sa robe, s'enveloppa des pieds à la tête dans la plus spacieuse de ses couvertures, pour se réchauffer sans doute, pour se protéger peut-être, et Camille, qui, après avoir regardé de tous ses yeux, écoutait de toutes ses oreilles, entendit bientôt cette symphonie mystérieuse et douce qui s'exhale de la poitrine d'une jeune femme endormie.

CHAPITRE VINGT-QUATRIÈME

L'Aurore boréale

 Alors, pour ne pas céder à des tentations déloyales, il alla s'allonger sur sa fougère, et, à son tour, finit par s'assoupir.
 Vers les trois heures du matin, après une nuit de sursauts et de tressauts, Fidès se réveilla dans un état de vibration extraordinaire. Ses membres se raidissaient par saccades comme sous les secousses d'une batterie électrique. Ses paupières pesaient sur ses yeux qu'elle essayait d'ouvrir. Des chaleurs lui montaient par bouffées à la tête. Elle sentait une espèce de brûlure au creux de l'estomac, car le creux de l'estomac paraît jouer un grand rôle dans l'organisme féminin. Elle cherchait à s'expliquer par les fatigues de la nuit précédente cette raideur cataleptique, quand elle s'entendit appeler du fond de son compartiment par une voix dolente et quelque peu inquiète :
 « Madame ! »
 C'était Christine, qui ajouta presque aussitôt :

« Madame! je ne sais pas, je suis toute chose!...

— Moi aussi », répondit-elle sans s'arrêter à la bizarrerie de cette formule : « être toute chose ».

Puis tout à coup Christine poussa ce cri de terreur :

« Madame! le feu! »

Fidès ouvrit brusquement les yeux et vit en effet un faisceau de rayons rougeâtres qui passaient à travers les jointures de la cabane. Elle se dégagea de ses couvertures et se mit debout. Au-dessus de sa tête un crépitement sourd ressemblant à un piétinement, lui fit supposer que l'incendie partait du toit. Mais en même temps de grands coups lancés sur les cloisons latérales de la baraque, comme si on eût essayé de la défoncer avec des poutres, terrorisèrent les deux femmes.

« Réveillez vite M. Grébert », dit Mme Boutreux à Christine.

La suivante passant vivement sous le rideau de séparation, alla jusqu'au lit de Camille qu'elle secoua par le bras en lui criant dans l'oreille :

« Monsieur, monsieur, la maison brûle! »

Il se leva d'un bond, et après s'être orienté une seconde, courut vers la lumière qui brillait à travers les interstices de la porte, qu'il ouvrit toute grande. La solitude du plateau semblait s'être instantanément peuplée. Des chèvres épouvantées bondissaient par groupes et venaient donner de la tête contre les parois des rochers et les étais de la masure. D'autres grimpaient sur la couverture en planches, où elles se livraient à cette danse macabre qui avait tant effrayé les dormeuses. Quoique le froid fût devenu intense, le ciel était, du côté du nord, embrasé comme par un coucher de soleil. Grébert se rendit tout de suite compte du phénomène qui se préparait. Il alluma une allumette, car la chandelle que Mme Boutreux avait placée en sentinelle était éteinte depuis longtemps, et il alla à la boussole apportée dans les bagages de Boutreux.

L'aiguille aimantée était en plein affolement. Elle sautait d'un pôle à l'autre, tournait par moments comme une toupie, puis s'arrêtait net. Cette perturbation caractéristique leva tous ses doutes.

« C'est une aurore boréale !... dit-il. Elle est superbe ! Venez donc voir. »

Christine courut arracher son ami Danielo à son engourdissement. Camille entraîna Fidès, et tous quatre s'avancèrent sur le plateau, afin de ne rien perdre du spectacle.

Il s'ouvrit par deux colonnes de feu se dressant sous l'horizon, tandis que s'étendait à leur base une grande ligne d'un rouge irisé. A l'ouest, de gros nuages blancs se traînaient péniblement le long des montagnes, pareils à des fantômes fatigués qui hésiteraient à se rendre au sabbat. Quelque peu fier des connaissances cosmographiques qu'il tenait de Boutreux, son illustre maître, l'étudiant expliqua à Fidès, qui ne l'écoutait guère, et à Christine, qui l'écoutait encore moins, comment les avis des savants étaient encore partagés relativement à la nature et à l'origine des aurores boréales. Selon l'opinion la plus accréditée, quoique fort hypothétique, elles seraient la réverbération d'orages formidables qui éclatent en dehors de notre atmosphère et dont nous recevons le contre-coup. De là ces troubles dans la nature et spécialement dans les courants magnétiques. Il cita l'exemple de l'aurore boréale de 1869 qui, sur un espace de douze cents lieues, interrompit le parcours de toutes les dépêches télégraphiques. De là aussi l'agitation des chèvres, car les nerfs des êtres animés ne sont que des fils soumis comme les autres et plus que les autres aux lois de l'électricité.

Fidès était en ce moment la démonstration vivante de ce dernier aphorisme. Elle sentait toute son énergie se fondre dans une sorte de langueur passionnée. Appuyée au bras de Camille, qui la serrait de près de peur de quelque faux pas dans des trous de rochers, par cette nuit livide, elle posait malgré elle sa tête ardente sur l'épaule du jeune homme. Elle était comme une chatte sur les toits. Elle aurait aimé qu'il la mordît. A une rigidité presque cadavérique de tous ses membres avait succédé un bouillonnement intérieur qui soulevait sa chair. Le visage et les cheveux de Camille lui semblaient phosphorescents. Une irritation générale la sensibilisait au point que son linge lui produisait sur la peau l'effet des cilices du couvent. La bande rougeâtre qui s'allongeait sur le ciel avait peu à peu passé au jaune éclatant. Entre la grande Ourse et la constellation d'Hercule, cinq beaux rayons d'un blanc puissant s'évasèrent en un immense éventail présentant à leur partie inférieure une teinte verte très prononcée.

« Est-ce beau ! » fit Camille d'une voix étranglée et en ramenant Fidès contre sa poitrine, par un mouvement frénétique qui prouvait que le cataclysme opérait sur lui avec une intensité au moins égale.

« Rentrons, » dit-elle en essayant de dégager son bras.

Autour d'eux, ils entendaient le bruit des coups de tête qu'échangeaient les chèvres et le frottement de leurs cornes qui s'entre-mêlaient. Tout à coup, ils perçurent distinctement la musique de plusieurs baisers donnés et rendus à quelques pas d'eux. C'étaient Christine et Danielo qui, ne se sachant pas aussi près de leurs surveillants, se régalaient à leur façon. Fidès aurait eu la force de rappeler sa servante qu'elle n'en aurait pas eu la cruauté. Mais l'épreuve était insoutenable.

« Rentrons! répéta-t-elle, je me sens malade. »

Elle parlait machinalement, croyant peut-être que l'obscurité de la cabane la remettrait dans son assiette. Alors Camille, la voyant sur le point de s'évanouir, la souleva dans ses bras et la reporta sur le lit qu'elle avait quittée une heure auparavant. Puis, comme elle ne remuait plus, il lui posa la main sur le cœur. Il battait toujours et si fort qu'un pareil trouble magnétique, en supprimant tout libre arbitre, excluait toute responsabilité. Fidès essaya encore de demander secours à Dieu, mais, à cette invocation, la nature seule répondit. Il n'y eut, en réalité, qu'une coupable : l'attraction moléculaire.

CHAPITRE VINGT-CINQUIÈME

Feu Boutreux

Quand le jour se leva, le ciel, complétement balayé, n'avait gardé aucun souvenir des agitations de la nuit : les chèvres broutaient d'une dent calme les rhododendrons épanouis sur le flanc des montagnes, et l'aiguille aimantée menaçait à nouveau le septentrion de sa pointe luisante. Fidès aurait pu croire qu'elle avait rêvé, si seulement Camille lui avait laissé le temps de se rendormir. Au milieu de ses angoisses, de ses remords et aussi de son bonheur, elle craignait spécialement les soupçons de Christine. Il lui semblait que les regards de la servante évitaient les siens, et l'idée ne lui venait même pas que la jeune fille pouvait bien être embarrassée pour son compte personnel.

« Êtes-vous sûr qu'elle ne s'est pas aperçue de quelque chose? » demandait-elle constamment à Camille, qui, sans savoir au juste ce qu'il disait, lui jurait qu'elle ne s'était aperçue de rien.

« Être obligée de rougir devant une domestique,

ce serait le dernier degré de la honte, » pensait Fidès. Car on ne se doute pas de ce qu'on obtiendrait de la plupart des femmes si on leur garantissait qu'elles n'auront pas à rougir devant leurs domestiques.

Danielo fit la grasse matinée, puis se leva frais et gaillard pour s'offrir à ramener jusqu'à Zermatt ses deux visiteuses. L'étudiant suppliait Fidès de rester encore un jour, mais, avec une rare intuition de l'avenir, elle lui fit comprendre qu'une telle imprudence tuerait leur amour dans l'œuf. Si, au contraire, elle repartait immédiatement pour l'hôtel du *Riffel* où l'attendait, c'est-à-dire où ne l'attendait pas le trop confiant Boutreux, c'était encore lui qui aurait à présenter des excuses. D'ailleurs, puisque l'astronome devait incessamment partir pour le Caire, on se rejoindrait à Paris sous quelques jours, et là, à l'abri de toute surprise et de tout péril, comme on se dédommagerait de la séparation actuelle !

Quant au mariage religieux en l'honneur duquel Fidès avait parcouru trois cents lieues de voies ferrées et gravi plusieurs kilomètres de montagnes, il n'en était pas question dans ce plan. Sœur Sainte-Euphrosine commençait à se demander si son amour exagéré pour le Créateur ne venait pas un peu de ce que jusque-là l'occasion lui avait manqué d'aimer la créature.

Pendant que Danielo et Christine se disputaient à qui nouerait les paquets, les deux amants voulurent faire une dernière fois ensemble le tour du plateau qui s'arrondissait en terrasse sur trois côtés de la cabane, dont l'extrémité seule était adossée au rocher.

Il est remarquable à quel point la femme qui aime s'habitue vite à son amour. Elle ouvrait son âme à Camille comme s'il eût toujours fait partie de sa vie. Elle parla de sa mère, de Savaron son tuteur, qu'elle pouvait « faire entrer dans un trou de souris » ; de l'abbé Boissonnet, à qui ils devaient peut-être leur bonheur.

« Et que vous ne reverrez jamais, si vous tenez un peu à moi », interrompit l'étudiant avec un frisson d'inquiétude.

Ils s'étaient arrêtés sur un petit promontoire circulaire qui formait avancée, et d'où leurs yeux plongeaient entre les lames de glace encore aiguisées et durcies par le froid intense que développe généralement une aurore boréale. Le soleil glissait sur l'azur des crevasses, car la neige est blanche, mais la glace est bleue. Le névé avait, en quelques heures, passé de l'état à peine solide à l'état cristallin. Tout à coup, au plus épais d'un fouillis d'aiguilles, ils crurent voir sautiller deux points noirs qu'ils prirent d'abord pour une paire d'aigles, très abondants sur ces hauteurs. Peu à peu, ils constatèrent que ce qui leur semblait des ailes était les bras de deux hommes qui, imprudemment engagés dans cette forêt d'arêtes, se cramponnaient aux saillies pour éviter des chutes continuelles. Ils émergeaient sur la crête de ces vagues tranchantes, puis disparaissaient comme entraînés par la lame, pour montrer de nouveau leur tête au-dessus de cet océan, auquel les jeux du soleil imprimaient une agitation qui ressemblait à de la houle.

Cependant, cette ascension mouvementée les rapprochait insensiblement du plateau qu'ils voulaient probablement atteindre.

« Prendre un chemin pareil pour arriver ici ! Ils sont fous ! » dit Camille.

Fidès, qu'aucune chute n'étonnait plus, laissa tomber cette simple observation :

« Ce sont peut-être des Anglais. Les Anglais ont des idées si drôles ! »

Mais Camille eut subitement un soupçon étrange. Il suivit plus attentivement les évolutions des deux inconnus.

« Je suis à vous dans l'instant, » fit-il, en quittant le bras de Fidès. Il courut à la cabane et prit au clou où il l'avait accrochée par sa longe la jumelle de marine apportée par Boutreux.

Il revint tout courant la braquer sur les deux points noirs qui grossissaient de minute en minute.

« C'est lui, » dit-il, et, passant la lorgnette à Fidès, il ajouta :

« N'est-ce pas que c'est lui ? »

Mme Boutreux avait à peine risqué un œil sur les convexités des verres que, s'éloignant de Camille par un mouvement de Diane surprise au bain, elle s'écria :

« Mon mari ! »

Puis tous deux se turent, car ils ne savaient dans quelle intention l'astronome remontait au plateau par cette voie hérissée d'obélisques et de pyramides de glace si peu franchissables. Bientôt ils distinguèrent nettement Boutreux s'enfonçant dans les méandres des escarpements à la suite de son guide.

Il lançait en avant, avec une ardeur fébrile, la pointe de son bâton ferré. Le guide, que Fidès reconnut pour un de ceux qui l'avaient conduite la veille à... sa perte, obligea Boutreux, qui s'en défendit longtemps, à se relier à lui par une corde, qui semblait se couper aux arêtes de cristal. Le savant tombait, se relevait, retombait, et n'en grimpait pas moins à jambes que veux-tu. Il parvint enfin à environ trente mètres de l'avancée du plateau. Il n'avait pas encore aperçu sa femme, qui s'était retirée un peu en arrière, probablement pour prendre le temps de se composer une attitude. Tout à coup, elle fit deux pas, comme pour aller au-devant de lui. Il la vit alors qui se détachait en noir sur la neige.

« Fidès, ma chère femme! cria-t-il d'une voix qui se répercuta dans tous les précipices, je viens te chercher... J'ai tout appris ce matin. Le guide m'a raconté ta bravoure à vouloir me rejoindre... C'est trop! mignonne... c'est trop!... Alors, nous sommes partis par le plus court. J'étais trop inquiet de toi... je n'y tenais plus. »

Boutreux jetait ces mots en haletant, car la pente devenait d'une raideur de falaise. Il écrasait les aiguilles de glace qui se croisaient sous ses pieds comme des pointes de fleurets.

« Regardez donc par terre et non pas en l'air, répétait le guide. Le chemin est détestable. Je vous avais prévenu..... Un rien pourrait nous faire culbuter tous les deux ».

Mais Boutreux ne voyait que Fidès, dont le dévouement l'exaltait... Aucune gymnastique ne lui paraissait trop pénible pour arriver jusqu'à elle.

— Prenez garde ! c'est plein de crevasses par ici, insista le guide. Le névé n'est pas encore solide. Si vous ne me laissez pas choisir les bons endroits, vous verrez que...

Il n'acheva pas sa phrase. Une violente secousse venait de lui faire perdre l'équilibre. Il glissa un instant, mais saisissant à pleins bras un poteau de glace qui obstruait la descente, il se remit debout et s'y maintint malgré un poids presque irrésistible qui l'attirait en bas. La corde, tendue comme celle d'un arc, plongeait dans le vide. Le névé avait cédé sous les pieds de Boutreux, qui était tombé dans un trou.

Fidès poussa un : ah ! de terreur. Mais lui ne s'inquiéta pas pour si peu.

« Je ne suis pas blessé. Hissez-moi ferme ! cria-t-il des profondeurs de son gouffre.

Le guide s'arc-bouta au bloc de glace et commença à tirer son compagnon comme un seau d'eau qu'on craint de heurter à la maçonnerie du puits. Malheureusement, le chanvre, dans ses rencontres avec les rochers, dont les tranchants coupaient parfois comme des rasoirs, s'était usé et effiloqué de telle sorte qu'un froissement un peu accentué contre la margelle de la crevasse aurait suffi à le déchirer tout à fait. Camille suivait d'un œil égaré ce sauvetage. Une secousse violente ébranla des pieds à la tête le guide, qui faillit perdre l'équilibre. La corde se raidit encore davantage, tournoya sur elle-même puis se détendit tout à coup, après un arrachement lugubre. Il l'amena alors à lui d'autant plus facilement qu'il n'y avait plus rien au bout. Elle venait de se rompre en deux moitiés, dont la plus lourde, — celle où pendait Boutreux, — avait disparu dans l'abîme.

Fidès fut obligée de retenir Camille, qui voulait s'élancer du plateau au secours de son maître.

« C'est Dieu qui nous punit, » dit-elle en baissant la tête.

Le plus puni des trois, c'était incontestablement le mari ; mais l'égoïsme humain rapporte volontiers tout à lui, même le malheur des autres. Un enfant tombe dans les escaliers, et se casse un bras. Il arrive que sa mère s'écrie :

« Ce polisson-là ne sait qu'inventer pour me faire de la peine. »

Le guide, qui semblait avoir emprunté aux glaçons dans lesquels il vivait un peu de leur froideur, se pencha sur le puits sans fond où gisait son voyageur et l'aperçut étendu sur une sorte de corniche à quatre ou cinq mètres de l'orifice. Il prit flegmatiquement son bâton dont la ferrure portait un croc sur le côté. Il s'en servit pour enlever par le collet de son habit l'imprudent Boutreux, qui reparut inanimé au bout de la perche, comme un pendu fraîchement détaché.

« Il est mort ! » firent à la fois Camille et Fidès.

Le guide porta, traîna plutôt ce corps inerte jusqu'au pied même du plateau, puis, il essaya de l'élever dans ses bras, et ce fut à son tour Camille qui dut aller chercher son bâton de montagnes pour repêcher son illustre ami. Fidès l'aida, pesant de tout son poids sur l'extrémité de cette étrange canne à pêche, de façon à faire levier. Enfin, après avoir risqué vingt fois de le laisser retomber, ils amenèrent sur la plate-forme ce colis humain.

Alors, succombant au remords, à la terreur, à l'émotion, la jeune femme tomba agenouillée, la tête dans ses mains, près des restes de son mari, et le guide l'avait déjà, avec le secours de Camille et de Danielo, transporté dans la cabane, que Fidès persistait à gémir à vide sur ces dépouilles qui n'étaient plus là.

Grébert rappela tout son sang-froid de médecin. Il s'assura que le cœur battait encore, bien que faiblement. Après avoir lavé la face, toute souillée de sang, il constata, à la tempe droite, une assez forte déchirure des couches profondes de la peau. Mais en aucun cas, cette blessure ne pouvait être mortelle. La boîte du crâne ne présentait aucune fissure. Les jambes étaient intactes. L'étudiant qui, en prévision d'un de ces accidents si fréquents dans les expéditions alpestres, s'était muni d'arnica et de bandages, employa Christine et le chevrier à préparer des compresses.

L'évanouissement dura près d'une heure. Boutreux ouvrit enfin les yeux et les promena tout autour de la chambre. Bien qu'on l'eût préalablement couché sur un lit de fougères qui n'était certes ni trop épais ni particulièrement tendre, il ne paraissait pas souffrir des duretés de son sommier : cette insensibilité effraya Camille.

— Eh bien ? interrogea Fidès après le pansement de la blessure du front.

— Je ne découvre rien de sérieux dans son état, répondit Camille. Une violente commotion, pas autre chose.

Un sourire fugitif éclaira les lèvres de l'astronome, qui s'agitèrent et entre lesquelles passèrent ces mots entrecoupés :

« Comment ! vous !... un médecin... vous ne voyez pas que j'ai une fracture de la colonne vertébrale ?

— Non ! non ! c'est impossible, s'écria Camille ; une contusion peut-être qui a produit un engourdissement momentané, mais...

— Je vous dis que c'est une fracture, interrompit Boutreux, qui mit toutes ses forces dans son gosier et dont la voix et la tête semblaient seules vivantes.

Camille savait à quel point les lésions de ce genre étaient d'un diagnostic difficile. Il essaya d'argumenter pour cacher son trouble ; mais dans les questions scientifiques, Boutreux était intraitable ; et la discussion qui s'entama entre ce malade qui se déclarait perdu et ce médecin qui le proclamait sauvé, faillit dégénérer en querelle.

— Les jeunes gens font aujourd'hui de belles études, je m'en fiche ! répétait le savant. Moi aussi je me suis occupé de médecine. Les symptômes sont plus clairs que le jour : saillie des vertèbres dorsales, crépitation intermittente...

— Oh ! ce peut être là une suite de l'ébranlement général, objectait l'étudiant.

— Paralysie des membres thoraciques... Je peux

à peine remuer les bras, respiration gênée, ventre ballonné.

— Un peu de dureté, voilà tout, disait le jeune homme en lui palpant l'abdomen d'une main de plus en plus inquiète.

— Je n'ai pas le ventre ballonné, c'est trop fort! s'écria Boutreux en s'obstinant. Fidès, dit-il à sa femme qui, ne sachant comment se rendre utile, essayait de lui relever la tête, Fidès, ma bonne chérie, pose un instant la main sur mon ventre et réponds-moi : oui ou non, est-il ballonné?

Camille, debout en face d'elle, lui fit signe de soutenir la négative, mais le blessé arrêta cette tricherie au passage.

« Ce n'est pas loyal, dit-il presque gaiement. Vous vous entendez pour me tromper sur mon état. »

Cette déloyauté était de l'illusion. Mais Camille dut bientôt y renoncer. La paralysie gagna rapidement les membres inférieurs, ce qui laissait supposer que la colonne vertébrale était brisée en deux endroits. L'étudiant manquait de tout, et, après deux saignées consécutives qu'il put pratiquer à l'aide même du bistouri qui avait déjà servi à tailler le crayon de Fidès, le soir de la grande lecture de *Table rase*, il fut obligé de borner son traitement à des frictions alcooliques énergiques et répétées. Tous les quatre se relayèrent pour ce massage, qui rétablit momentanément la circulation du sang et rendit un peu d'activité au pouls, lequel, en terme d'hôpital, filait son nœud sans prévenir personne.

Le mourant profita de cette galvanisation factice pour donner à Camille ses instructions relativement aux manuscrits qu'il laissait. Il recommandait surtout *Table rase*, dont il chargeait son élève de surveiller la publication.

« Hein, dit-il en tournant vers Fidès ses yeux perçants, seul organe dont il fût encore le maître dans son corps insensibilisé, hein, ça t'ennuie que je meure sans prêtre ? Heureusement, il n'y a pas de danger que ton abbé Boissonnet s'aventure jusqu'ici. »

Après un silence traversé par les sanglots de Mme Boutreux, il ajouta :

« Vous savez Grébert, pas de bêtises ! Je compte sur vous pour empêcher qu'on ne me joue quelque mauvaise farce. Enterrement civil, comme notre mariage dit-il en jetant à sa femme un regard souriant. »

Et, comme Camille, pour se donner des airs courageux en face de cette mort qui le déchirait, lui parlait au hasard du « grand Peut-être. »

« Moi, fit Boutreux, je l'appelle le « grand Rien du tout. »

Prenant ensuite pour la première fois le ton grave, il dit à Camille d'une voix tremblante :

« Elle va rester seule. S'il y a au monde un homme capable de l'empêcher de retomber dans les mains de ces gens-là, c'est vous. Elle vous aime un peu, et, entre nous, je suppose qu'elle ne vous inspire pas trop de répulsion. »

Le jeune homme, que ces paroles torturaient, aurait voulu disparaître à son tour dans une crevasse. Boutreux continua :

« Elle était plus faite pour vous que pour moi, la chère petite. »

Elle se plongea la tête dans son mouchoir pour cacher, en même temps que ses larmes, son cruel embarras.

« Eh bien oui, eh bien oui ! je sais que tu es bonne et que tu me regretteras, ajouta-t-il. Pleure, mais pas trop, non plus. En somme, tout ce qui arrive est de ma faute. J'ai voulu faire le joli cœur, à cinquante-quatre ans. Ça ne m'a pas beaucoup réussi. Va ! tu finiras par te consoler de la perte... d'un vieil imbécile... comme moi. »

Ce furent ses derniers mots, et encore eut-il grand'peine à achever la phrase. La paralysie s'emparait de la face, des lèvres et de la langue. Il resta deux heures encore dans un état de roideur qui rendit presque invisible le passage du dernier souffle. Fidès, qui, à plusieurs reprises, pendant cette muette agonie, l'avait cru mort, s'entêta longtemps à le déclarer encore vivant.

Danielo partit immédiatement pour Zermatt, et c'est à dos de mulet que le corps de celui qui avait été l'illustre Boutreux fut ramené à l'hôtel du *Riffel*. Sa veuve promit d'autant plus facilement à Grébert de rompre toutes relations avec le couvent qu'elle n'aurait trop su comment expliquer à l'aumônier ce qu'une aurore boréale pouvait exercer d'influence sur une femme nerveuse. Toutefois, en échange de cet engagement, elle obtint de Camille que, pour éviter un éclat immédiat, *Table rase* ne serait publié qu'un an après leur mariage.

Boutreux était en terre depuis six mois, quand Savaron, plus bronzé que jamais, débarqua chez sa filleule. Elle lui fit part de ses projets, qu'il adopta d'emblée en soulignant son adhésion par cette remarque :

« Ce brave Grébert m'a toujours été extraordinairement sympathique. »

. . . .

Les élèves, les collègues et les admirateurs de Boutreux viennent de lui élever par souscription, au cimetière Montparnasse, un monument de style assyrien, sur lequel on lit :

IL VIVAIT POUR LA SCIENCE
IL MOURUT POUR ELLE

Cette inscription n'est vraie qu'à moitié. Mais tout ce qu'on peut raisonnablement exiger d'une épitaphe, c'est qu'elle ne mente pas d'un bout à l'autre.

FIN

TABLE DES MATIÈRES

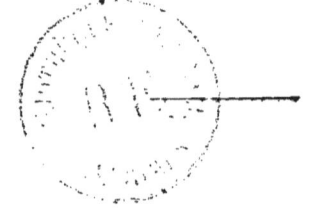

	Pages
Chapitre Ier. — La divine Comédie	5
— II. — Le trouble-fête	18
— III. — Le traité secret	28
— IV. — Sac au dos	38
— V. — Bonheur de se revoir	53
— VI. — Le déjeuner	62
— VII. — Table rase	76
— VIII. — Demande officielle	92
— IX. — Le mari sans le savoir	105
— X. — L'assiégé	127
— XI. — Le séducteur	141
— XII. — Le mariage civil	149
— XIII. — La nuit de Valpurgis	155
— XIV. — Donnant donnant	162
— XV. — La part de l'imprévu	175
— XVI. — Lettre anonyme	191
— XVII. — Tentative d'embauchage	208
— XVIII. — Une soûleur	223

	Pages
Chapitre XIX. — Le désaveu	240
— XX. — L'évasion	249
— XXI. — Le grand plateau	264
— XXII. — Le tête-à-tête.	276
— XXIII. — La chambre à quatre lits........	296
— 'XXIV. — L'aurore boréale	306
— XXV. — Feu Boutreux	314

Paris. — Imprimerie Cinqualbre, 54, rue des Ecoles.

www.ingramcontent.com/pod-product-compliance
Lightning Source LLC
Chambersburg PA
CBHW060353170426
43199CB00013B/1854